淮南子

自然之道与和谐之治

吕凯 编著

江苏凤凰文艺出版社

图书在版编目（CIP）数据

淮南子：自然之道与和谐之治 / 吕凯编著.
南京：江苏凤凰文艺出版社，2024. 6. -- ISBN 978-7
-5594-8794-0

Ⅰ. B234.4-49

中国国家版本馆CIP数据核字第2024H9L514号

著作权合同登记号：10-2024-109

版权所有 © 时报文化出版公司

本书版权经由时报文化出版公司授权北京时代华语国际传媒股份有限公司简体中文版，委托英商安德鲁纳伯格联合国际有限公司代理授权。非经书面同意，不得以任何形式任意重制、转载。

淮南子：自然之道与和谐之治

吕凯　编著

责任编辑	项雷达
图书策划	宁炳辉　姜得祺
特约编辑	吕新月
装帧设计	时代华语设计组
出版发行	江苏凤凰文艺出版社
	南京市中央路165号，邮编：210009
网　　址	http://www.jswenyi.com
印　　刷	唐山富达印务有限公司
开　　本	880毫米×1230毫米　1/32
印　　张	15.5
字　　数	290千字
版　　次	2024年6月第1版
印　　次	2024年6月第1次印刷
书　　号	ISBN 978-7-5594-8794-0
定　　价	65.00元

江苏凤凰文艺版图书凡印刷、装订错误，可向出版社调换，联系电话025-83280257

总序
用经典滋养灵魂

龚鹏程

每个民族都有它自己的经典。经,指其所载之内容足以作为后世的纲维;典,谓其可为典范。因此它常被视为一切知识、价值观、世界观的依据或来源。早期只典守在神巫和大僚手上,后来则成为该民族累世传习、讽诵不辍的基本典籍,或称核心典籍,甚至是"圣书"。

中国文化总体上的经典是六经:《诗》《书》《礼》《乐》《易》《春秋》。依此而发展出来的各个学门或学派,另有其专业上的经典,如墨家有其《墨经》。老子后学也将其书视为经,战国时便开始有人替它作传、作解。兵家则有其《武经七书》。算家亦有《周髀算经》等所谓《算经十书》。流衍所及,竟至喝酒有《酒经》,饮茶有《茶经》,下棋有《弈经》,相鹤相马相牛亦皆有经。此类支流稗末,固然不能与六经相比肩,但它们代表了在各自那一个领域中的核心知识地位,是很显然的。

我国历代教育和社会文化,就是以六经为基础来发展的。直到清末废科举、立学堂以后才产生剧变。但当时新设的学堂虽仿洋制,却仍保留了读经课程,以示根本未隳。辛亥革命后,蔡元培担任教育总长才开始废除读经。接着,他主持北京大学时出现的新文化运动更进一步发起对传统文化的攻击。趋势竟由废弃文言，提倡白话文学，一直走到深入的反传统中去。

台湾的教育发展和社会文化意识，其实也一直以延续五四精神自居，故其反传统气氛及其体现于教育结构中者，与大陆不过程度略异而已，仅是社会中还遗存着若干传统社会的礼俗及观念罢了。后来，台湾才惕然警醒，开始提倡"文化复兴运动"，在学校课程中增加了经典的内容。但不叫读经，乃是摘选"四书"为《中国文化基本教材》，以为补充。另成立"文化复兴委员会"，开始做经典的白话注释，向社会推广。

文化复兴运动之功过，诚乎难言，此处也不必细说，总之是虽调整了西化的方向及反传统的势能，但对社会民众的文化意识，还没能起到普遍警醒的作用；了解传统、阅读经典，也还没成为风气或行动。

20世纪70年代后期，高信疆、柯元馨夫妇接掌了当时台湾第一大报《中国时报》的副刊与出版社编务，针对这个现象，遂策划了《中国历代经典宝库》这一大套书。精选影响人们最为深远的典籍，包括了六经及诸子、文艺各领域的经典，遍邀名家为之疏解，并附录原文以供参照，一时社会震动，风气丕变。

其所以震动社会，原因一是典籍选得精切。不蔓不枝，能体现传统文化的基本匡廓。二是体例确实。经典篇幅广狭不一、深浅悬隔，如《资治通鉴》那么庞大，《尚书》那么深奥，它们跟小说戏曲是截然不同的。如何在一套书里，用类似的体例来处理，很可以看出编辑人的功力。三是作者群涵盖了几乎全台湾的学术精英，群策群力，全面动员。这也是过去所没有的。四是编审严格。大部丛书，作者庞杂，集稿统稿就十分重要，否则便会出现良莠不齐之现象。这套书虽广征名家撰作，但在审定正讹、统一文字风格方面，确乎花了极大气力。再加上撰稿人都把这套书当成是写给自己子弟看的传家宝，写得特别矜慎，成绩当然非其他的书所能比。五是当时高信疆夫妇利用报社传播之便，将出版与报纸媒体做了最好、最彻底的结合，使得这套书成了家喻户晓、众所翘盼的文化甘霖，人人都想一沾法雨。六是当时出版采用豪华的小牛皮烫金装帧，精美大方，辅以雕花木柜。虽所费不赀，却是经济刚刚腾飞时一个中产家庭最好的文化陈设，书香家庭的想象，由此开始落实。许多家庭乃因买进这套书，仿佛种下了诗礼传家的根。

高先生综理编务，辅佐实际的是周安托兄。两君都是诗人，且侠情肝胆照人。中华文化复起、国魂再振、民气方舒，则是他们的理想，因此编这套书，似乎就是一场织梦之旅，号称传承经典，实则意拟宏开未来。

我很幸运，也曾参与到这一场歌唱青春的行列中，去贡献微末。先是与林明峪共同参与黄庆萱老师改写《西游记》的工作，继而再协助安托统稿，推敲是非，斟酌文辞。对整套书说不上有什么助益，自己倒是收获良多。

书成之后，好评如潮，数十年来一再改版翻印，直到现在。经典常读常新，当时对经典的现代解读目前也仍未过时，依旧在散光发热，滋养民族新一代的灵魂。只不过光阴毕竟可畏，安托与信疆俱已逝去，来不及看到他们播下的种子继续发芽生长了。

当年参与这套书的人很多，我仅是其中一员小将。聊述战场，回思天宝，所见不过如此，其实说不清楚它的实况。但这个小侧写，或许有助于今日阅读这套书的读者理解该书的价值与出版经纬，是为序。

致读者书

吕凯

亲爱的朋友：

《淮南子》这部书，是一部杂家的著作。杂家的著作，最重议论，他们的议论博引多家，所以称为杂家。《淮南子》就是这样性质的一部书。它究竟杂到什么程度呢？我们看看它的篇目就可以明白了。它的篇目分别为原道、俶真、天文、地形、时则、览冥、精神、本经、主术、缪称、齐俗、道应、泛论、诠言、兵略、说山、说林、人间、修务、泰族、要略。这些篇中，除了要略是总叙以外，其他有对宇宙来源的讨论，有对天地开辟的分析，有对天文的研究，有对地理的说明。举凡天地阴阳、四时五行、幽冥感应、论气守神，无所不言；天理人事、古今得失、用兵制胜、草木怪奇，无所不论。所以读了这部书以后，不但可以博古，而且有助通今。

这部书虽然是古说并陈的杂家著作，但是也有它的宗旨。《淮南子》大抵以道家为归，立意近于《老子》。其中所谈的淡泊无为、蹈虚守静和出入守常方面，都非常精辟。而寓言讽世，亦很有趣味。

像《俶真训》里,就有这样的记载:"梦中变为飞鸟,而飞翔于天空;梦中变成游鱼,而潜入了渊中。当他在梦中的时候,他根本不知道他在做梦。等他醒来的时候,他才知道他在做梦。现在一定要有大的觉醒,然后才能够知道,现在是在大梦之中呢。"像这样有趣味的话和富丽的文章,在《淮南子》里,比比皆是。因为这样的缘故,所以这部书又叫作《鸿烈》,鸿是大的意思,烈是明的意思,合起来就是大明道的意思。

朋友们,我们要想知道人世间治乱之道和存亡祸福,以及诡诞怪异珍贵奇特的事,或是想要对道家更深入了解的话,就去读《淮南子》,这是最好的书了。尤其是善于著作的朋友们!自古以来,先贤通儒在著作时没有不采用《淮南子》的。我们能够轻易地放过它吗?能够不重视它吗?

目录

上篇　淮南王的身世和著作

　　第一章　淮南王的身世 / 003

　　第二章　淮南王的著作 / 031

中篇　《淮南子》要略

下篇　《淮南子》精读

　　卷第一　原道训 / 059

　　卷第二　俶真训 / 093

　　卷第三　天文训 / 113

　　卷第四　地形训 / 123

　　卷第五　时则训 / 151

目录

卷第六　览冥训 / 173

卷第七　精神训 / 189

卷第八　本经训 / 217

卷第九　主术训 / 247

卷第十　缪称训 / 269

卷第十一　齐俗训 / 289

卷第十二　道应训 / 325

卷第十三　泛论训 / 345

卷第十四　诠言训 / 367

卷第十五　兵略训 / 383

卷第十七　说林训 / 425

卷第十九　修务训 / 439

卷第二十　泰族训 / 467

上 篇

淮南王的身世和著作

第一章　淮南王的身世

上 篇　淮南王的身世和著作

一、淮南王的父亲是私生子

　　淮南王刘安，是汉高祖的孙子，是淮南厉王（原封为淮南王）刘长的大儿子。刘长是汉高祖的少子。他的母亲原来是赵王张敖的美人。在汉高祖八年（公元前 199 年）的时候，高祖从东垣到赵国来，经过赵都，赵王张敖把美人赵氏①献给了高祖，赵美人就是淮南厉王刘长的母亲，因为得幸于汉高祖而怀了身孕。赵王张敖不敢再把她收在宫中，特别给她建筑了一座外宫，让她住进去。因为赵王张敖的王后，是汉高祖的女儿鲁元公主，汉高祖是张敖的岳父。所以汉高祖经过赵国的时候，常叱骂赵王。赵国的丞相贯高，愤恨汉高祖对赵王张敖无礼，偷偷地瞒着赵王张敖，在名叫柏人的地方埋伏下人来，准备暗杀汉高祖，但是汉高祖经过柏人的时候，认为柏人和"迫人"的声音、意义都很相近，所以就没有在这个地方停留。后来有人向汉高祖密告这件事，汉高祖知道了以后，非常生气，不但把贯高和他的同党逮捕起来，连同赵王张敖也逮捕了，并且把张敖的母亲、兄弟、美人全部收捕起来解系在河内，厉王的母亲赵美人也在解系之中。赵美人当时告诉监管的官吏说，她曾经得幸于汉高祖而怀了身孕。监管的官吏就把这件事情向汉高祖报告了。这时候汉高祖正在对赵王生气，就没有搭理厉王母亲的事。厉王母亲的弟弟赵兼，请托辟阳侯审

---

① 后文说美人的弟弟赵兼，所以可以确定刘长的母亲姓赵。

食其把这件事告诉吕后，请吕后再和汉高祖说，可是吕后嫉妒赵美人，不肯和汉高祖说，而辟阳侯审食其也没有尽力劝吕后去和汉高祖说。厉王的母亲生下了厉王刘长以后，就自杀了。这时候监管的官吏，只好抱着厉王去见汉高祖，汉高祖见了非常后悔，就使吕后做厉王的母亲来养厉王，并把厉王的母亲葬在真定，因为真定是厉王母亲的老家，她的先祖世世代代都住在那里。

二、刘长初封为淮南王

汉高祖十一年（公元前196年）十月的时候，淮南王黥布反叛汉高祖，汉高祖就把自己的少子刘长封为淮南王，将黥布做淮南王时的封地全部封给了刘长，共包括九江、庐江、衡山、豫章四个郡。汉高祖亲率兵消灭了黥布，刘长就正式即位为淮南王。

三、刘长为母亲报仇

淮南厉王刘长，因为自小就失去了母亲，所以很亲附吕后和孝惠帝。因此，在吕后当政的时候，很能得到宠幸，也没有像其他的刘氏子弟遭到祸患和迫害。他虽然心里常常怨恨辟阳侯审食其，可是不敢公然发作出来。等到孝文帝即位不久，刘长以为和孝文帝最亲近，行为渐渐地傲慢不逊起来了。孝文帝因为他是兄弟的缘故，常常宽宥他。到孝文帝三年（公元473年）的时候，刘长到京师来朝见天子，行为更加蛮横了。同皇帝到苑囿中去打猎，还和皇帝同乘一辆车子，不称皇帝为君上，而以"大兄"来称呼皇帝。厉王有才干而且力气很大，能够举起重鼎。这个时候，他就去请见辟阳侯审食其，辟阳侯审食其出来见他，他就从袖中把预藏的铁锥取出来，用铁锥打辟阳侯审食其，并让随从刺杀辟阳侯。将辟阳侯杀死以后，厉王奔驰到阙下，肉袒着上身，向皇帝谢罪说："臣的母亲不应该连坐赵国丞相贯高谋反的事，那个时候，辟阳侯审食其有力量使吕后向高祖说明我母亲怀孕的事情，吕后不去说，辟阳侯审食其竟不劝她，这是他第一个罪名。赵王如意和他的母亲戚夫人，子母二人都没有罪，吕后竟然把他母子杀了，辟阳侯眼看着不去劝吕后，这是他第二个罪名。吕后当政，封诸吕为王，来危害刘氏，辟阳侯也不去劝她，这是他第三个罪名。臣现在谨为天下诛除贼臣辟阳侯！报我母亲被冤死的仇恨，现在敬伏在阙下请罪！"孝文帝对厉王替母亲报仇的心志很感伤，因为和厉王有兄弟之亲的缘故，所以没有治他的罪，而把他赦免了。

四、刘长由骄横而谋反

厉王刘长杀了辟阳侯审食其以后，上自薄太后和太子，下及众大臣，都很畏惧厉王。因为这个原因，厉王离开京师回到了淮南。之后他更加骄横恣睢，不用汉廷的法令。出入拟于天子称警跸，发令比于皇帝称制。自己制法作令，全部仿效天子。在文帝六年（公元前174年）的时候，使男子共计七十人，跟棘蒲侯柴武太子名叫奇的，计划用车四十辆，在谷口地方谋反，并且派人出使闽越、匈奴想要连接共同造反。事情被汉廷发觉，朝廷用法来制裁他，并派使者召淮南王刘长。淮南王刘长到了长安，由原来的王者，变成了戴罪之囚。

五、刘长的罪状

刘长到了长安，由丞相张苍、典客冯敬、御史大夫宗正逸、廷尉贺、备盗贼中尉福，共同向皇帝上刘长的罪状说："淮南王刘长，擅自废除先帝的遗法，不奉天子的诏命，居住的地方不合法度，造黄屋，乘舆加盖。进出和天子的仪驾一样。私自擅造法令，而不用汉的法令，他所设置的官吏也与汉法不合。他以郎中春做他的丞相，广收汉和诸侯的人才以及有罪逃亡的人，都把他们隐藏起来，给他们居处，给他们治产，赏赐他们财物、爵禄、田宅。赐爵之高，有高到关内侯的，俸禄之高，竟有高到二千石的，这都是天子以外所不应该得的爵禄。刘长这么做，是想要另有所为的。大夫但和士伍开章以及其他合起来七十个人，同棘蒲侯的太子奇一起造反，想要危害宗庙、社稷。这些叛徒使开章暗地里告诉刘长，并计划派使者到闽越和匈奴共同发兵谋反。开章到了淮南见淮南王刘长，刘长常常和开章坐在一起谈话和吃饭，并给他房子，给他娶妻子，以二千石的俸禄供给他。开章使人告诉大夫但说：'已经和淮南王说好了。'

淮南王的丞相春，派使者回报大夫但等那些想要谋反的人。汉廷的官吏发觉以后，就派长安尉奇等一批人，去追捕开章，刘长把开章藏起来，不交人犯，并且和以前的中尉蒉（mǎn）忌谋杀开章来灭口。用棺椁衣衾把开章葬在肥陵邑，欺骗汉吏说：'不知道开章在什么地方。'又假装聚土堆成坟，在坟上立一个表志说：开章死埋此下。刘长还亲自杀害无罪的一个人，命令他的官吏枉杀无罪的六个人，作为亡命犯的替身，诈称捕获了亡命的人，而为真正亡命的人脱罪。他私自加罪于人，将城旦春等以上十四人加以系治。私自赦免罪人，免除死罪十八人，城旦春以下五十八人，私自赐爵关内侯以下九十四人。前时刘长生病，陛下对他忧心痛苦，派使者赐给他书信、枣脯，刘长不想接受赏赐，也不肯接见使者。住在庐江郡内的南海郡民谋反，淮南官兵奉命攻打这些反叛的人，陛下认为淮南的百姓很贫苦，便派使者赏赐刘长帛五千匹，让他赏给出征官兵中劳苦的人。刘长不想接受，欺骗皇帝说军中没有劳苦的人。南海郡民王织上书给皇帝，向皇帝献璧，蒉忌私下将书烧掉，不让皇帝知道。汉廷官吏请求召治蒉忌之罪，刘长不放人，骗说蒉忌病了，丞相春又向刘长请求，希望进去见他，刘长大怒说：'你想要背离我依附汉吗？'以上这些罪状列举出来，刘长应该斩首弃市，臣等请依法治他的罪。"

六、孝文帝对刘长的宽容

刘长经五位大臣议定当斩首弃市后,汉文帝下令说:"朕不忍心把重刑加到淮南王的身上,希望再和列侯二千石众臣共同商议。"于是张苍、冯敬、臣逸、臣福、臣贺等又向汉文帝报告说:"臣等和列侯吏二千石臣婴等四十三人共议,大家一致认为刘长不奉法度,不服从天子的诏令,并且暗中聚集党徒和谋反的人,厚养亡命之徒,想要有所行动,应依法定罪。"汉文帝又下令说:"朕不忍心加罪于淮南王,希望赦掉刘长的死罪,废掉他的爵位不再称王。"于是张苍等众大臣建议说:"刘长有大罪当死,陛下不忍加罪于他,他有幸能被赦免,被废掉爵位不再称王,臣等请陛下出令,把刘长放置在蜀郡的严道邛邮,送他的妾媵有子的跟去一起住。所住的县驿,由公家替他筑盖家室,并由公家供给他廪食,同时供给他薪柴、蔬菜、食盐、豆豉、做饭吃饭的器具以及席、蓐等。"众大臣并建议,请皇帝将此事布告天下。汉文帝复下令说:"计给刘长的食物,每天供给他肉五斤,酒二斗。并让受他宠幸的美人、才人等十人,跟他居住在一起。其他的都按诸大臣的建议好了。并将和淮南王谋反的人全部诛杀。"于是就把淮南王遣送上路,用辎车载送他,使各县驿依次传送。

七、刘长之死

当刘长被传送上路的时候，袁盎谏汉文帝说："您平素太骄纵淮南王了，没有给他请严格的老师，没有给他立严格的丞相，疏于防范，所以才到这样的地步。而且淮南王为人非常刚烈，现在突然间给他这样的打击和挫折，我怕他忽然之间遭到寒热而感冒，病死在路上，您就会被人加以杀弟之名，像这样的话，该怎么办呢？"汉文帝说："我只不过让他受点苦而已，现在就叫淮南王回来吧！"但是各驿站传送淮南王的人，都不敢打开车上的槛封，因为淮南王一直被囚在槛车里。于是淮南王就和侍奉他的人说："谁说老子是个勇敢的人，我怎么能称得上勇呢？我因为骄蛮，所以听不到我的过错，以致到了这样的地步。人生一辈子在世间，怎么能够这样不快乐呢？"于是绝食而死。传送到雍县，雍县的县令打开囚车上的槛封，就把淮南王已经死亡的消息奏报给皇帝。汉文帝听到这个消息以后，哭得很哀伤。同时告诉袁盎："我没有听你的话，结果淮南王还是死了！"袁盎说这也是没有办法的事，希望陛下宽心，不要太过悲伤。汉文帝问袁盎："现在该怎么办呢？"袁盎说："只有斩丞相、御史来向天下谢罪才可以。"汉文帝就派丞相、御史将那些传送淮南王而不开槛封和不给食物及侍奉的人，加以考查推问。推问的结果是将这些人全部斩首弃市。并且用列侯的礼仪，把淮南王埋葬在雍县。守冢的有三十户人家。

八、刘安兄弟的封侯

刘长死后，到了汉文帝八年的时候。汉文帝对淮南王刘长的死，非常痛惜。淮南王有四个儿子，都才七八岁。于是封刘长的长子刘安为阜陵侯，依次封刘勃为安阳侯，封刘赐为周阳侯，封刘良为东城侯。

九、感伤的民歌

汉文帝十二年（公元前168年）的时候，民间出现了一首歌谣，唱淮南厉王的遭遇道："一尺布尚可缝，一斗粟尚可舂，兄弟二人不能相容。"意思是说，一尺布还可以缝来兄弟共穿，一斗粟还可以舂来兄弟共食，天下那么广大，兄弟二人怎么不能兼容呢？汉文帝听了这个歌谣以后，就叹息着说："唐尧、虞舜放逐共工、三苗、伯鲧、骥兜同姓之亲；周公杀了管叔、蔡叔，天下称尧、舜、周公为圣人。这是什么原因呢？因为尧、舜、周公不以私利害公益啊！现在有这样的歌谣出现，难道是以为我贪图淮南王的土地吗？"于是就改城阳王为淮南王，封给他淮南王刘长做淮南王时的全部土地。同时追尊谥号给淮南王刘长为"厉王"。葬处置陵园，和诸侯的礼仪相同。到汉文帝十六年（公元前164年）的时候，又改封淮南王刘喜复为原来的城阳王。而淮南王所辖的故地又空出来了。

十、刘安兄弟的封王

汉文帝对于淮南厉王废除朝廷的法度,图谋不轨,自己使自己失去封国,以致早死,非常怜惜悲伤,改封淮南王刘喜为原来的城阳王以后,就封淮南厉王的三个儿子阜陵侯刘安为淮南王,安阳侯刘勃为衡山王,周阳侯刘赐为庐江王,他们重获厉王刘长为淮南王时的封地,封地分三份,使他们兄弟都封了王位。东城侯刘良,因为在此前就死了,又没有后裔,所以只有三王了。

十一、七王之乱淮南王刘安幸得保全

在汉景帝三年(公元前154年)的时候,吴、楚、赵、胶西、胶东、菑川、济南七王谋反。吴派使者到淮南约淮南王同反,淮南王刘安想要发兵响应七王之乱。刘安的谋士说:"大王一定想要发兵响应吴国,我希望为将率兵相应。"淮南王于是将兵权交给了谋士,谋士得到兵权以后,因城设防,以兵自守,不听淮南王的命令应吴,而以兵助汉。这个时候,汉亦派曲城侯虫捷率兵来救淮南王,淮南王因此得以保全自身。吴派使者到庐江约庐江王同反,庐江王不答应,但常常派使者和越来往。吴派使者到衡山约衡山王同反,衡山王坚守城池,毫无二心。到了汉景帝四年(公元前153年),吴、楚等七国已破,衡山王去朝见天子,天子认为衡山王忠贞诚信，于是慰劳衡山王的辛苦说："南方低湿，改封衡山王为济北王。"这么做是为了褒奖衡山王。等到济北王刘勃死了之后，就赐给他一个谥号为"贞王"。庐江王与越都邻边，常常派使者和越相交往，所以把庐江王改封为衡山王，以江北为王的封地。淮南王的封地仍然和原来一样。

十二、淮南王刘安的好恶和积恨

淮南王刘安，喜欢读书和弹琴，不喜欢射箭打猎和犬马驰骋，同时也用施惠于人的方法来抚慰百姓，使他的善誉传满天下。他时时刻刻都愤恨于父亲厉王的死，亦时时刻刻想要反叛为逆，但是没有借口。

十三、武安侯对刘安的怂恿

到汉武帝建元二年（公元前139年）的时候，淮南王入朝朝见天子。他和武安侯田蚡交情一向很好，这时候武安侯田蚡为太尉，到霸上去迎接淮南王，对淮南王说："现在皇帝没有皇太子，大王您是高祖的亲孙子，行仁义于天下，天下没有不知道的，等到天子有一天晏驾升天了，除了大王以外，谁当继立呢？"淮南王刘安听了这话非常兴奋，送了很多的金钱和财物给田蚡。暗中结交宾客，抚慰百姓，进行他叛逆的计划。

十四、彗星出现和谄谀之士的蛊惑

在建元六年（公元前 135 年）的时候，天空出了彗星，淮南王刘安心里觉得奇怪。这时候有人游说淮南王道："以前吴军起兵时，彗星出现了，长度只有几尺，然而竟造成了流血千里的战争局面。现在的彗星，长度与天一样，天下战乱应该要大起了。"淮南王心里以为这个征兆是皇帝没有太子，天下将变动，诸侯将并争天下。所以他就更加积极地整治器械和攻战之具，聚积金钱，以钱财贿赂买通郡国诸侯。那些游士们，奇才异能的人，诸辩士有方略的人，随便造出妖言惑众的话来谄谀淮南王。淮南王心里非常欢喜，赏赐给他们很多金钱，而谋反的意思愈来愈积极。

十五、刘安与汉廷的间谍战

淮南王刘安有一个女儿名叫刘陵，刘陵非常聪明，口才好又很会讲话。淮南王非常喜欢她，常常给她很多的金钱，派她到中央去侦探长安的动静，同时交接天子左右亲近的人。元朔三年（公元前 126 年）的时候，汉武帝赐淮南王几杖，同时可以不用到朝廷去朝见。淮南王的地位就更高了。淮南王的王后，名叫作荼，淮南王对她非常宠幸，王后生了一位公子，名叫作刘迁，刘迁娶了皇太后的外孙修成君的女儿为妻子。淮南王计划造反，很畏惧儿媳妇知道了内情，而把事情外泄。于是淮南王和儿子刘迁计划，使刘迁假装不爱妻子，三个月没有和妻子同席。淮南王又假装对儿子生气，把儿子关起来使他和妻子同房三个月，而刘迁在这三个月中，一直没有接近过妻子。于是妻子就要求离开刘迁。淮南王就上书谢罪而把儿媳妇送了回去。这时候淮南王后荼、儿子迁和女儿陵，皆得到了淮南王的宠爱，擅专整个淮南的权柄，侵夺百姓的田宅，随随便便地把无罪的人绑起来打。

十六、雷被事件与淮南王的谋反

元朔五年（公元前124年）的时候，淮南王的儿子刘迁学用剑，他自以为自己的剑术没有人能够比得上。他听说郎中雷被的剑术很精，便把雷被召来以比剑做游戏，雷被一再地退让，失手之下，误中了刘迁。刘迁非常生气，而雷被心里更为恐惧。这时候朝廷有规定，凡是想要从军的人，就可以到京师去。雷被就志愿去抗击匈奴。可是淮南王的儿子刘迁，多次在淮南王那里说他的坏话，淮南王使令中郎斥免雷被郎中之官而使他无法到京师从军抗击匈奴，使以后的人不敢再学雷被这种方法。雷被在这种情况之下，偷偷地逃亡到了长安，并上书给皇帝告发淮南王来证明自己无罪。汉武帝下诏把雷被的告章交付廷尉和河南尹共同治办此事，河南尹派人追捕刘迁到河南来治罪。淮南王和王后计划不交出自己儿子，乘这个时机发兵谋反，计划犹豫了十多天没有决定。正好又遇到天子下诏就淮南案问淮南王的儿子刘迁。这个时候，淮南相对寿春丞顺淮南王的意思不遣送刘迁的事非常生气，弹劾寿春丞大不敬。淮南王向淮南相请求不要弹劾寿春丞，淮南相不答应。淮南王使人上书给皇帝告淮南相，朝廷把这件案子交到廷尉来审问，有迹象显示事情牵连到淮南王。淮南王就派人伺察汉廷公卿们的举动，公卿们请汉武帝把淮南王抓来治罪。淮南王这时候很怕谋反的事被发现，刘迁进一个计划说："汉使假使要逮捕王的时候，王可以使人穿着卫士的衣服，手里执着戟在廷中，王的身旁有不对的时候，就刺杀他们。我也使人去刺杀淮南中尉。然后再举兵反也不晚。"这时候汉武帝没有允许公卿请求逮治淮南王的事，而派遣汉中尉殷宏到淮南向淮南王问验这件事情。淮南王听说汉使者要到淮南来，就照着刘迁暗中设计的埋伏计划行事。汉中尉殷宏到了淮南，淮南王见殷宏脸上颜色和气，仅仅问了斥退雷被的事情而已。淮南王自己猜想没有什么罪，就没有发动他的埋伏。汉中尉殷宏回朝把淮南王的情形向汉武帝报告了。公卿们办理这件案子的人说："淮南王刘安，拥遏阻止应募抗击匈奴的人，雷被等人因为淮南王而不能成行，应该明令斩首弃市。"汉武帝不答应这样做。公卿们又请汉武帝废除淮南王的爵位，不再称王，汉武帝也不答应。公卿复请汉武帝削减淮南王五个县，汉武帝下诏削除淮南王两个县，并派中尉殷宏带着赦免令，赦除淮南王的罪名，仅仅罚淮南王削减土地。汉中尉殷宏入了淮南界，就宣言赦淮南王。但是淮南王开始听说汉公卿要求诛杀他，不知道结果是削地；听说汉使者已到，恐怕汉使者来捕捉他，和王子计划刺杀汉公卿，依照以前的计划进行。但是汉中尉到了淮南便马上向淮南王道贺,淮南王因此没有发动谋反。

十七、削地后的积极行动

淮南王刘安被削地以后,很伤心地说:"我所行的是仁义之道,而竟遭削地的惩罚,真是感到耻辱!"所以他被削地以后,谋反的计划,进行得更为积极了。从长安路过来到淮南的人说些妖妄荒诞的话,说到汉武帝没有儿子以及汉廷不能治理的话,淮南王就很高兴;如果说汉廷治理得好,武帝有儿子的话,淮南王就很生气,以为这些人随便乱说,并不是事实。淮南王常常整天整夜和伍被、左吴这班人,案验地图,部署军队,指出何处可以进兵。淮南王说:"现在天子没有太子,天子一旦晏驾,朝廷大臣,一定征胶东王为天子,不然就征常山王为天子。这时候诸侯群起并争,我怎么可以没有准备呢?再说我是高祖的孙子,最为亲近,行事合于仁义,天子对我又很恩厚,我能够忍耐,但天子死后,我难道还能够北面臣事小孩子吗?"因此淮南王谋反的行动就更积极了。

十八、伍被的劝谏

淮南王坐在东宫,召将军伍被说:"将军请上来。"伍被怅然若失地说:"当今天子宽赦了大王,大王怎么又提起了这些灭亡国家的话呢?我听说从前伍子胥谏吴王夫差,吴王夫差不所他的话,伍子胥就说:'我现在就要看到姑苏台变成苑囿,而成为麋鹿游居的地方了。'我现在亦将要看到宫里长满荆棘,而晨露将会沾满衣裳了。"淮南王听了大怒,把伍被的父母缧系起来,囚禁三个月。然后又召伍被对他说:"将军答应我的计划吗?"伍被回答说:"不!我特地来替大王设法而已,绝不赞成你谋反。臣听说耳朵灵敏的人,不听于有声,而听于无声;眼睛灵敏的人,不见于有形,而见于未形,所以圣人做什么事,什么事都能保全。譬如,从前的周文王一举事而功业显耀于千世之后,使周被列为夏、商、周三代盛世之一。这就是所说的顺着天意而动的结果。所以海内的诸侯,没有盟会约定而都随着他一起举事,这是在千岁之后仍然可以见到的事。再说百年前的秦,和近世的吴国、楚国,亦足够来明喻国家的存亡了。我不敢逃避伍子胥被诛杀的命运,希望大王以吴、楚为戒而听臣的劝告。从前秦灭绝先王的道统,杀方术之士,烧掉《诗》《书》,抛弃礼义,崇尚诈力,加重刑罚,把远在海边的粮食,运到西河。那个时候,男子努力耕作,食糟糠尚且不够;女子尽力纺织,盖形体尚且不足。又派遣蒙恬去修筑长城,东西长达数千里。而暴露在外的军队,常常有几十万,死亡的人更是数不清。僵仆的尸体远达数千里,血液流满了田野。天下的百姓,人穷财竭,想要作乱的人,十家里面就有五家。始皇又派徐福到海中去求神仙和珍异奇物。徐福回来谎说:'臣看见海里面的大神,大神对我说:你是西皇的使者吗?臣回答大神说:是的!大神问臣:你来求什么?臣回答说:希望请求赐给延年益寿长生不老的仙药。大神说:你们秦王的礼送得不够，仙药可以看看，但是不能拿回去！就任意地放臣向东南到蓬莱山，看见灵芝做成的宫殿，有使者他的皮肤是铜色，他的形体像龙，光耀上照于天。这时候臣就再拜向大神问道：用什么财宝来献，才能得到长生不死的仙药呢？海神回答说：用良家童子及童女，和其他百工之事，就可以得到了。'秦始皇听说之后，非常高兴，遣派童男童女三千人给徐福，并送了很多五谷的种子和百工的用具而远航海外。徐福在海外找到了陆地，上面有平原和大泽，就居住在那里自己称王而不回来了。于是，百姓们非常悲痛，想要起来作乱的人，十家里面就有六家。秦始皇又派尉佗，越过五岭，攻打百越，尉佗知道中国疲乏到了极点，就住在南越自己称王而不回来了。使人上书给秦始皇，请求无丈夫的女人三万人，用来做士卒们的衣补丁作。秦始皇帝答应给他一万五千人。于是，百姓们离心，人心瓦解。想要起来作乱的人，十家里面就有七家。这时候有人和高皇帝说：'是可以起事的时机了。'高皇帝回答说：'等待一些时候吧！圣人应起于东南之间！'不到一年，陈胜和吴广就发难了。高皇帝开始在丰沛起事，倡导天下，天下不用约定而响应的人，不知道有多少。这就是所说的乘其病弊，待其时机，顺着秦走向灭亡的道路而发动的。天下的百姓都希望这样，就像旱天百姓们希望下雨一样。所以高祖能起于行伍之间，终立为天子。功劳高过三代，德业传于无穷。现在大王您只看见高皇帝得天下太容易了，为什么不再看看近世的吴、楚呢？吴王濞天子赐号为刘氏的祭酒，又可以不朝天子，做四郡之众的王，他所管辖的地方有几千里之广。在他的境内，铸铜为钱，在他东边，把海水煮成盐。上游利用江陵的水来行船，一只船的载运量和几十辆车的载运量相等。境内富庶，人民众多，用珠玉金银财帛，贿赂诸侯、宗室大臣，只有窦氏没有收他的宝货。计划很周详，谋略很完善，然后举兵向西，却在大梁被汉天子的军队所击破，在孤父的地方吃了大败仗。吴王向东逃走，到了丹徒的地方，越人擒捉了他，结果，不但身死，而且绝了后代的祭祀，被天下的人耻笑。像吴、越那么多的人和军队，反叛起来还不能够成功，是什么原因呢？实在说起来，是因为吴、越违反了天道而又不了解时代的需要。现在大王的军队，尚不及吴、楚当时的十分之一，而现在天下的安宁却比吴、楚时候要胜过万倍。所以希望大王听我的建议不要谋反，大王如果不听我的建议而谋反，那么大王所谋划的事情一定不能成功，反而会把谋反的消息走漏了。臣听说过，箕子经过故国的时候，见到故国变成了废墟，因而非常悲伤，就作了一篇《麦秀》之歌，是悲痛殷纣王不用王子比干而作。所以孟子说，殷纣王贵为天子，死了之后，连普通的百姓都比不上，这是殷纣王在死之前先和天下的百姓相绝的啊，并不是他死的时候天下的百姓才抛弃他的呀！现在臣亦私下为大王悲伤！大王抛弃千乘之国国君的尊贵，一定要等着皇帝赐给绝命之书，在群臣之前先死在东宫！"淮南王听了伍被这样的话，气得怨恨在心而说不出话来，眼泪盈眶而滴不下来，就起身下阶而去。

十九、淮南王孙刘建的积怨和举发

淮南王有一个庶子，名叫不害，年纪最长，淮南王不喜欢他。

淮南子：自然之道与和谐之治

淮南王的王后和太子也都看不起他。不害有个儿子名字叫建，他才能高强而且很有雄气，常常怨恨太子不把他父亲当作兄弟，又怨恨当时的诸侯都能够分封子弟为侯，而淮南王只有两个儿子，一个是大公子，另一个就是他的父亲不害，却不能够封侯。所以刘建暗地想把太子告倒，使他的父亲不害来做太子。太子知道了以后，几次把刘建绑起来痛打。元朔六年（公元前123年），刘建上疏给汉武帝说，苦味的药虽然很难吃，却能医治病症；忠贞的话虽然很难听，对于立身却有帮助。现在淮南王的孙子建，才能高强，淮南王的王后荼，荼所生的大公子迁，常常忌害建，建的父亲不害没有罪，而王后和大公子私下几次捕捉他，想要把他杀掉。现在建在淮南，可以召他来审问，淮南王所有暗地进行的阴谋，他都知道。汉武帝看了以后，就把这件事交给廷尉来治办，廷尉交给河南尹来治办。以前辟阳侯审食其的孙子审卿，和丞相公孙弘很要好。他怀恨淮南王刘长杀了他的祖父，于是就竭力地在公孙弘面前构陷淮南王谋反。公孙弘于是深加究治。河南尹究办这件案子，刘建的话牵连到了淮南王大公子和他的同党。淮南王对这件事非常忧虑，想要发动叛乱。问伍被说："汉廷是治呢，还是乱？"伍被回答说："现在天下大治！"淮南王心里不高兴，就对伍被说："你说天下大治，怎么证明呢？"伍被回答说："我私下观察朝廷的政治，在君臣的大义方面，父子的亲爱方面，夫妇的内外分别方面，长幼的先后顺序方面，都能够得到应得的分际。当今天子的举动措置，遵循了古代先王的遗法，社会的风俗，人伦的纪纲，也没有任何的缺失。装着重货的大商人，天下到处都有，彼此交易，非常普遍。道路没有不通的，所以商业贸易非常发达。南方的南越以时入贡，西南方的羌人僰（bó）人来献方物,东南方的东瓯(ōu)入朝降伏。拓广了长榆大塞,开通了朔方郡县,断了匈奴的右臂,伤了匈奴的羽翼,使匈奴失去援助而一蹶不振。这样的情形,虽然比不上古代太平的时代,但说起来,仍然可以称为治世。"淮南王听了非常生气。伍被向淮南王谢罪说:"臣该死!"淮南王又对伍被说:"山东马上就要发生战乱,汉廷一定会让将军卫青率领军队去平定山东。你的看法,大将军卫青是一个什么样的人?"伍被回答说:"我的好朋友黄义,随着大将军卫青攻打匈奴,回来以后告诉我说,大将军卫青对待士大夫们很有礼貌,对士兵们更是施恩布惠,所以大家都很愿意替大将军效命。他的骑士们上山下山就像飞一样快速,才干方面更是超人一等。我以为大将军卫青这样的高强,连常常率领军队和熟悉战争的人,恐怕也不是随便可以比得上的。等到谒者曹梁出使长安回来,谈到大将军卫青,说他号令非常严明,对敌的时候,非常勇敢,每次都身先士卒。驻防休息挖井时,他就要等士卒们全部得到水以后,他才敢喝水。在军士们疲乏的时候,士卒们全部渡河以后,他才渡河。皇太后赏赐给他的金银财帛,他全部都分赐给军吏们。他这样的作风,就是古代的名将也不过如此。"淮南王听了这些话,只好默默不语。

二十、淮南王和伍被的再度讨论

淮南王刘安看着孙子建被汉廷征召审问,恐怕自己的秘密阴谋将会被发觉,想要发动叛乱,伍被以为难以成功。于是他又问伍被:"你认为吴王濞起兵的事,是对呢,还是不对呢?"伍被回答说:"我以为是不对的。吴王是极为富贵的人,因为举兵谋反不当,而死在丹徒,头足分为两处,尸首不能保全,子孙后代一人无存。臣听说吴王失败以后,非常后悔。希望大王您要详细地考虑考虑,不要蹈吴王覆辙。"淮南王说:"男子汉大丈夫所以决死,只不过一句话而已。再说吴王也不懂得怎么样举兵谋反,所以使汉将在一天之内,经过成皋塞口的就有四十多人。现在我派楼缓先切断成皋之口,派周被攻下颍川,用兵阻塞辕辕、伊关的道路,派陈定发兵南阳,守住武关,这样河南太守仅仅剩下雒阳而已,有什么值得忧虑的呢?然而在此北方还有临晋关、河东、上党和河内、赵国。当时的人有这样的话:断绝了成皋的出口,天下就不能交通;扼住三川的险要,以招取山东军队。举事有这样的情势,你以为怎么样?"伍被回答说:"这样做法,臣所能看出来的是祸患,而看不出来有什么福祉。"淮南王说道:"左吴、赵贤、朱骄如他们,都认为这样做可以得福,十分就有九分成功,只有你一个人认为有祸无福,究竟是什么原因呢?"伍被回答说:"大王的群臣和亲近的人,一向能够率领大众的人,都已全部系在诏狱,剩下来的没有可以用的人。"淮南王说道:"陈胜和吴广,二人穷得连立锥的小地方都没有,千人相聚,起兵在大泽之中,奋臂大叫,而天下到处响应。现在我淮南虽小,但是可以操执武器的人约有十多万。并不仅仅像有罪的人被发配到边疆的乌合之众,也不是拿镰刀锄柄当兵器的人。以这样精良的军队举事,你为什么偏说有祸无福呢?"伍被回答道:"从前秦人的作为残暴无道,毒害天下。秦始皇开驰道,起万乘之驾东游。又筑阿房宫,征收天下大半的赋税,原在间左无役的百姓,秦人要他们服役到边地去。父亲不能安定儿子,哥哥不能便利弟弟。政治苛刻,刑罚严酷。天下的人,受着煎熬的痛苦,简直像被烤焦了一样。这时候天下的百姓,都举首企望着,侧着耳朵细听着,大声悲号,向天而哭,顿足捶胸而怨恨秦皇帝。在这种情形下,陈胜大声一呼,天下的人才全都响应。现在的天子(汉武帝)统治着天下,四海之内如一,广爱所有的百姓,布德泽,施恩惠。他的口里虽未说话,但声音好像比雷霆还响。他的命令尚未发出,化民向善快得像神仙一般。心里有所怀想,威严可以震动万里以外。在下的人应和在上的人,像影子随着形体,像应响跟着声音。而且大将军卫青的才能,不仅仅像章邯、杨熊而已。大王用陈胜、吴广来比,伍被以为错了。"

二十一、伍被的计划和方法

淮南王和伍被再讨论之后说:"假如像你所说的,那不是没有成功的希望了吗?"伍被回答说:"我倒有一条愚计。"淮南王说:"你的计划怎么样呢?"伍被回答道:"现在的诸侯没有反叛的异志,百姓们也没有怨恨之气。北方的朔方郡,田地广大,水草肥美,迁徙的百姓不多,不能使朔方郡人口充足。我的愚计是,可以假造丞相、御史的请书,把郡国的豪杰和任侠的人,以及犯耐罪①以上的人,假作赦令,免去他们的罪,家产有

---

① 古代的一种罪名。

五十万以上的,把他们的家属都迁徙到朔方郡。并多派士兵,催促他们限期迁徙。再假造作左右都司空,上林中都官、诏狱书,逮捕诸侯太子和幸臣。这样做的话,百姓一定怨恨,诸侯都生恐惧。马上派辩士去游说他们,使他们共同谋反,或可以侥幸有十分之一的成功希望。"淮南王说:"这条计是可以的,虽然可以行这条计,我以为还不至于到这个地步。"这时候淮南王就使官奴进宫,假造皇帝的符玺,以丞相、御史、大将军、军吏中二千石、都官令丞印,和旁边邻近郡国、太守、都尉的印,汉廷使节的法冠,想依照伍被的计划实行。派人假装得罪了淮南王而西入长安,去侍奉大将军和丞相。一旦发兵的时候,马上刺杀大将军卫青,游说丞相相从,就像启发蒙童那样的容易了。淮南王想要发动淮南的军队,恐怕淮南相和二千石不听他的命令,淮南王和伍被计划,先杀掉淮南相和二千石。计划假装宫中失火,相和二千石一定来救火,来到了,马上就杀掉他们。但是,计划没有决定。又计划使人穿着捉盗人的衣服,拿羽檄,从东方赶来大声叫说:"南越的军队,进入我们的地界了!"想以这个借口来发动军队。于是就派人到庐江、会稽假装去追捕盗贼,但是结果没有发动这个计划。淮南王问伍被:"我举兵向西方前进,诸侯一定有响应我的,假如没有响应我的,该怎么办?"伍被回答道:"向南收取衡山,然后攻取庐江,据有浔阳的水军和战船,坚守住下雉的城池,封闭九江的江岸,断绝豫章彭泽的出口。用强弓劲矢守住江上,来防止南郡派兵由上流而下。东边收取江都和会稽。南方通好强劲的百越,称强在江、淮之间。这样子做,仍然可以持久无患,而延长淮南的寿命。"淮南王说:"好!这个方法不必再更改了。万一事情紧急,逃到越去就算了。"

二十二、反迹败露与伏法

当淮南王谋反的计划决定之后,这时候汉廷尉把淮南王的孙子刘建的供词,牵连到淮南王的公子迁的部分,奏给了皇帝,汉武帝就派廷尉逮捕刘迁,所以拜他为淮南中尉,到淮南去捕捉刘迁。淮南中尉到了淮南。淮南王听到了消息以后,就和刘迁计划,把相、二千石请来,计划杀掉他们而起兵。召请相,相就来了。而内史也已经逃走没有来为其解说。这时候汉中尉说:"我受皇帝的诏命为使者,现在不能够见淮南王,淮南王心里想只杀相,但是内史中尉不来,只杀了相也没有什么好处。"于是把淮南相就放了。这时候淮南王心里犹豫,计划仍未决定。刘迁心里想自己所犯的罪,是谋刺朝廷中尉,而所有参加谋刺朝廷中尉的人,都已经死了,他认为死无对证了。所以就跟淮南王说:"群臣之中可以用的人,都已经被关起来了,现在没有能够和我们举事的人了。大王你以不适合的时机发动,恐怕不会成功,我愿意奉诏命就逮。"淮南王亦想苟且过去算了,因此就答应了刘迁主动被捕,刘迁自杀而未死。伍被自己去向官吏投案,并向官吏告说和淮南王谋反,谋反的事迹全部在前面所论的事实中。官吏因此就把刘迁、淮南王王后逮捕起来,并围住了淮南王的王宫,要全部捕捉跟淮南王参加谋反的宾客和其他在淮南国中参与的人。他们搜索到了谋反的器具,因而奏闻皇上。汉武帝下令交给公卿来审理这件案子,结果所牵连出来和淮南王谋反的列侯、二千石、豪杰,加起来有几千人,全部按罪状的轻重给予处分。

二十三、汉廷对淮南王的判决

对淮南王谋反事件,汉武帝非常重视,命诸侯王列侯丞相共议其罪。结果,以赵王彭祖及列侯臣让等为首四十三人共议,都一致认为:"淮南王刘安,太大逆不道了,谋反的事情,证据非常明白,应当伏法受诛!"胶西王臣端议定淮南王的罪说:"淮南王刘安,不遵守法令,行为邪僻,时常存着奸诈虚伪之心,来迷乱天下的人,蛊惑所有的百姓,背叛祖宗,随便乱造妖言。《春秋公羊传》上说:'臣不可以想弑君,想弑君一定要受诛。'刘安的罪过重于想要弑君,谋反的形迹已经确定。臣端所看见有关淮南王的书节印图,和其他叛逆无道的行为,事事都查验得清清楚楚、明明白白。真是大逆不道,应当伏他所犯的法律。参与议论国家事务的官吏二百石以上和秩比二百石的官吏、宗室近幸的臣子,不在谋反犯法以内的,不能够相教忠于国家,应该全部免除他们的官职,削去他们的爵位,把他们降为士伍,不能再做官吏。不是官吏的和其他的人,用金二斤八两来赎死罪。用这些措施,来表明臣子刘安的大罪,使天下的人,都明明白白地知道做臣子的道理,不敢再产生邪僻背叛天子的心意。"丞相公孙弘、廷尉张汤等,把共议的决定奏闻天子。天子派宗正用符节去治淮南王的罪,还没有到,淮南王刘安就自杀了。淮南王的王后荼、淮南王的儿子刘迁,还有很多跟淮南王共同谋反的人,全部罪加灭族。

汉武帝因为伍被曾用很多好话来称赞朝臣的美德，不想杀他。廷尉张汤说："伍被最先为淮南王设计谋反的计划，伍被的罪是不可赦免的。"于是把伍被也杀了。淮南王被除去了，就把淮南王的封地改为九江郡。

第二章 淮南王的著作

上篇　淮南王的身世和著作

一、《淮南内篇》二十一篇

根据班固自注，在《淮南内篇》二十一篇下，有"王安"二字，是说明这部书为淮南王刘安所著。这部书就是我们现在所看到的《淮南子》。《淮南子》这部书，原来也不叫《淮南子》。因为在这部书的《要略》里有这样的话："此《鸿烈》之《泰族》也。"根据这句话，淮南王刘安自己已把这部书命名为《鸿烈》了。所以高诱在《淮南子叙》里说：这书大体上是属于道家的，号称为《鸿烈》，鸿是大的意思，烈是明的意思，这部书是大大地阐明道家理论的一部书。当刘向校定写完以后，把这部书命名为《淮南》。《西京杂记》卷三说："淮南王刘安著《鸿烈》二十一篇，鸿是大的意思，烈是明的意思。这部书的内容，是说明大明礼教的事，号称为《淮南子》。"这恐怕是刘向的《别录》和刘歆的《七略》才开始把这部书命名为《淮南》的。所以《淮南内》二十一篇，原名为《淮南鸿烈》，后改名为《淮南子》。所以现在传存的《淮南子》，在《四库全书·子部·杂家类一》，曾有著录，名为"淮南子"《四库全书总目提要》认为：在《旧唐书·经籍志》有高诱《淮南鸿烈音》一卷，是以谈《鸿烈》的音为主。《宋书·艺文志》有《淮南鸿烈解》二十一卷，是以解《鸿烈》为主，但是下面注说：淮南王刘安撰，好像解也是淮南王刘安著的，所以许多书引用的时候，连《淮南子》的本文，也一并题作"淮南鸿烈解"。这实在是一个大的错误。这本书共二十一篇，第二十一篇"要略",等于续文。

二、《淮南外篇》三十三篇

根据《汉书·艺文志·诸子略杂》,淮南王的外书有三十三篇,已经亡佚了,颜师古说:"内篇论道,外篇杂说。"在《汉书·淮南王传》中说他的"外书甚众"就是指这些。

三、《淮南道训》二篇

《汉书·艺文志·六艺略易》有著录,已亡佚。《七略》说:"《九师道训》这部书,为淮南王刘安所著。"《别录》说:"所校雠的书中易传《淮南九师道训》,除去重复的,定著为二十篇。淮南王聘请通晓易理的易学家九人,从九人那里采收辑录而成,所以中书称这部书为《淮南九师言》。"在钱塘《淮南天文训补注》中说:"盖古五子道训也。"这书也号《九师说》。

四、《淮南王赋》八十二篇

淮南王刘安的赋八十二篇,是根据《汉书·艺文志·诗赋略》屈赋之属的著录而定。大多数的赋均已亡佚。如《别录》说:"淮南王有《熏笼赋》。"现在根据《太平御览》所收的资料可以证明,但是赋已亡佚了。又如:《全上古三代文》所收《屏风赋》一篇,是从《艺文类聚》中录出来的。所以现在残存的只是少数而已。

五、《淮南王群臣赋》四十四篇

此据《汉书·艺文志·诗赋略》屈赋之属著录而定。题《淮南王群臣赋》,则非淮南王之作品,臆其中或有淮南王之作品。现在《楚辞》中有《招隐士》一篇,为淮南小山的作品。淮南王的宾客,分别作有辞赋,把同类的放在一起,有的称大山,有的称小山,意思和《诗经》里面的大雅、小雅一样。

六、《淮南王杂子星》十九篇

这部书已全部亡佚,现在已无文献可考。

七、《枕中鸿宝苑秘书》

根据《汉书》卷三十六的记载，说淮南有《枕中鸿宝苑秘书》，书里面所说的，是神仙使鬼物为金的法术。这是刘向的父亲刘德，在汉武帝的时候，因为参与治淮南王狱的工作而得到的书。苑秘也写作万毕，在《史记·龟策列传》里，褚先生（少孙）说："臣为郎时，见万毕石朱方。"葛洪《神仙传》也说："汉淮南王……作内书二十二篇（按：可能是二十一篇之误），又中篇八章，言神仙黄白之事，名为《鸿宝万毕书》。"所以《鸿宝苑秘书》，也写作《鸿宝万毕书》。这部书也见不到了。不过近世高邮茆泮林从《初学记》《艺文类聚》《太平御览》等类书辑成《淮南万毕书》一卷，刻在梅瑞轩《十种古逸书》里。长沙叶德辉也有辑本，刻在《观古堂所著书》里。现在可以看到的《枕中鸿宝万毕书》，仅存这些了。

现在的《淮南子》，是淮南王刘安的著作中保存比较完整的一本书。他著这部书的目的和用意，在卷二十一《要略》里都有说明。所以在此先将要略介绍一下，使大家对《淮南子》的篇章和内容都能够有所了解。

中篇

《淮南子》要略

一、《淮南子》著作目的和篇目

凡是作书论的人，都是为了治理道德，安排人事。上考于天文，下测于地理，中通于人事。虽然不能够把玄妙之中的理论，全部抽引出来，但是足以能够从众多的事物里面，看它的终始变化，总理它的要领，举出它的概略。但是所说的话，不用它来分判淳朴的太素，也不用它来消灭事情的根本。为的是怕世人的闷督迷暗，不能够知道根本的重要。所以用了很多的话，来广为解说。又因为怕人们离开了根本去追求枝末，所以，如果只谈自然的道，而不谈人世间的事，就不能够随同世俗俯仰上下；如果只谈人世间的事，而不谈自然的道，就不能够和变化神妙的自然同游息。所以道与事相兼，著书二十篇。在这二十篇里，有原道训，有俶真训，有天文训，有地形训，有时则训，有览冥训，有精神训，有本经训，有主术训，有缪称训，有齐俗训，有道应训，有泛论训，有诠言训，有兵略训，有说山训，有说林训，有人间训，有修务训，有泰族训。分别解说如后。

二、对原道的解释

原道，是上下四方六合的规模，是产生万物的元气，是太一元气的根源。它可以探察暗不见底的深渊，又可以翱翔在虚无的区域。它可以用小来包裹大，可以用约来治广。使人能够知道先后的祸福，动静的利害。真的能了解道的真谛，广大的自然，就自然会呈现出一片胜景了。对原道来说，想要用一句话来说明，那就是尊重天然而保守真性。想要再用一句来说得更明白点，那就是轻视外物而重视自己的身体。想要更进一步用一句话详细地说明白，那就是以万物为外而归于真性，抓住道的意趣，使它对内洽润于五藏①，对外渐渐溃于肌肤。服膺法则和规范，同时和道终身不离。用道来应对万方，观通百变。所以执道在手，就像转圆丸在手掌里面，能够自得其乐。

三、对俶真的解释

俶真，是要尽力随应终始的变化，环绕烦琐有无的真谛。它可以使万物分开，个别变化，又可以使死生同形，合而为一；使人能够遗弃对物欲的追求，反身求真；详知仁义之间的关系，通达同异之间的道理；能够看出来至德的统绪，可以知道变化的要点；所说的合于玄妙的理论，通于造化的根源。

---

① "藏"和"脏"字音义相通。

四、对天文的解释

　　天文，主要的是在调和阴阳二气。分理日月的光辉，以节制取舍的时间。列举星辰的运行，以知道顺逆的变化。避免忌讳的祸殃以依顺时运的相应。效法五神的不变，使人能够仰赖上天，承顺自然，而不会乱了规律。

五、对地形的解释

　　地形，主要的是在知道南北极长有多少，东西最广有多少，经度山陵的形状，区分川谷的位置，了解万物的本源，知道生类的众多，列举山渊的数目，测量道路的远近，使人对山川地形、生类多少、道路远近，都洞达周备。这样既不可以用物引动他，也不能够用奇怪的东西惊吓他。

六、对时则的解释

　　时则，主要的是上顺应天时的变化，下竭尽地力的生产。据法度而行宜，合于人的规则，以成十二月，作为标准模范，互相循环，终了以后再从头开始，这样运转于无穷。循旧不改，仿效而行，用这个来了解祸福。对于要不要开通阻塞，各有一定的忌日。发布施放号令，定时加以教育，使做人君的知道怎么样去办事。

七、对览冥的解释

览冥，所说的是到了最精的时候，可以上通于九天；到了至微的时候，可以沦没于无形。不杂不变而入于至清的境界；昭昭盛明而通于昏暗的地方。于是开始收引物类，观采取拾，微视想象相似众多的类别，凡物能够喻意象形的，就必须为它把睿滞不通的地方打通。把壅塞的地方用沟渠决开，把人的意象，牵引到无穷无尽的地方。借此以明物类的感通，同气的相应，阴阳的相合，形迹的兆朕。这些都是使人可以远观博见的。

八、对精神的解释

精神，它原来就是由人所产生的，所以它能够明谕指挥人的形体和九窍（阳七窍在眼耳口鼻，在上可见称阳；阴二窍在下尿孔肛门，在下不可见称阴，合阳七阴二共九窍），九窍取象和天相合同，它的血气和雷霆风雨相似，它的喜怒白昼黑夜寒暑同明，能够明辨生死的定分，判别同和不同的痕迹，节制动静的枢要，以恢复性命的根本。这样是为了使人能够爱惜和保养它的精神，安抚静息它的魂魄。同时不以外物而改变自己的身体，并坚守虚无的精神之宅。

九、对本经的解释

本经，它所要明白的是大圣的德，它所要通达的是太初的道。区别衰世和古今的变革，用来推赞先世的隆盛，而贬谪末世的不直政治。主要的是要人不要靠耳目的聪明和精神的感动，停止不专的看法，来节省精神，以达到养性的和谐，以分别帝王的操守，表明大小的差别。

十、对主术的解释

主术，为人君的事，主要的是顺着工作职分而加以考核，使所有的臣下，都能按他的职责，各尽他的能力，知道怎么使用权柄来统制群臣，挈名求实，考之于五帝三王的措施，使做人君的能够得到方法和要领，而不随便妄加喜怒。他的方法是循正道而行，以纠正邪妄；把私心除外，建立公平的制度。这样使所有的官员，有条理而能集中精神，每个人都能专心在他的工作上，而表现出功绩来，这就是所谓的主术之明了。

十一、对缪称的解释

缪称，对于破碎相异的道德加以讨论，对于差次不同的仁义加以分别，并略糅杂人间的事务，以同于神明之德，借象用耦，来相比喻。取短章以为一义，来明小事，这就是用小巧之说攻难辩论，而彼此相感相应永无匮乏。

十二、对齐俗的解释

齐俗，是为了使众生的习俗，无论短长都能齐一，使九夷的风俗能够相同，对古代和现代的论点都能够通达，对万事万物的道理都能够贯通，裁节制定礼义的适当方法，划分人事的终始。

十三、对道应的解释

道应，是要揽拾行事的踪影，回顾前代的轨迹，辨别祸、福、利、害的变化，而和老、庄的道术相验证，以应合得失的形势。

十四、对泛论的解释

泛论，就像针线补缀破衣之间，筛塞抵牾之隙，连接路径的直曲，来推求他的本质，以显出来得失的变化、利病的不同。这样可以使人不随便为势利所没，不任意为事态所诱惑，和日行之道相符合，同时亦稽考时势的变化、道化的推移。

十五、对诠言的解释

诠言，譬况比类人事的旨趣，了解明白治乱的根本，择取精微之言的玄妙，用至理的文章来诠释，借此以填补缝合过失的缺失。

十六、对兵略的解释

兵略，是为了明白战争胜利，攻敌拔取的方术，地形时机的情势，诡诈奸谲的变化，本着自然之道，用不敢为先的观点。因此知道战阵纷争求胜非用道不可以成功，知道攻取坚守非用德不能够强盛。如果真的能够懂得这个道理，那么无论是前进后退，向左向右，都不会有违碍不通了。乘着时势作为凭借，守住清静作为常态。避开敌人主要的实力，而攻击敌人无备的空虚。这样的形势，就像驱逐群羊那么容易，这就是善于论军事的人了。

十七、对说山、说林的解释

《说山》和《说林》两篇，是为贯通穿连被壅蔽阻碍的百事，通行开放被关闭锁住的万物。假借譬喻，采用法象，把不同的类别，相殊的形体加以分别，借此来明白治人的意思。解脱结纽，脱释卷束，借着这个方法，来明白百事的形兆，而了解它的真谛。

十八、对人间的解释

《人间》这一篇，是为了观察祸福的变化，详辨利害的不同，钻研条理失得的历史，标举终始循环的传递，分别明辨百事的精微，铺叙存亡的枢机，使人知道祸可以转变为福，亡失可以转变成获得，成功可以转变为失败，利益可以转变成祸害。如果真的能够明白这个至高的真理，就可以偏居于一方，浮沉于世俗之间，而不会受到谗言贼害和螫毒的伤害了。

十九、对修务的解释

修务,主要是说明人对于道不能够深入,体味理论不够深远,所以用文辞表现出来,使人恢复到以清静为常道,以恬淡无欲为根本。这样就可以使人知道,懒惰不专于学,放纵情欲来满足愿望,以偷薄自佚而使大道不通的道理。这就像狂者没有忧愁,圣人亦没有忧愁一样。但是,圣人之所以没有忧愁,是因为他的德合于自然。狂者之所以没有忧愁,是因为他根本不明白什么是祸,什么是福。所以说,通达的无为和不通达的无为,二者都是无为,可是二者无为的原因,就有差别了。所以特别用些不实的话和无根之说,使学者能够辨别,使学者孜孜不倦,庶几自通于道。

二十、对泰族的解释

泰族,就横的方面来说,可以远达八极,就高的方面来说,可以高到极高。它可以使天上的日、月、星倍增光明,它可以使地下的水土调和。经历了古今的大道,整理了伦理的秩序,总统万方的理论而使它归于一个根本,用这个众理一本的道,来组织治国的方法,经理国家大事。所以要使心术归本,使性情得正,使清平的心灵有所寄托,使神明的精神清澈分明。借此与上天的和气相绕相接。由这里可以览看五帝和三王，他们能够怀抱天气，抱持天心，执守中道，内含和气，德充满于内心，用德萃聚凝结天地，发动阴阳，推排四时的顺序，订正四方的方法。这样来安抚天下，天下就可以安宁；推行于天下，天下都能够奉行。用这个来造就万物，周流化育群生，有倡导就有相应的，有行动就有拥护的。在整个的四海之内，大家都是一样的心意，有一同的归向。因为这个缘故，所以在月亮旁边的景星就会出现，来增加月亮的光明，不使树枝发出响声的祥风，也会吹起，黄龙自天而下降，凤凰的巢筑在树上，麒麟住在郊野。如果不是内心充满了德，而只是推行他的法令，专门用他的规定，那么天神地祇就都不会显灵，福祉征祥都不会到来，四方的百姓不会宾服，天下的百姓不会接受教化。所以德充满于内心，是治天下最大的根本。这就是万物归于一理的大功了。

二十一、论著书之意和《淮南鸿烈》二十篇的关系

凡是著书的人，都是为了探测大道，打开障塞。借着这个，使后世的人，了解什么事该做，什么事不该做；什么是需要的，什么是不需要的，怎么能够处理得合适。同时和外物接触的时候，不会迷惑，在内心中，又能够安神养气，每天都安炙于和气之中，而自乐在所受的天地之间。所以说，如果谈论大道而不明白阴阳终始的推移，就不知道怎样去模仿依循自然。如果谈论阴阳终始的推移而不明白天地四时的循环，就不知道避讳。如果谈论天地

四时而不知道引用譬喻和举出类别，就不能够了解精微要妙。如果谈论精微要妙而不以人的神气作为根本，就不能够了解养生的奥妙。本于人情而谈论大圣的受命天德，就不能够了解五行的不同。谈论帝王之道而不说君人南面之事，就不知道大小的差别。谈论君人南面的事而不做称引比喻，就不能够知道动静的合不合适。谈论称引比喻而不说明风俗的变化，就不知道合同的大旨所在了。谈论风俗变化而不说明以往的历史事实，就不能够了解道德的响应。知道道德的响应而不知道世俗的曲折，就没有办法和复杂的万方相配合。知道泛论以博说世间古今的得失而不知道诠言的就万物之指，以言其征，就不能够举动合道。通达书文而不懂用兵的要归，就没有办法应付猝然①发生的军情。知道了大略而不知譬喻，就没有办法把事情推究明白。知道了公道而不知道人间，就没有办法应付祸福。知道人间而不知道修务，就没有办法使学习的人勉力去求。想要努力省察书中的言辞，览观书中全部的要点，不小心去做，深入研讨，就不能够极尽道德的本意。所以著书二十篇，而这二十篇的理论，可以使天地之间的道理毕尽了，人世间的事也可以全都看见了，帝王治国安民的道术全部都具备了。他所说的话，有小的有大的，有精微的有粗略的，每卷旨趣，各不相同，所用的话，亦有所异。现在专就道而言，道是无所不在。但是，得本而知末，只有圣人才能够做到。现在的学者，没有圣人的才具，假如不替他们详细地说明，就会终身颠沛困顿在昏暗不清的境界里，不知道用昭明之术使自己觉悟。

---

① "卒"和"猝"字音义相通，"卒然"和"猝然"相同，都是突然的意思。

二十二、读《淮南》二十篇可以逍遥放游于天下

现在就《易》的乾、坤两卦来说,就很够尽天道通人事的了。就八卦来说,可以用它来辨别吉凶、了解祸福。但是伏羲氏重为六十四卦,到了周文王的时候,又加上了六爻,《易》就变成了测清静大道的本原和追逐万物的祖先了。就五音的数目来说,只不过宫、商、角、徵、羽而已,但是用五弦的琴来演奏音乐,就不可以马上鼓琴。必须有高低小大的音,使它和谐,然后才能够成曲。现在画一条龙的头,看到的人不知道它是什么兽,把它的形状完全画出来,自然就不会怀疑了。现在说它是道就多了,说它是物就少了,说它是术就博大了,说它是事就浅薄了。用这个理论来类推,就没有话可说了。所以为学的人,当然希望能够达到不说话的境界才算到家。因为道的理论是非常高深的,所以用很多话来解说它实际的情况,万物的数量是非常众多的,所以用广博的话来加以解说,它的词句虽然曲折连绵,纠纷远引,为了润泽洗净至意,使它没有凝聚闭塞,这样就可以掌握它而不会分散了。在江河里面的腐尸多得不可胜数,但是祭祀的人,都汲取江河里的水,这是因为它太大了。一杯很美的酒,苍蝇泡在里面,普通的人都不会去尝它,这是因为它太小了。如果真的能够贯通这二十篇的理论,能够看出来它的主旨,得到它的概要,就可以通过九野,走过十门,脱出天地,抛弃山川,对于逍遥自在于一世之间,主宰造就万物的形体,也就很优游自在了。

二十三、周文王以仁易暴

周文王的时候,殷纣王做天子,征税聚敛,没有限度,杀戮百姓,没有止息,耽乐荒淫,沉湎酒色,使宫中成闹市。制造炮烙作为刑罚,挖谏者比干的心,剖腹看孕妇的胎儿,天下的百姓,同心怨恨他。而周从太王、王季、文王到武王四代累积善行,修明德政,奉行正义,建国在岐山和周原之间,土地虽然不超过一百里,但是天下的三分之二都归服了他。周文王想要用柔弱的方法来制服强暴,替天下的百姓去掉残暴,消除祸害,而达成仁政爱民的王道。因此,太公的计谋就产生了。

二十四、儒家学说的产生

周文王的事业还没有完成就死了,武王继承了文王的事业,用太公的计谋,率领全部为数不多的军队,亲身穿戴着盔甲,来讨伐无道而又不义的纣王,在牧野举行誓师典礼,登上了天子的龙位。这个时候,天下还没有平定,海内也没有安宁,武王为了宣扬文王爱民的仁政,使远方的部族都带着他们的宝货来进贡,那时候辽远的部族还没来归顺,因此,武王就行了三年的丧礼,在堂上的两柱之间,殡殓了文王,以等待远方部族来归向。武王在位三年就驾崩了，周成王当时还是抱在怀里的小孩子，不能够主持国家的政事，而在这个时候，蔡叔和管叔，辅佐纣王的禄父，想要作乱。周公继承了文王的事业，代理天子行使政权，来做周朝的股肱，辅助成王。周公惧怕战争不能够停止，臣下要危害君主，所以把马纵放在华山，把牛纵放在桃林，把战鼓毁坏了，把鼓槌折断了，周公自己在腰带上插着朝笏来朝见天子，借着文治使王室安定，也安抚了天下的诸侯。成王年长成人以后，能够自己处理政事，周公把政权奉还成王，自己受封于鲁国，以礼乐在鲁国进行移风易俗的教化工作。后来鲁国的孔子学习了成王、康王治国的道理，遵循着周公的教训，用来教诲他的七十二个门生弟子，使他们都穿戴着鲁国所制订的儒服儒冠，学习周公所遗留下来的书籍，因此，儒家的学说就产生了。

二十五、墨家学说的产生

墨子学习过儒家的学说，接受过孔子的道术，他认为儒家的礼节过于烦琐而不够简易，厚葬浪费财物而使百姓贫闲，丧服太久有伤健康而妨害工作。所以，他放弃了周制而采用夏制。夏禹的时候，天下发了大水，到处都是洪流，夏禹亲自带着土筐铁锹，走在百姓的前面去治水，疏通了河道，开导出九条支流，凿开江水，分为九条别流，开辟了五湖，而安定了东海。当时，人身上或是什么地方被火烧了，也没有时间去扑灭，被水打湿了，也没有工夫去擦干。人死在山上的就葬在山上，死在水边的就葬在水边。所以，节省财用，简单埋葬，以及简化丧服制度的学说就产生了。

二十六、管子学说的产生

齐桓公的时候，周朝的天子地位变得低弱，诸侯互相征伐，南方的部族，北方的部族都来侵伐中原，中原虽然没有灭绝，但维系存在的，只是像一根线而已，危险到了极点。齐国所处的地位，东边靠着东海，北边隔着黄河，土地狭窄，田地太少。但是齐国的人民，聪明而有技巧。齐桓公担心国家的危难，受不了其他部族的袭扰，为恢复已亡的古国，延续将要断绝的诸侯后裔，尊崇周天子的地位，扩大周文王和周武王的事业，所以《管子》这部书就产生了。

二十七、晏子谏诤的产生

齐景公在宫里爱好音乐和美色，在宫外爱好狗马，打猎射鸟乐而忘返，好色看中意的人不分亲疏。在宫里建了一座高台，铸造了一座大钟，在庭中撞起大钟来，郊外的野鸡都会应声叫起来。一天的赏赐，就用去了价值三万斛粟米的费川。梁丘据和子家哙二人在景公的左右阿谀奉承，所以晏子的谏诤就产生了。

二十八、纵横长短之说的产生

春秋以后的战国时代,六国诸侯,以溪异界,以谷别区,以水相绝,以山相隔,各自管理着自己的国境,固守着自己的疆土,掌握着自己的权柄,专擅推行自己的政令。下面没有专于一方的诸侯之长,上面没有发号施令的天子。他们用强力的战争来争权夺利,胜利者就高高在上。他们互相联结,广交与国,他们用盟约要誓,用符契为信,远结援助,互相支持,来保守自己的国家和领土,保有自己的社稷。所以合纵连横游说、长短之说就产生了。

二十九、刑名之书的产生

申不害是韩昭厘王的辅佐大臣,韩本来是晋国分出来的,土地贫瘠,民性险恶,而又处在大国的中间。晋国的旧体制没有消除,韩国的新法令又出现了,以前君主的命令还没有结束,新君主的命令又颁下来了。新的法令和旧的法令不同,以前的法令和新的法令互相矛盾,百官处在新、旧法令之下,不知所从,事情常常违背混乱,不知道该用什么法令较为恰当。因此,讲刑名的书就产生了。

三十、商鞅变法的产生

秦国的习俗,贪狠而好用强力,不讲信义而专重趋利,只讲求用刑罚来威吓,而不讲求用善来教化人民,讲求用奖赏来鼓励人民,而不讲求用名誉来激勉人民。秦国的地理形势非常险要,前面靠着黄河,四面都有天然的要塞来巩固国防,地形有利,形势方便,积蓄饶多,国家富厚。秦孝公想用虎狼一般的猛的优势来吞并诸侯,所以,商鞅变法就产生了。

三十一、刘氏《鸿烈》妙用无穷

至于像刘氏这样的书,观察天地的现象,通贯古今的事理,衡量事的轻重来建立法制,度量形势的同异来用适当的方法,推本于大道之意,配合三王的风教,而加以扩大,玄妙之中,深入到精微细小的地方,抛弃掉它的糟粕,取它纯善正静的部分来统治天下,治理万物,以适应世事的变化,适应不同的地方。因为不是遵循着哪一条道路,不是拘守哪一个方向,不是受着外物的牵连,而且并不是不能跟着形势发展的,所以把它放在八尺或丈六的地方而塞不满,散布到天下也不会觉得空虚。

下 篇

《淮南子》精读

卷第一

原道训

一、道无形而用周

　　道，上可以覆盖天，下可以运载地，通四方，包八极；它高不可接，深不可测；包裹了整个宇宙，生成了万物。它像水，从源头喷发出来，流过所有的空隙，慢慢地流满；水势上下翻腾，把混浊的泥浆渐渐澄清。道竖直起来，可以充塞天地，横放下去，可以连接四海，它的用途，无穷无尽，而且不受时间的限制。把它展放开，可以笼罩上下四方，把它卷收起，仅仅不满一握。它小而能变大，暗而能变明，弱而能变强，柔而能变刚。道能维系天地，包含阴阳，安定宇宙；时间空间赖它而有，日月星辰靠它生光；柔软到达极点，黏细到了极致；山岳因它而高，海洋因它而深，兽类因它而能走，鸟类因它而能飞，日月因它而光明，星辰因它而运行，祥瑞的麒麟因它而出现，吉祥的凤凰因它而翔集。它虽无形，却是用之不尽的啊！

【点评】

　　凡是不见形象的东西，就有无形的力量。神不见形，而生灵异；气不见形，而活万物。而能够统神气的道，虽然没有形体，但是宇宙万物都赖之以运行转动和生存。而且永远取之不尽，用之不竭。

二、伏羲、神农以道致祥

在上古的时候,伏羲和神农二位皇帝,习到了道的根本,立于天地中央。精神和万物化而为一,安抚了天下四方的百姓。所以能够使天旋地转,永远循环而不止。像水流一样,流而不息,并且和万物相始终。像风起云兴,没有不相应的,像雷响雨落,相应不已。像神鬼的出没,无影而疾速,像神龙的降临,像凤鸟的翔集。二皇的气运,周匝循环永远没完,就像翻砂机括旋转不停,像车轴转滚不已。虽然已经雕刻琢磨,却仍然能够保持它朴素的本质。它以自然无为为作为,所以能够合于道;它以自然无为为言说,所以能够通于德。安闲愉快,从不矜夸,因此能够得到人和;天下百姓,性格虽然各不相同,却能使人舒服而无欲。精神微渺的时候,可以寄托在像毫毛之末细微的物体上,当它放大的时候,竟比宇宙的总和还大。二皇的德,可以指天地而调和阴阳,使四时的春夏秋冬节气调顺,使五行的木火土金水,都能有序顺行不乱。受到如母亲般的慈爱抚养,万物都并育而成长。恩泽滋润了草木,润透了金石。飞鸟和走兽,茁壮而肥大,走兽的毫毛光泽柔滑,飞鸟的羽毛美丽强健。走兽怀了胎,都顺利生产,飞鸟产了蛋,都顺利孵化;做父母的不必忧愁儿女的丧亡,做兄长的不必哭弟妹的夭折,小孩子不会做孤儿,女人不会做寡妇;有凶兆的虹蜺不会出现,有兵灾的彗星不会运行。这就是伏羲、神农二位皇帝,含德施化而使祥瑞来临,达到太平的呀!

【点评】

这是说明凡事要顺自然之道,因为自然之道,没有人为,没有造作。不为不造,才能够得其真。就像四时五行的轮转和循环,没有停息,又是那么地顺畅。这样,天无灾,地无害,自然要祥瑞下降而致太平了。这不是告诉我们,顺自然之道比人为好吗?

三、道生万物而不有

至高无上的道,能生万物,而不以万物为己所有,成就变化万物之形,而不为主宰。有足爬行的兽类,用喙呼吸的鸟类,蠕动而行的虫类,皆靠道而生,但不因此感道的恩德;皆因道而死,但不因此而怨道之暴虐。用道而获利的,不能赞美它;用道而败事的,不能诽毁它。收聚财富、蓄积粮食,不会增加它的富有;布施贫乏,匡救不足,不会使它变为贫穷。道虽渺小,但不可以穷究;道虽微细,但不可以尽知。向上增加不会变高,向下堕落不会降低。增益不会变多;减损不会变少,削它不会变薄;击杀它不会受伤。挖它不会变深,填它不会变浅。道这个东西,是惚惚恍恍的,不能见到它的形象,虽无形貌,却是用之不尽的。视之不见,听之无声,邃远洞深,但是动有所应。道遇刚就伸展,遇柔就屈曲,遇阳就升高,遇阴就下降。

【点评】

万物应时自然而生，适时自然而死。道对万物，任其自然，所以生而不有。老子说："天地不仁，以万物为刍狗；圣人不仁，以百姓为刍狗。"这话就是生而不有的意思。因为道任自然，无为无造，所以生而不有，为而不宰。

四、冯夷得道而善御

从前的冯夷，为河神号称河伯，他能够御阴阳。他以雷为车，以云蜺作马，驰行于微雾之中，飞奔于无象之外，行愈远而技愈高，可以行于八方。他能走过霜雪而没有痕迹，日光照过而没有影子，像羊角风一样旋转而上。他的行程通过了山川，跨过了昆仑，他能使阊阖为他开启，他能使天门让他通行。冯夷、大丙驾驶的技术，竟然这么高明。末世的御者，用轻车良马，虽有强劲的马鞭，锋利的马刺，但是不能够和冯夷、大丙争光。所以做一个大丈夫而得道的人，他安闲而无思，自足而无虑，以天为盖，用地作车，用四时作马，用驺御作驾驶，乘着云气，凌上霄汉，和能够造化万物的主宰者一块同游。无拘无束，奔驰于天地之间，要慢走就慢走，要疾奔就疾奔。命令雨师清洒道路，派使风伯扫除尘埃。以闪电为鞭策，以奔雷为车轮，上游于虚无寂寞的广域，下出于无形无垠的大门，回观宇宙，无所不览，归而守道，以全真性。经营四方，复返于本。

所以用天作盖，就没有不被笼罩的。用地作车，就没有不被运载的。用四时作马，就没有一个时间不可用的。用阴阳作御，就没有不具备的。所以行快而平稳，致远而省力。不劳四肢，不减聪明。但是，他能够知道天的八维，地的八方中央的形象和际极，这是为什么呢？因为得到了道的要点，而能够游观于无穷之地的缘故。所以天下的事，不可以用人为的方法来治理，应该顺着它自然的变化去推求和举办。万物的变化，是不可分别穷究的，但是殊途同归，只要能够得到它的归趣①，就可以了。镜子、水这两种东西，和形相照的时候，不加掩饰，而人的实形，不论好丑，都会完全显映出来，不能够逃避。

【点评】

得自然之道的人，行不费力，可以通行致远，而其驰之速，不能追及。凡是得到要道的人，就能够游观于无穷之地。所以天下的事，不可以用人为的方法来治理，因为人为的方法违反自然，不能得到万物变化的旨趣，行事也就不能够顺利了。

五、不与物相争，而物不敢与之争

人生下来是静的，静是自然的本性；感受到外界的刺激以后

---

① 归趣：是指归、旨趣的意思。趣亦有归的意思。

就动，动是本性的作用；遇到外界的事物，精神有了反应，这就是知觉的活动。知觉和外来的事物相接触，就产生了爱恶的感情；爱恶从行动上表现出来，知觉又被外界的事物所引诱，而不能回复到原来的本性上去，那么天理就丧失了。所以通达大道的人，绝不会以人为来改变天然；虽然外面和接触的事物化而为一，但是里面却能不改变自己本来的性情。虽是什么也没有，却能供给外来的要求；精神虽然到处驰骋，最后仍然能回到本来的归宿。外面所求，无论是小的、大的、长的、短的，样样都有准备；外界的万事万物，无论怎样翻腾混乱，都不会失去他的度。所以他居于百姓之上，而百姓不觉得他沉重；他站在百姓的前面，百姓们都爱戴他。天下的人都归服他，奸邪的人都惧怕他。因为他从来没有与万物相争过，所以万物都不敢和他相争。

【点评】

不和万物相争，而万物都不敢和他相争，这是什么原因呢？因为得道的人，不会用人为来改变天然。争是人为，不争是天然。因为人为是敌不过天然的，所以说不争而莫敢与之争。

六、用道则成，用术则败

到江边去钓鱼，费一整天的时间，也钓不满一筐子，虽然有很尖的钓钩，钓钩上有长的倒刺，又有很坚韧的钓线和芳香的钓饵，再加上像詹何、娟嬛名钓鱼家的技巧，还是不能够和用网罟打鱼的人来比赛获鱼的多少的；射鸟的人拉开古代最有名的乌号弓，扣上卫国淇水出产的有名的竹箭，再加上像后羿和逄蒙那样善射的人的技巧，来射空中的飞鸟，还是不能够和用网罟捕鸟的人来比赛获鸟的多少的。这是为什么呢？因为他们所用的工具太小了。如果把天下张开作为捕鸟的笼，把江海用为捕鱼的网，哪里还会有漏网的鱼和失笼的鸟呢？所以箭比不上带线的箭，带线的箭比不上网，有形的网，更比不上无形的网。放弃大道而专靠小聪明，那和叫蟹去捉鼠、叫蛤蟆去捉跳蚤有什么分别呢？这样不但不能禁止奸诈杜绝邪僻，反而会混乱愈来愈多。从前夏时的鲧建筑了三仞高的城墙，诸侯都背叛了他，海外的国家对他有了二心。他的儿子夏禹，知道天下都在反对他们，于是拆掉了城墙，填平了城河，将钱财和货物都散给了百姓，将兵器和盔甲统统都焚烧掉，对百姓布施恩德；自此其他诸侯都来归顺，四方的部族都来进贡。在涂山大会天下的诸侯，带着进献礼物来的诸侯不可数计。所以心里如果怀着机诈，思想就不会纯洁，神圣的德行也不能保全。在自己身上的尚不能保全，怎么能够使远方的人来归呢？所以盔甲愈坚厚，则刀枪更锋利，城墙筑得愈高，则攻城的冲车愈多。就像以开水浇沸腾的水，愈浇愈沸。所以用鞭子打咬人的狗和踢人的马，想要用这种方法训练狗马，就是伊尹、造父那样善于训练狗马的人，也不能使狗马驯服；假使心里没有贪馋和迫害的念头，就是饿虎也可叫它跟着走，何况是狗马之类呢？所以能够用道的人，永远安逸，而且不会遇到困难。善于用权术的人，永远辛苦，而且不会得到成功。

【点评】

　　这段话是说用道成功、用权术失败的理论。从前有这样的一个故事：有一个人，天天到海上去玩，海边的海鸥，和他非常熟识。每当他来的时候，海鸥都和他在一起狎戏。有一天，他的朋友对他说："你和海上的海鸥那么接近，为什么不捉两只来送给我呢？"他听了以后，再到海上去的时候，心里就准备要捉海鸥。可是，这个时候，所有的海鸥都不接近他了。这是什么道理呢？原来人一产生机心，思想就不会纯洁，举动就不会自然。所以海上的群鸥也就不会接近他了。因此人要得道，道是可以使人淡然忘机的，忘机的人，不但鸥鸟不惊，就是饿虎也可以跟他走。绝不可以用术，因为用术愈精，防备的方法也愈多，那不就像扬汤止沸吗？所以说用道的人成功，用术的人失败，这是不易的至理啊！

七、得其道者可以治天下

　　严刑峻法，深责重诛，并不是致霸、王天下的方法。像离朱那样的视力，虽然敏锐到可以在百步之外看见细如针尖的微物，却不能够看见藏在深渊中的鱼儿；像师旷那样的听力，虽然灵敏到可以辨别各种乐器音调的不同而加以调和，却不能够听到远在十里以外的声音。所以专用一个人的能力，不能够建筑成三亩面积的房屋。如果遵循道理的规律，依顺天地的自然，就是整个天下也不难治理得太平。所以夏禹治理洪水，顺着水性求得治理的方法；神农种植百谷，顺着禾苗的特性作为种植的示范。

【点评】

治天下不能够靠个人的耳目聪明，必须要掌握要道。一个人虽然耳聪目明，但是看到的和听到的，都很有限。看到的事可以办，听到的事可以分别。可是那些看不到、听不到的事，该怎么办呢？而且一个人看到听到的少，而看不到听不到的多。单靠个人的视听，不是挂一漏万吗？所以治天下必须遵循大道，顺着规矩，让天下万民都能共遵共行，这样去做，还有什么困难呢？

八、万物皆能自适其性

萍生根在水里，树生根在土里，禽鸟在空中飞翔，野兽在地上奔跑，蛟龙住在水里，虎豹住在山上，这都是自然的本性。把两块木头互相摩擦就会生出火来，把金属放在火上烧就会化为液体，圆的物体会在地上转，空的物体能在水上浮，这些都是自然的规律。所以春风一到，天就会降下甘雨，来滋生地上的万物；这时候鸟类下了蛋，孵伏小鸟；兽类受了孕，生出小兽；草木欣欣向荣，开满了花朵；草木的荣华，鸟产卵，兽受胎，看不见谁在作为，而化育万物之功竟自然完成了。秋风一到，天就会降下寒霜，草木开始枯萎，鹰雕一类的猛禽攫食小鸟，昆虫开始冬眠，草木的根扎向地下，鱼鳖潜藏水底，看不见有谁在作为，而消灭万物于无形。住在树上的自己会做窠，住在水里的自己会找洞；禽兽卧在垫蓐上，人类住在房屋中；陆地行走利用牛马，水上行走利用舟船；北方匈奴住的地方出产皮毛，南方吴越住的地方出产夏布；各自生产急需的物品来防备干燥和潮湿，各自随着所住的地方来抵抗冷热；全部都能各得其所，而应合环境。由以上的事看来，万物根本就能适应自然的，圣人又何必去多作为呢？

【点评】

这是说明万物都能各依其所生的环境，而各适其性，不需要去多作为。所以治天下的圣人，一定要顺应自然，作为反而是多余的。

九、本性不可改，习惯不可易

在九嶷山的南边，在陆地上活动的事情少，水面上活动的事情多，所以那里的人民剪短了头发，身上刺了花纹，模仿蛟龙来避祸害；他们只穿短衣，不着裤子，因为这样便于游泳渡河；他们衣袖很短，高高卷起，因为这样便于操舟；这都是因为近水的关系。在雁门关的北边，人们不吃五谷，而吃牛羊；看不起年老体衰的人，看重少壮力强的人，因为他们的风俗崇尚有力气的人；那里的人都经常张着弓，他们的马都经常戴着勒口，因为他们习惯于那种骑射的生活。所以夏禹到了裸国，就脱衣服入境，出来的时候，就穿衣服出境，这是为了顺俗。现在移植树木的人，如果不懂得阴阳时令的冷暖，变更树性来移植，树木没有不枯死的。所以移种橘树在江北就会变为枳，而鸲鹆鸟不能过济河，貊这种兽过了汶河就死：这就是因为本性不可变易，习惯不可更改的缘故。

【点评】

这是说明各地有各地的风俗习惯，而这些风俗习惯，是受了山川地理和气候的影响，是不可以随便改易的。因此，我们可以体悟出本性的不可变易了。

十、不以人为灭天然

通达大道的人，以清静为根本；通达事理的人，以无为为目的。以恬淡寡欲来养性情，以清静无为来安精神，这样就可以入于天然的境地。所谓天然，就是纯粹朴素，质直洁白，如物之始生始成，而无任何东西掺杂进去；所谓人为，就是矫揉造作，卖弄聪明，取巧行诈，逢迎世人，而和世俗同流合污。所以牛的脚分蹄和头上生角，马的颈上有鬣和脚上全蹄，这是天然的。把缰绳套上马的脖子，把绳子穿进牛的鼻子，这是人为的。顺天然的人，与道是相合的；随人为的人，与俗是相交的。井里的鱼不能和它谈论大海，因为它被狭隘的范围限制住了，而不知有大海；夏天的虫不能和它谈寒冰，因为它被短促的时令限制住了，而不知道有冬天，不能和短见的人谈大道，因为他被流俗的见解和礼教束缚住了，而不知道有至道。所以圣人不以人为扰乱天然，不以贪欲扰乱性情。不用谋划而所处皆当，不用说话而使人皆信，不用考虑而一切皆宜，不用作为而一切皆成功。精神通彻到心灵的深处，和造化合而为一。

【点评】

这段话是根据庄子的"不以人灭天"而来。天然所涵所包非常广大，而人为所知所见的很小。所以人必须保持他的天然，不要用人为去扰乱它，守住他的性情，不要用贪欲去扰乱它，这样才能够和造化合而为一。

十一、养精神弃智巧

精于游泳的人往往会被淹死，精于骑术的人往往会被跌伤，都是因为他精于所长反而因此招害。所以好多事的人没有不受伤害的，好争权力的人没有不受困苦的。从前共工仗着自己的力气大，和高辛氏争夺帝位，用头撞不周山，而使地向东南倾斜，因而使自己跌进大海里淹死，整个宗族遭到残灭，从此没有了继嗣，断绝了祭祀。越王翳不肯继承王位,躲进了山洞,越人用烟把他从山洞里熏出来,于是不能不继承王位。由此看来,能不能得帝王之位,在于遇不遇时机,而不在于争夺;能不能达于太平之治,在于合不合大道,而不在于智巧。地处在下,从不争高,所以永远安稳而没有危险;水向下流,从不争先,所以流得快而不会停留。从前大舜在历山种地,一年之后,所有的农人争着把硗薄的田地留给自己,而把肥沃的田地让给别人;他在河边钓鱼,一年之后,所有的渔夫都争着在水急鱼少的地方钓,而把鱼多的深潭曲港让给别人。在这个时候,舜口里没有说话,手也没有指挥,他只是怀抱着高尚的德行,而感化别人之快就像有神助一般。假使舜没有高尚的德行,就算有能言善辩之口,一家一家去劝说,也不会有一个人受他的感化。所以那不可说的道,真是伟大啊!他能够使三苗来归化,羽人来朝贡,裸人化而从命,肃慎敬而朝见,从来未曾发号施令,竟已改变了各地的风俗,这真是心悦而诚服的呀!若靠着法度刑罚怎么能够达到这样的境界呢?所以圣人修治的是内在的根本,而不假饰外表的末节,保养永恒的精神,放弃伤身的智巧,漠然得好像无为,却顺着自然而无所不为,淡然得好像无治,却依着自然而无所不治。所谓的无为,只是不在事物之先去做,所谓无不为,只是顺物之所为而为;所谓的无治,只是不改变自然,所谓无不治,只是顺物性之相宜而治。因为万物同生于一个根源,所以应该知道守住根源;万事同出于一个门户,所以应该守住门户;如此才能达到无穷无极的地步,对万物都能看得清清楚楚,而不会迷惑,对万事万物都能够应付得顺顺利利,而没有困难,这就叫作能明了自然的天意。

【点评】

自然之化，胜于口说。因为自然化人，一定是以德服人。凡是以德服人的，人皆心悦而诚服。这是和法度或权威都没有关系的。所以凡是了解大道的人，一定知道如何去养精神，抛弃智巧。这样才可以达到无穷无极的地步。

十二、守柔居后莫能与之争

得道的人，意念柔弱而作为坚强，心灵虚静而应事适当。所谓意念柔弱、作为坚强的人，是指意念柔弱的人，柔弱安静，把勇气隐藏起来，表现得好像毫无能力；静静的好像毫无思虑，有所作为的时候，却能把握时机；随着万物流转，而不做首倡的人，受了外面的触动，然后才去相应。因此地位高贵的人，一定要用贱号谦称自己，高大的山丘，一定要以低下的地做基础；寄托在小的地方，却能包罗极大，居于中央，却能控制外面；使柔软变为刚硬，懦弱变为坚强，不停地变化推移，把握了纯一的大道，能够以少数统御多数。所谓作为坚强的人，在遭遇到变乱应付仓促事故的时候，能够排除患难，他的力量没有不能胜任的，敌人没有不被战胜的；应付一切的变化，把握正确的时机，没有人能够伤害他。因此，要想做到刚硬必须用柔软来保守，要想做到坚强必须用懦弱来保守。柔积多了就成刚，弱积多了就成强，看他所积的是什么，就可以知道将来祸福的方向。力量强的人可以胜过比不上自己的人，可是遇到和自己力量相等的人就不行了，力量弱的人能够胜过比自己力量强的人，他的力量是不可估计的。所以兵力强大就会消灭，树木强硬就会断折，皮革强硬就会开裂，牙齿比舌头强硬却会先脱落。所以，柔弱是生存的基础，刚强是死亡的因素，先倡是失败的道路，后动是成功的根源。怎么知道是这样的呢？凡是中寿的人可以活到七十岁，可是在他趋舍行止之间，今日悔昨日之非，此月悔前月之非，这样一直到死。所以蘧伯玉活了五十岁，而悔四十九年之非。这是什么原因？在先的人遇事难以预先知道，而在后的人遇事容易作为成功；在先的人往上爬，后面的人就攀住他，在先的人向下坠，后面的人就践踏他；在先的人坠陷下去，后面的人就会详细考虑；在先的人打了败仗，后面的人就谋取胜利。由这些证明来看，在先的人，就是在后的人的弓箭标靶，就像镎和刃一样，锋刃在先，所以犯难而缺，镎体在后，所以保持无恙，这是什么原因呢？这是因为镎处在后位的关系。这种道理，是一般社会大众都能详知的。但是，却是贤能和聪明的人所不能避免的错误。这里所说的后者，并不是说把动止住而不使它发动，把动凝结起来而不让它周流，而是贵后能够调和道术，合于时用。所以能够执持道理可以双变：先也可以控制后，后也可以控制先。这是什么道理呢？不失掉他所以能控制人的方法，人也不能够控制我。时间之匆促，反侧之间，不能容一气息，在他之前，就会太过，在他之后，又会不及。日子是一天又一天，一月又一月地过去，时光是不和人同游的。所以古代的圣人，不会重视一尺大璧玉，而重视一寸时间的光阴，是因为时光得到困难，失去容易啊！从前夏禹为了赶时间，鞋子掉了而不去拾取，帽子被挂而不加回顾。他如此急忙和匆促，并不是为了要争先，是为了要争他能够得到适当的时机。所以圣人守着清静的大道而怀抱柔弱之操，顺着自然来应变，常居后而不敢为先，柔弱以致清静，安详以致安定，攻大使破，磨坚使薄，圣人虽然守静抱柔，但是没有人能够和他争。

【点评】

这一段话，主要在说明守柔和不敢为先的道理。为什么要守柔呢？因为柔弱才是刚强的基础，而刚强却是灭亡的先兆。以兵称刚强的一定先灭亡，树木坚硬的一定先断折，皮革强硬的一定先破裂，牙齿比舌头硬就会先脱落。所以老子曾说：柔弱者生之徒。反过来说，刚强就是死的因素了。基于这个因素，就可以了解，守柔是多么重要了。至于不敢为先，因为道家认为，先倡是失败的道路。为什么呢？就人的行事来说吧，人常会有觉今是而昨非的后悔。这是因为在先的人遇事无法预知，而在后的人却容易成功。就像前面陷落的人后人不再跟进一样。圣人所以守柔不敢为先，就是因为没有人能和他争胜啊！

十三、水有至德

天下的万物，没有比水更柔弱的。水虽然柔弱，但是大到没有极限，深到不可测量。长得到了没有穷尽，远得到了没有涯岸，生息虚耗减少增加，达到了无量之境。上到天空就成为雨露，下至地面就生出润泽。万物得不到水就不能够生长，百事得不到水就不能够成功。水利万物而无私好。恩泽施到蚑行的小虫身上，但是并不求报答。使天下富足而不尽，恩德加在百姓身上而不费。水的流行是永无穷极的，它的微细是无法把握的。水的性至为柔弱，打它不会受创，刺它不会受伤，斩它不能斩断，烧它不能燃烧。溶解流逸，彼此相结，不可分散。它的锋利可以贯穿金石，它的大力可以通济天下。游动在无的区域，翱翔在忽荒的太空，在川谷之间委曲流转，在大荒之野排浪滔天，有余不足都取于天地、给予天地，与万物则不分前后皆给之。所以没有私没有公，都是一致的。流散振动，和天地混而为一，没有左没有右，屈曲错转和天地万物相始终。这就叫作至德。

【点评】

水是可以和道相比的，它的性质柔弱，它的性情居下。可是击之无创，刺之不伤，斩之不断，烧之不燃。但是它的力量大起来，可以通济天下，它的力量锋利起来，可以贯穿金石。所以老子说：水是至柔的，但进攻坚强的都比不上水。由现在科学所用的"水刀"就可证明，它切割的力量，实在惊人。

十四、废智巧反大道可以治天下

水之所以能够把它的至德表现在天下，是因为它柔弱而润滑。

所以老子有这样的话：天下最为柔弱的人却能够役使驾驭天下最为坚强的人。水不知它从何处来，不知它流入何处。我因此知道无为是有益于生的。所以无形是有形之物的大祖，无声是有声之声的大宗。无的儿子是光，无的孙子是水，光和水都是由无形而生的呀！因为光可以看见而不能抓到，水可以顺流而不能毁坏，所以有象的东西，没有比水再尊贵的了。出生道就会去掉清净，入死道就会隐匿情欲。从无形适有形而离根本，从有形适无形而不可复得，因为离本失道，道就自然衰竭了。所以清静是德的极点，柔弱是道的信条。虚无恬静万物能为人所用。敬慎的来应感，殷切的反本，就能够归没于无形，所谓无形的意义，就是所说的一。所说的一，它是没有匹合的，它超然地独立着，伟大地独处着，上可以通八方中央之外，下可以贯八方中央之内，员①不合规，方不合矩，但它能合方圆为一，弃累而得其微妙，它可以包容天地，为道开门。它无形无象，纯德独在，布施给天下不会尽，用它于天下不觉疲劳。所以看它看不见它的形体，听它听不到它的声音，摸它摸不到它的身体。虽然它是无形的，但是有形的一切，都是后它而生出来的。虽然它是无声的，但是有声的五音，都是从它而生出来的。虽然它是无味的，但是有味的五味，都是由它而调和成功的。虽然它是无色的，但是有色的五色，都是由它而产生的。所以有是由无而生，实是从虚而出。天下的各个角落，虽各处一方，但是名实是相同的。音的数量不过宫、商、角、徵、羽五种而已，但是五音调和相生，变化无穷，使人有听不完的音乐。滋味的调和，也不过甘、酸、咸、辛、苦五味而已，可是五

---

① 同"圆"。古代方圆的圆字，都用员。音义皆同。

味的调和变化，使人有尝不完的美味。颜色的数量不过青、赤、白、黑、黄五色而已，可是五色的调配变化，使人看都看不完。所以就音来说，宫声成立于中央，而五音就可以正了。就味而言，甘味成立于中央，而五味就可以平了。以色而论，白色成立，而五色就可以成了。道立于一，造化万物就由此产生了。所以一之道施于四海，一之达接于天地。道的全真，纯粹得像未剖的璞玉。道散开来，混混的像是很浊，混浊慢慢地澄清，空虚的地方慢慢满盈。定下来不动，稳得像深渊一样，飘起来流动，飞得像浮云一样。像是没有，而实在是有；像是不存在，而实在是存在。道是万物总聚的地方，都要经历它；道是百事的根源，都要从它出。道动的时候没有形体，变化的时候有如神明，走过的时候不留痕迹，常常居后而得先。所以得到至道的人治天下的方法，掩住耳朵不听，盖住眼睛不看，去掉华丽的文章，依据大道，废去智巧，和百姓同样，出于公平。他所守的是简约，他所求的是寡少，他该去掉的是诱慕，他该减除的是嗜欲，他该减少的是思虑。所守简约就不会烦扰，所求寡少就易于供给。所以专靠着耳朵听到的和眼睛看到的来办事的人，劳动形体而不能听得清楚和看得清楚。专靠智虑来治天下的人，劳苦心神而没有功绩。所以圣人治天下，要齐度数，循法令。不变更适宜的命令，不改易当行的常度。

【点评】

这段话是由水说起，由水推到光，由光推到无。作者把光比作无的儿子，把水比作无的孙子，而认为光和水都是无形所生。光可见而不可触，水可触而不可毁。所以有象之物，以水为贵。

因为水几于道,而道立于一。一又是道所生的,而天地万物皆由此而生。由于万物的繁多,而想治理万物,必须反于道,以简治繁,以寡统众,自然就可以据大道废智巧了。

十五、清静平淡可以称雄天下

喜和怒失去了道的平和,所以喜怒是道的偏邪。忧和悲失去了德的恬和,所以忧悲是德的丧失。爱好和憎恶失去心的专一,所以好憎使人迷惑。嗜好和贪欲失去性的清静,所以嗜欲使人牵累。人大怒会破坏阴气,人大喜会丧失阳气;阴气和阳气相迫,会使人失声变哑,惊怕就会变成疯狂;忧愁悲哀和多怒,疾病就会由此积成;爱好和憎恶太多,灾祸就会跟着而来。所以心里没有忧愁和快乐,是有德的极致;性情守常而不变,是清静的极致;嗜好和贪欲不累于性,是空虚的极致;没有爱好和憎恶,是平正的极致;不为事物所扰乱,是纯粹的极致。能够做到这五点,就可以和神明相通,能够和神明相通,是由于内心得到满足,所以可以用内心控制情欲,所有的事情都不会失败。内心能够得到满足,就能够养外来的一切。内心满足,就会使体内的五脏安定,思虑平正,筋力坚强,耳目聪明;这样就会遇事通顺而不发生错误,坚强而不会遇到挫折;没有太过分的,也没有不及的;处在小的地方不会觉得狭窄,处在大的地方不会觉得空旷;他的灵魂不急躁,他的精神不烦恼,清静恬淡,可以做天下的雄长。

【点评】

想要以清静恬淡来称雄天下，必须以内在的心控制情欲。心如何可以控制情欲呢？因为心主理，它是整个身体的主宰。它可以发号施令，指挥整个的形体，它可以辨别是非，有所不为。它可以使你时时刻刻保持无过不及的地步。无欲无求的心境，是至高的境界，那不是天下的雄长吗？

十六、至德者的快乐

大道平平坦坦正正直直，离自己的身体不远，只要向近处去求，就是离开了也可把它再找回来；接近它就会响应，感动它就会有动作；常守静穆，应接不穷；随时变化，不见它的形象；自由自在地操纵，就像声有响应，形有影从；不论登高山，下平地，失不掉所秉持的道；就算踏上危地，步入险境，也不要把心中所怀的道忘掉。能够保存住道到这样的地步，他的德行就不会有缺陷；万物虽然纷乱杂糅，却能使万物转移变化；用它来治天下，就像顺着风而快跑那么容易。这个就叫作至德。有了至德就快乐了。

【点评】

至德的人，无论在什么时候，无论在什么地方，都要秉持着大道。因为道无形而可以统万物，所以用它来治天下，就像顺风快跑那么容易。这样看来，至德的人，还会不快乐吗？

十七、守道者可得自然之乐

　　远古时代的人有住在山洞里面的，他们的精神饱满而不失。后世的人有贵为天子的，他们天天忧愁和悲伤。这样看起来，圣人之所以失掉聪明是由于治人的关系，只有得道的人才能保守得住；富贵的人之所以失去富贵是由于快乐的关系，只有有德和道的人才能保守得住。知道重视自己而轻视天下，就可以接近道了。所谓的快乐，难道是一定要住在京台章华的高台上，游览云梦大泽和沙丘的风景，耳朵听那《九韶》《六莹》的音乐，嘴里吃那烹调芳香的美味，坐着大车在大路上来往驰聘，捕射鹒鹉那样的珍禽？这样才叫快乐吗？我所谓的快乐，是各人得到各人的快乐而已，各自得到快乐的人，他不会以豪奢为快乐，也不会以俭啬为悲哀；隐藏的时候和阴气一样的静止，出来的时候和阳气一样的活动。所以子夏向孔子求学的时候，见到先王的道德非常欢喜，出来见到世俗的富贵也很喜欢，因此子夏因为心里交战而瘦了，后来因为服膺道德而胖了。圣人不会使自己的身体受外物的支配，更不会让自己纯和的本性为物欲扰乱。所以他欢喜的时候不会太过分，他难过的时候不会太悲伤；外界的事物，无论有多少的变化，无论怎么摇摆不定，我心里仍然是坦坦然然，不把这些放在心上，只是和道同在一起。所以，只要自己认为自己得到满足，就是在大树的下边、空的洞穴里,也足以使人怡情适性。相反地,如果自己认为自己没有得到满足,虽然是把天下当作自己的家,把万民当作自己的臣役,也不能够保养自己的性命。能够达到没有什么不快乐境界的人,就没有什么不快乐的,没有什么不快乐,就可以达到快乐的极点了。

【点评】

　　这是告诉人守道而轻天下可以得到快乐的一段话。人所苦的,就是不足。因为不满足,就会产生很多很大的欲望。欲望多、欲望大往往伤生害事,不能保身。这样反而不快乐了。如果能够随遇而安,即使穴居野处,同样可以使人怡情适性。因为不要求欲望上的快乐,所以能够达到没有什么不快乐的境界,没有什么不快乐,才可以达到快乐的极点。

十八、内足于心始可外应于事

　　摆设满了钟、鼓,排列满了箫、琴,座位上垫着厚厚的毯子,门外排列着旗帜和象牙装饰的仪仗,耳朵里听的是朝歌北郊诱人淫佚的音乐,身旁列着妖艳的美女,献酒进杯,日夜不停,或是带了强弓射高飞的鸟,带了猎狗追逐狡猾的兔子,他这种快乐的样子,真是声势烜赫,好像使人羡慕得不得了,可是到了解了车驾,脱了马鞍,酒宴散了,音乐停了,心里忽然空虚寂寞起来，好像失去了什么。这是什么原因呢？因为他不知道把内心的快乐发展到外面去，而用外面的快乐来抚慰内心，所以当音乐奏起的时候他就快乐，歌曲终了的时候他就悲哀。由悲哀转生快乐，再由快乐转生悲哀，这样循环相生，精神就会混乱，得不到片刻的安宁。仔细看他的作为，因为重外而不重内，所以得不到快乐之形，以致一天天地损害了自己的生趣，失掉了他可以得到的满足。所以如果内心没有得到能够满足的东西，只能够专靠外面的东西来替自己粉饰门面了。外面的粉饰，既粘不上皮肤，也钻不进骨髓；既留不在心上，也停不进五脏。所以，从外面进来的东西，如果内心没有主宰接受，就不会停留下来；从内心出去的东西，即使外面没有接应，也不会再跑出去。所以听到有益的议论和良好的建议，虽然是愚蠢的人也知道喜欢。赞美别人的好道德和好行为，虽然是坏人也知道羡慕。但是，爱好的人多，而能用的人却少；羡慕的人多，而能实行的人却少。造成这样的情形是什么原因呢？因为不能恢复自己的本性。如果内心没有打开，而勉强去做学问，知识是不会钻进耳朵里而牢记在心上的。这样和聋人唱歌有什么差别呢？只是模仿别人的动作而已，自己根本不知道有什么可乐的。声音从嘴里出来，就像一阵风散了而已。心是五脏的主体，它可以支配使用四肢，使血气流行循环，常常在是非交界的地方来来去去，在百事的门户进进出出。所以心里没有得到可以满足的东西，却怀有经营天下的气概，就好比聋人想协调音乐，盲人想学习画图，那是一定不能够胜任的。

【点评】

　　这是说明人只知用外在的喜乐来满足自己的生活，而不懂得求内心的充实。正因为内心不充实，所以每在欢欣鼓舞、曲终人散之后，显出无比的寂寞；在驰骋田猎、追禽逐兽之余，就会怅然若有所失。人如果能够体会出这个境界，他的心就不会专务于外了。他一定会重内心的充实，求精神的快乐，而增加自己的生活情趣。因为心是人身的主宰，是四肢百骸的指挥者。如果不能够得到充实，在是非之境就不能够辨别，又怎么能够去经营天下呢？

十九、天下有我，我有天下

　　天下是大自然用的东西，不可以靠人为的造作来治理。用人为的造作来治理，一定失败，执着人为不放的人，一定失治。从前许由之所以看轻天下，不肯用自己来代替唐尧，因为他心里已经忘记了天下。许由能够这样是什么原因呢？他认为顺天下就是天下的自然，天下的枢要，不在别处，是在我这里；并不在别人身上而在我自己身上；只要自己亲身得到满足，就等于一身已经具备天地万物了。只要能够透彻了解心术活动之理，嗜好贪欲喜恶爱憎自然就会放在心外了。这样就没有什么可喜的，也没有什么可恼的，没有什么快乐，也没有什么痛苦；万物全部同一，没有非，没有是；千变万化形形色色的现象，虽然不停地活动，却都变成没有欲望似的。天下属于我所有，我亦属于天下所有，天下和我难道还有什么分别吗？所谓的有天下的人，难道一定要掌握权势，操着生杀的大权，可以随意发号施令吗？我所说的有天下，并不是指的这些，只是自得天性而心里满足罢了。自得天性心里满足，天下也就对我满足，我和天下互相得到满足，就会永远地天下有我，我有天下了，哪里还会有不从容自在的呢？所以自己得到满足，就是保全身体的完整；能够保全身体的完整，就可以和道合为一体了。

【点评】

这是说明得道者能够和自然相合，与天地浑然一体。这样才能从容自在，而不会被七情所拘。

二十、圣人处穷，不改其志

能够和道合一，虽然是游于远的江边海岸，车下驾着日行万里的马，车上张着翡翠毛装饰的伞盖，眼睛看着羽衣翩跹翻腾的舞蹈，耳朵听着振动心弦的音乐，郑、卫的歌女提高了清脆的嗓音，唱出悠扬颤动的声调，到湖边上射高飞的鸟，在苑囿里面捕捉走兽。这就是一般凡民认为非常快乐的而沉迷的事情。圣人处在这样的环境里，不会因此而迷惑自己的精神，扰乱自己的志气，致使心中迷糊而变动了他的性情。在穷困的时候，住在穷乡僻野，伏藏在深山远谷，隐居在榛莽荒草的地方，屋子里空空的只有四壁，屋顶盖着茅草，用有刺的柴编门，使破瓮的口做窗，把门用桑条绑在门框上做开关的枢纽，这样的屋子，上面漏雨，下面潮湿，屋的阴堂，满地是水，霜雪纷纷，润湿了苴蒋，所游的地方是水草的大泽，所徘徊的地方是荒凉的山间。这就是一般凡民的生活，他们形肌消瘦，面目黧黑，忧愁悲伤，认为是最不得意的遭遇了。圣人遇到这种环境，一点也不会憔悴怨恨，更不会改易他自得其乐的态度。这是什么缘故呢？因为他内心通彻了天然的机灵，不会因为贵贱贫富劳逸等境遇的不同，就失去他所抱持的志节和德行；就像乌鸦的叫声永远是哑哑，喜鹊的叫声永远是喳喳，难道曾经因为冷热燥湿的不同，而更改过它们的声音吗？

【点评】

这是说明凡俗的人和圣人的差别。凡俗的人，常常沉迷在追逐情欲的快乐上面，圣人则不然，他不为情欲所迷惑。凡俗的人，遇到穷困，就会怨恨和改变他的态度。圣人则不然，遇到穷困，无怨无忧，因为他已了悟了天机，贯通了大道，所以能够处穷而不改他的心意。

二十一、得道之人始终如一

得道已定的人，不会再顾虑万物的推移，不因为一时的变化，就决定自己所要得到满足的是什么。我所说的得到满足,是把性命之情放到最安定的地方。性命和形体都出于一个本体,形体具备了,性命就完成;性命完成了,爱好和憎恶的情感就产生了。所以做一个士,有固定标准的定论,做一个贞洁的女子,有终身不改的节操。这个一定之论和不易之行,不像用规矩成方圆,用钩绳成曲直,要圆就圆,要方就方,要曲就曲,要直就直那么容易改变。它是像天地那样永久不变的,登上了山丘,不能使他加长,居于低处,不会使他减短。所以,得道的人,贫穷的时候不会惧怯,富贵的时候不会骄傲;居在高位不会危险,保持满盛不会倾覆;新的不会发亮,旧了不会褪色;进到火里不会烧焦,放到水里不会沾湿。所以不需要有势力就显得尊贵,不需要有钱财就显得富有,不需要有力气就显得勇武,像水那样平正,能够流向空虚低下的地方;像气那样神化,能够飞向高空的天上。像这样,就可以使金子藏在山中,使珍珠藏在水底;不爱宝货钱财,不贪权势名位。所以,不认为安逸就是快乐,不认为劳苦就是悲哀,不认为尊贵就是舒服,不认为贫贱就是危险。

【点评】

天地间的事,有常有变,常就是永远不改的道理和形式;变就是可改的制度和形式。勇士有一定的行为,贞女有不变的节操。上下尊卑,父子之伦,都是永远不能改变的。但是方圆曲直,可以因绳墨而改变,典章制度,可以因时代的不同而改作。得道的人,是永远不变的,他无论遭遇到什么情况,都能始终如一。

二十二、养精神、致和气、安形体，可以应合万物

形体、精神和志气，分别得到它适宜的地方，以听任天地自然的施为。形体是生命的住宅，气是生命的存在，精神是生命的主宰，只要形、气、神有一种脱离了本位，其他的两种就会受到损伤。所以圣人要各人安在各人的位置上，各人守在各人的职分上，而不可以互相干涉。因此，形体如果居住在不是它所安适的地方，而仍然居住在那里，形体就会毁坏；气志如果用在它所不该充实的地方，而仍然留在那里，气志就会泄尽；精神如果用在不是它所适的地方，而仍然用在那里，精神就会昏暗，这三点是不可不慎重保守的。就拿天下万物小到爬行蠕动的昆虫来说，都知道它们所喜欢和讨厌的，都知道怎么有利和有害，何以如此呢？因为它们都没有离开本性，如果一离开本性，骨肉就会消灭。现在人的眼睛能够看得明白，耳朵能够听得清楚，形体能够动得灵活，关节能够屈伸自如，观察能够分清黑白，比较能够分出美丑，知识能够辨别同异，判断能够明白是非，这是什么缘故呢？是因为其中充满了气志，精神在那里主使的原因。怎么知道是这样的呢？凡是人的心志，各有所专注，精神就有了牵挂，走路的时候，就会跌跌撞撞，头撞到了树木，自己都不觉得；招他的人他看不见，叫他的人他听不见，并不是他没有耳朵和眼睛，可是他听不见，看不见不能回应，是什么原因呢？是因为精神失去了它所

守的本位了。精神如果在小的地方，就会忘掉大的，在里面就会忘掉外面，在上面就会忘记下面，在左面就会忘记右面，没有一个地方不充满，没有一个地方不存在。所以虚的可贵，就因为即使细到像毫毛尖那样小的地方，都有它存在之所。发狂的人不知道躲避水火的危难，而能够跳过危险的溪沟，难道说他没有形体、精神、气志吗？是因为他用的形体、精神、气志和一般人不一样，失去了他应该守住的本位，离开了他原来居住的地方，所以作为不能够恰当，做事不能够合适，终身使自己的躯壳在弯曲凹凸的路上打转，在黑暗龌龊的泥潭里翻滚。虽然他是一个活人，和一般人相同，却免不了被人家耻笑。这是为什么呢？因为形体和精神完全脱离了啊！所以，用精神做主宰，形体随着精神而得利，用形体做主宰，精神随着形体而受害。贪馋多嗜欲的人，被势利所迷惑，被名位所诱惑，企图用超过别人的智巧站立在高高的世上，他的精神就会一天一天地消耗，越走越远，长久在外泛滥，回不到自己的家；形体关闭了大门，不让精神进来，精神就没有地方进来了。所以天下常常有盲目、狂妄自失的祸患，这就像蜡烛一样，火燃烧越旺，油就烧完得越快。精神和气志，能够维持安静，一天一天地充满，自然就会壮大起来，如果动作急躁，一天一天地消耗，那就一定会衰老下去。所以圣人常常保养自己的精神，柔和自己的气志，安定自己的形体，不论高低进退，一切都知道相结合；该缓的时候就放宽，要急的时候就紧凑，放宽的时候像脱掉衣服，紧凑的时候像连珠箭发。这样的话，万物的变动没有不配合的，百事的变动没有不适应的。

【点评】

　　精神是形体的主宰，形体是精神的住宅。用精神必须用得合适，用得不合适，就会把精神失掉。精神不能用得过分，用得过分，就会一天一天地耗损。使精神保持安静，使它充盈，它才会天天壮大。要想使精神安静壮大，就必须合于道，才能够应变无缺。

卷第二

俶真训

一、梦时不知梦，醒而知是梦

比方梦吧！在梦里变成了鸟而飞翔在天空，在梦里变成了鱼而潜没在深渊，当他在梦里的时候，他自己不知道他在梦中。等他醒了以后，才知道他是在做梦。现在将要有一个大的醒悟，然后才知道，现在的这种境界实在是一场大梦。因为当我没有生的时候，怎么能够知生是快乐的呢？现在我也没有死，又怎么能够知道死是不快乐的呢？从前公牛哀变易了他的病，七天之后变成了一只猛虎。他的哥哥开门进到房子里去看他，那只猛虎就把他哥哥扑杀了。所以外表的皮毛变成了兽，原来的爪牙也就会改变成兽的爪牙了。志气和心灵都变了，精神和形体也会跟着变。所以当他变为猛虎的时候，不知道他曾经是人；当他是人的时候，也不会知道他将要变为猛虎。人、虎二者彼此交替相代，而各自喜欢变成虎或变成人。狂乱昏鲁，是是非非没有来由，谁知道它是怎么产生的呢？

【点评】

这是说明人处在世上，所作所为，就如同在梦里的作为一样，不知道是对还是错，必须要等待梦醒以后，才了悟到那是梦。如果一个人有了大的醒觉，对于生、死、喜、悲，自然就会同体而观了。

二、善保形神

　　水到了冬天，就凝结起来冻成了冰；冰到了春天，就化解开来融成了水。冰融成水，水结成冰，前后变化，就像环绕着跑来跑去一样，谁有空去了解它苦还是乐呢？所以形体如果受寒冷、暑热、干燥、潮湿的困苦而受了伤，就会形枯而神伤。精神如果被喜欢、愤怒、思想、考虑各种的祸患所伤，就会精神耗尽而形体有余。所以老马死了以后，因为精神气力用完了，剥它的皮就像枯槁了一样。没有老的狗死了以后，因为精神气力还没有用完，剥它的皮仍然是湿的。所以受伤害而死的，因为他的精神气力没有用完，他的魂就很会作祟使人生病。年纪到老而死的，因为他的精神气力用完了，他的魂就会寂静安定。这些都说明形体和精神不会一起消失的。

【点评】

　　太史公曾经说过：凡人所生的原因是有神，而所托的是形体，神用得过分了就会用完，形体太劳累了就会破坏，形体和精神分离就会死。人死了不能够复生，形神分离了就不能够再还原。所以圣人都很注意保养精神和形躯。因为神为生之本，形为生之具，如果形神不保，还能做什么事呢？

三、道得一为贵

　　道有行通连贯的顺序，能得到道的根本，就可以连理千枝万叶。所以得道的人，如果是尊贵的，就可以行施他的命令。如果是微贱的，就能够忘掉他的卑贱。贫穷的人可以安居乐业，困顿的人可以解决危险。等大寒到了，霜和雪都下了，然后才知道松柏在岁寒的时候，是非常茂盛的。遭遇艰难，踏着危险，利害摆列在前面，然后才知道圣人在危难的时候，是不会失道的。所以能够戴天的人，就能履地；能够以太清为镜的人，他看得就会大明；能够立太平的人，就能够住大堂；能够游于黑暗的人，就能够和日月同明。所以用道作为钓竿，用德作为钓丝，用礼乐作为钓钩，用仁义作为钓饵。把它投到江里，浮在海上，万物纷纷杂杂那么众多，哪一样不是为道所有呢？

【点评】

　　凡事能够得到道的根本，就等于掌握了枢要，什么事都可以迎刃而解。使贵者忘贵贱者忘贱，居安去危，天地万物，俱为道所有，所以道以得一为贵，因为道可以应万物。

四、与时变化

所以和至人居住在一块,使一般人家忘记了贫穷,使王公大人简约他的富贵而乐于卑贱,勇敢的人勇气消失了,贪欲的人欲念消除了,坐着为师的人不必施教,立着在朝的人不必议论。以虚而去的,带着实回来。所以不用说话就能够使人和适。所以最高的道就是无为,无为的道,像龙蛇一般,可大可小,能屈能伸,随着时间而变化。外面从世风,内里守性情,耳目不明,思虑不惑。他居神的地方,持简以游于太清,拔擢万物,群美因而萌芽发生。所以凡是劳神的人,他的神就会离去,凡是休养神的人,他的神就会停留下来。道出自一个根源,可以通于天门,散于六合(上下四方),施于没有边际的宇宙,而使整个宇宙虚无,一片宁静。并不是有为于物,而是顺物的自然;物有为于己,而是人为的造作。所以,凡事能够顺于大道的,并不是由于道的作用,而是由于道的自然施行。

【点评】

时代今古不同,事情遇合相殊,如果不能够随时应变,就会枘凿难入。所以必须要像龙蛇一般,可大可小,能屈能伸,随着时代的不同而变化相应,顺着自然的时事而立事造功。

五、万物由一，不可离本

　　上天的覆盖，大地的运载，上下四方的包裹，阴阳二气的嘘吹，雨露的濡湿，道德的扶持，这些全部生在一个天地之下，全在一个和气之中。所以，槐树榆树和橘树柚树虽然不同，但是道可以把不同的变为相同。有苗和三危虽然不同族，但是道可以把他们合为一家。用眼睛看鸿鹄的飞翔，用耳朵听琴瑟的声音，但是心却驰念在雁门的地方。在一个身体中，精神的分离，可以分判上下四方六合之中，心一驰念，可以远达千万里。所以，就不同的观点来看，肝胆虽然距离相近，似是二者的差别，就像北方的胡和南方的越相差那么远。就相同的观点来看，天下的万物同为一隅。百家不同的学说，都有他们的来源。就拿墨翟、杨朱、申不害、商鞅的治道来说吧，就像盖子上面的盖弓，车轮中的直木，有盖弓和直木可以备为用数，没有的话也不妨害盖子和车轮的使用。但是他们自己都认为自己的治道别人都不会用，这是因为他们不能够完全了解天地自然的情况。就以冶工铸造器具来说吧。烧熔化的金属，在炉中滚来滚去的踊跃飞溅，一定有随着流波外溢而扬弃的部分，这些落在地上而凝固的金属，也和离了本体的东西一样，那些东西虽然有小的用处，但是不能够保存在周室的九鼎上。更何况和造形的本体相比呢？他们枝末的治术，和道相离实在太远了。

【点评】

　　凡事物皆有根本，但是不可离开根本。离本的东西，虽然也有它的用途，可是只能小用而不能大用。治天下不可以离道，离道的治术，虽然不能说是无用，可是和大源的道相比，就像树的根本和枝末，彼此相差实在太远了。

六、必知一而可以通万方

　　现在的世界上，万物的散布分列，百事的茎叶枝条，都是由一个根本而枝分千万的。像这样就有所应了，而不是有所付，所应的就没有付，而且是无所不应。因为是无所不应，就像朝云的聚合，蕴藉起来变成雨，能够沉没万物而本身却不和万物同湿。现在善射的人，有一定的法则，就像工匠有方圆规矩的方法一样，都能够因为得到方法而达于巧妙。可是做车的奚仲不能够像逢蒙那么善射，而善于驾车的造父不能够像善于相马的伯乐。这是什么原因呢？这是说，因为一个人只能知道一隅而不能够通达万方之极的关系。现在用矾石去染黑色，染成的黑色比矾石的颜色黑；用靛青去染青色，染成的青色比靛青的颜色青。矾石不是黑，靛青不是青，但是矾石可染黑，靛青可染青，假使让青遇到它的根本蓝（靛青）、让黑遇到它的根本涅（矾石），也不能够再发生变化了。这是什么原因呢？这是说明它愈转变愈薄。如果以未始有的矾石、靛青造化颜色的根本来说，它的变化，就是镂刻在金石上或是书写在历史上，就没有办法把它的数量都举出来。

【点评】

得本的人所得厚，得末的人所得薄。因为得末者虽然有知有能，但是不能得万方之巧。这就是告诉我们，凡事愈转变而愈薄，所以必须得一知本，才可以守而不失。

七、仁义立而道德废

圣人把他的精神寄托在精神之宅的心中，而回复到万物初生之前。那时是视而昏暗看不见，听而寂寞没声音。但是圣人能够在昏暗之中，特别看得清楚；在无声之中，特别有所反应。他的用是由于不用而用，他不用而用然后能产生大用。他所知道的是由于不知道而知道，他不知道而知道然后能产生真知。如果天不稳定，日月就没有运转的地方；地不稳定，草木就没有生长的地方。这样的话，所立身的地方也不能够安宁，是非也就无法看得出来。所以有真人，然后才会有真知。他所掌握的不能够明知，怎么能够知道我所说的知是不知呢？现在积的恩惠非常厚重，累爱受恩，以声誉光彩造成和气，让天下所有的百姓知道，欣喜欢乐，人人都能够乐其天性的，就是仁了。完成大功，树立显名，明君臣之体，正上下之谊，辨别亲疏，分出贵贱，保存危险的国家，接续断绝的世代，定纷乱，理烦多，宗庙毁的重新兴建，没有后人的给他立后，这就是义。关闭身上的九个窍孔，藏起自己的心志，抛弃自己的聪明，恢复到无知无识的境地，罔然游戏放荡在尘俗以外，而逍遥自在于无事的境界。阴含于内，阳吐于外，使万物能够和同的，就是德。所以道散开来就是德，德满溢出来就是仁义，仁义存在以后，道德就失去了。

【点评】

老子说：大道废有仁义。仁义废道德，并不是仁义不善，而是因为道德存在，就不需要仁义。现在道德失去了，需要用仁义来代替道德，那不是下降一个层次了吗？同时道德是天生的、自然的，而仁义是人为的，人为的就可以作伪，就可以利用，对自然的道德来说，是发生了破坏以后，才产生仁义的。那不是证明不如道德吗？

八、不失其精则神可以安

一百围粗的树木，把它截断来做牺尊，用巧匠弯刀来雕刻它，用青黄的色彩，刻上华美的花朵，龙蛇虎豹的形状，来显现雕刻的美。但是，当它断在沟里的时候，比一比牺尊和沟里的断木，丑陋和美好二者的距离相去就很远了。可是二者失去木性却是相等的。所以精神散而不能集中的人，他的话就会华而不实。道德荡失而不能保持的人，他的行为就会伪而不诚。在心中没有至精存在，而把言行表现在外面，这就免不了以身役于物了。一个取舍行伪的人，因为精神求于外的关系，精神有尽的时候，但是行为欲望没有穷尽。这样奸利的心蒙蔽了精神，惑乱了他的根本。他所坚守的根本不能稳定，而被外来的世俗风气迷诱，所断取失误的原因，是因为清明的内心已被混浊所蒙蔽。所以终生犹豫，而不能够得到一时的恬淡和安静。

【点评】

人必须时时刻刻保持精神的安静，才能够不失他的本性。如果本性被蒙蔽了，心中就不会有精诚存在，没有精诚存在，表现于外在的言行，就会为外物所役。人为外物所役，就会惑乱他的根本，根本惑乱的人，精神还能够安定吗？

九、圣人和真人

圣人注重他内在的道术修养，而不注重外表的仁义装饰；他对耳目的喧嚣无闻无见，而能够使精神游于清和之境。这样子，下可以度量三重之泉，上可以探测九方之天，横包上下四方，分贯万物。这就是圣人所游的了。至于真人，他融化在至虚的境地，游于灭亡的旷野，骑着飞廉，跟着敦圄，驰骋在世外，休息在宇内，以十日作烛，以风雨为使，以雷公作臣，以夸父作仆，以宓妃作妾，以织女作妻。天地之间，什么能够使他留心的呢？所以虚无是道的家宅，平易是道的本性。人常常治他的神而烦他的精，为了名利而求于外，这都会失掉他的神明而脱离精神之宅的。所以受冻的人，想在春天穿厚的衣服；受热的人，想在秋天吹凉爽的冷风。体内有病的人，一定有病容表现在外。苦枥皮用水泡后变色青，可以治人眼里的肤翳，而蠃蠡可以治眼里的白翳。这些都是治眼睛的药，人没有原因而求这种东西，一定是为了眼睛看不见的人。圣人之所以能够惊动天下，真人不曾过，贤人之所以能够矫正世俗，圣人不曾观。所以牛蹄印里面的水，没有一尺长的大鲤鱼，一块土阜的小丘，没有一丈长的大木材。造成这样的结果，都是因为他的营宇太狭小，而不能够容纳巨大的东西啊，又何况以无形的东西呢？这个正像高山和深渊的形势一样，两者的差别可以说太大了。

【点评】

圣人和真人，知广而容大，所以不求于外。

十、儒墨列道而议

周室的衰落，而使王道不行。儒家的孔子之道，墨家的墨子之术，就开始列道互相议论，分别党徒而争是非。于是用自己的博学广知来怀疑圣人，用虚华不实的话来诬蔑圣人，劫胁徒众。

用弦歌音乐，鼓舞节奏，以增饰《诗》《书》，而收买名誉于天下，升降揖让的礼节加多了，衣服帽子的服饰美化了。集合了那么多的人，不能够来尽他的变化，聚积了那么多的钱财，不能够充足他的费用。于是天下所有的百姓，就开始忘了他该行的道路而自异于众了。每个人都希望实行他的造作的知巧，以求合于格格不入的人世，来择取求索荣显的名利。所以天下的百姓转向了荒淫的境地，而失去了他所宗奉的根本。因此世上的人都丧失了性命，这是因世衰而渐渐形成的，它的由来可以说很久远了。

【点评】

　　这是就儒、墨显学所加的批评。由于儒、墨的列道而议，反使人间多事。求荣显，取名誉，渐渐走向荒淫之途，失去了根本，丧失了性命。世人之所以有这样的损失，就是因为离道了啊！

十一、返性于初，游心于虚

　　所以圣人之学，主要的是要返性于初，而游心于无欲的虚灵之境。达人之学，主要的是要通性于辽阔，而觉之于空无寂寞。至于像俗世之学，就不是这样的了，而是取德缩性，内有思虑之愁，外有耳目之劳。于是招微小、振细物的毫末，摇动仁义礼乐，使它不能实行。狪行扬智于天下，以求名号声誉显扬于世。这是我觉得羞耻而不去做的。所以，与其说得到天下，反不如有人喜欢他,与其说有人喜欢他,反不如游戏于物之终始,而条理通达到有无之间。所以全世界的人称赞他,他也不会有所自勉;全世界的人诽毁他,他也不会有所沮丧。他能够安于生死——生而不乐,死而不忧。他能够达于荣辱——劳而不喜,辱而不耻。这样虽然有炎火延烧,洪水横流于整个天下,但是胸中却没有亏损欠缺一点精神。像这样,看天下世间轻微得像飞羽和草芥。谁愿意心中念念以物为事呢?

【点评】

能够返性于初、游心于虚的人,就可以做到无欲无求。一个人能够无欲无求,他就会看轻一切,甚至能够安于死生,而达于生而不乐、死而不忧的境界。人到了这种境界,视天下轻如飞羽,贱如草芥,自然不会心中念念以物为事了。

十二、人性安静

水的性质纯清,而土乱之使它浑浊;人的本性安静,而嗜好欲望乱之使他贪求。人所接受于自然的,耳朵对于声音,眼睛对于颜色,嘴巴对于味道,鼻子对于香臭,肌肉和皮肤对于寒冷和炎热,其实都是一样的。但是有的就能够通于神明,有的却不免癫狂痴迷,这是什么原因呢?这是因为他所作的制度不同。所以神是智的渊泉,渊泉清洁,智就会明澈,智是心的府宅,智能够公正，心就会平和。所以，人不在流动的水面照自己的影子，而在静止的水面照自己的影子，就是因为止水是安静的；不窥见自己的影子在生铁上，而窥见自己的影子在明镜里面，因为在明镜看见自己的影子比较容易。唯有容易和安静，能够显现出物的真性。由这些地方看来，用一定要假借于不用。所以心身生道，吉祥就会到来。明亮的镜子，灰尘和泥垢不能够污染它；神智清的人，嗜好和欲望不能够扰乱他。精神已经散失到外面，而用末事恢复它，这样不是失掉了根本吗？事情舍去根本，而向枝末去求，怎么能够求得到呢？

【点评】

人性安静，是由于不被嗜欲所乱，这样才能常保神智的澄澈。唯有澄澈的神智，才能够使心平和公正。而平和公正的心，就像没有尘垢污染的镜子，它永远是明亮的。所以，人不可以使澄澈的神智丧失掉，就像事情的根本不可丧失是一样的。

十三、由末返本的困难

古代治天下的人，一定通达性命的实情，他的举动和措施不必相同，但是他们能够和道相合，却是一样的。夏天的时候不穿皮袭，并不是舍不得穿，是因为身上的温度太高了。冬天的时候不用扇子，并不是故意简单，是因为清凉多得过度了。所以圣人量度自己的肚子而后吃，量度自己的身形而后做衣服。这些都是为了节制自己罢了，像这样，贪污的心意从什么地方产生呢？所以能够有天下的人，他一定不以天下为有为，能够有名誉的人，他一定不用积极的态度去追求。圣人有想达于天下的目标，能够达于天下，那么嗜好贪欲的心就会被抛弃了。孔子、墨翟的弟子们，都用仁义的道术教导世上的人，然而免不了身不见用，而尚不能够实行，何况他们所教的呢？这是什么原因呢？因为孔、墨之道是表面的，而不是根本的。用末要求恢复到根本，许由尚且做不到，又何况是一般的凡人呢？

【点评】

老子说：重为轻根，静为躁君。因为事有本末，凡事必须以本为先，以末为后。如果只见到表面，不了解根本，想要用末来恢复根本，那是非常困难的。我们能知此义，就不会舍本逐末了。

十四、一国同伐不可久生

眼睛可以细察毫毛的尖端，耳朵听不到雷霆的响声；耳朵可以分辨玉石的音乐声音，眼睛看不到泰山的高大。这是什么原因呢？因为注意了小的，而把大的忘了。现在万物拔取我的性，攫取我的情。就像泉源一样，虽然不想动用，哪里可能呢？现在种树木的人，用暴溢的水去灌溉，用肥沃的土壤去培植。一个人培养它，十个人拔取它，那一定不会有剩下的余蘖，更何况和整个国家的人一同去砍伐它，虽然想要它长久生长，怎么可以做得到呢？现在用一盆水放在庭上，澄清它一整天，不能够照见眉毛和眼睛。要使它浑浊，不过一搅，就不能详察方圆了。人的精神容易混浊而难清明，也就像盆水一样，澄清很难，搅混很容易。更何况一世都在惑乱它，怎么能够得到一会儿的平静呢？

【点评】

　　人的精神，使它混浊容易，使它澄清很难。就像一盆水一样，要使它混浊，不过一搅而已。但是要它澄清，却不是一时就能够做到。就像我们所处的世界，一直都在迷乱它，怎么能够使它安静呢？就像树木，全国的人都去砍伐它，它还能够长久生长吗？

十五、至德之世和失道之世的景象

　　古代的时候，有个至德之世，这个世代，商贾便于做生意，农夫欢喜从事于耕作，做官的大夫能够安于他的职事，隐居的处士能够修他的大道。这样的世代，风雨不会毁折房屋，草木不会早凋零，九鼎非常厚重，珠玉非常润泽。洛水出现了《丹书》，河水出现了《绿图》。所以许由、方回、善卷、披衣四位高士，都能够达到乐修先王之道。这是什么原因呢？当时的世主，有想要为天下谋福利的心志，所以当时的人，能够自得其乐在那个时代里。像许由、方回、善卷、披衣四个人的才干,并不能够完全好过现在的时代,然而现在的人没有人能够和他同名誉的,这是因为他们遇到了唐尧、虞舜那样的盛世。后来到了夏桀和殷纣王的时代,把活人烧死,把谏正的人加罪,铸成金柱,施行炮烙的酷刑,挖出了贤人比干的心,剥解有才之士的脚,把鬼侯的女儿剁成肉酱,把梅伯的骸骨菹碎。当时,崤山崩塌了,三川涸竭了,飞鸟折断了翅膀,走兽毁坏了蹄脚。这时难道竟然没有圣人吗?是因为圣人不能够通他的大道,行他的教化,所以不遭其世。鸟高飞到千仞以上的高度,兽奔走到丛林薄莽里面,灾祸还会加到它们身上,况且是那些用木柴编成门的凡民呢?从这些方面看来,修道的人,并不专在我自己,和整个世界都是有关联的。

【点评】

这是说明至德之世的贤人,都能够得到名誉,因为他们遇到了唐尧、虞舜的盛世。后世的贤人,并不是不如前世的贤人,而惨遭杀戮的酷刑,那是因为圣人的大道不行,教化不彰。所以修道的人,不专在我自己,而与整个世界都有关系。因为至德的人,存心为天下谋福。反之,则是为天下造祸了。

十六、境遇所遭不能自免其身

从前像历阳那么大的都会,在一夕之间变成了湖泊,在这种不可抗拒的变化下,勇敢有力的人、圣贤知能的人和疲懒懦怯的人、不贤不善的人,都同遭一样的命运。在巫山顶上,顺着风放火,在这种顺势延烧下,像膏夏的大木,仙药的紫芝和萧、艾那样的贱草,都同样被烧死。所以河水中的鱼,因为水浊,而不能够明目;稚嫩的禾苗,因为霜害,而不能够成熟。这是因为它所生的环境使它如此。所以世界太平,就是愚笨的人,也不能够单独为乱;当世界混乱,就是聪明的人,也不能够单独治理。身处在浊世里面,而责怪大道不能够实行,这就像把两匹千里马双双地羁绊在一起,还要求它能够走千里的远程一样。把猿猴关在槛栊里,就和猪一样,并不是猿猴不够巧捷,因为它受了限制,没办法极尽它的本领。舜在耕田和做陶工的时候,不能够让他同里的居民全都获得利益。在他南面称王的时候,恩德可以普施于天下。这并不是说仁可以增多,而是因为所处的地位方便,所居的形势有利。古代的圣人,他能够和柔愉悦安宁清静,这是他的真性;他能够得志行道,这是天命。所以性遇到命然后能够行道,命得到性的清静,所以能够清明。像乌号那么有名的良弓,溪子国出产的名弩,都不能够没有弦可以射,越国造的舲船,西蜀造的大船,都不能够没水就浮起来。现在要射的箭在上,张开的网罟在下,虽然想要翱翔远飞,他的情形如此,怎么能够得到呢?

【点评】

人不分贤愚,在不可抗拒的压力下,命运相同;物不分贵贱,在不可避免的灾祸下,同时被毁。环境限制人的发展,限制动物的活动。所以，舜在做陶工的时候，不能够有益于邻居，当他南面称王的时候，却可以造福于天下。所以，良弓美箭，没有弦就不能射；舲船巨舰，没有水就不能浮。由此可知，环境对于人事多么重要。

卷第三　天文训

一、天地日月星辰之形成

　　天地没有形成的时候，一片混沌无形无象，所以名叫作太昭（始），太始生虚霩，虚霩生宇宙，宇宙生气，气开始有了边际。清轻的阳气，向上飘浮飞扬形成了天；重浊的阴气，向下凝结沉坠形成了地。清妙的阳气相合专一容易，重浊的阴气凝结完成困难，所以天先完成，而地后稳定。天地合精气变成了阴阳，阴阳专精分成了四时的春夏秋冬，四时把精气散开化成万物。把阳的热气积聚起来会生火，火气的精就成了太阳；把阴的寒气积聚起来成了水，水气的精就成了月亮。太阳和月亮的淫气生精，淫气生的精就成了星辰。天接受了日月星辰，地接受了水潦尘埃，所以天上有日月星辰，地上有水潦尘埃。从前共工和颛顼争做帝王，共工生气而用头去撞不周山，结果支撑天的柱子被他碰折了，维系地的绳子被他碰断了，天倾斜了，变得西北方高，所以日月星辰也都移动了；地变得东南方低，所以水潦尘埃都归向东南。

【点评】

　　这段话有两个地方是我们需要了解的。一、《淮南子》书上认为星辰是日月之气所生，那是错误的。二、中国的地形，西北方高，东南方低。因此河流都流向东南。而共工氏触不周山的故事，只是上古时代很有趣的一个神话。

二、人生之情上通于天

天是圆的，地是方的。方所主的是幽暗，圆所主的是光明。光明是吐气的，所以代表日，它的光是外现的；幽暗是含气的，所以代表月，它的光是内敛的。吐气的主施生，含气的主化生。所以阳主施，阴主化。天的偏气为怒就形成了风，地的含气为和就形成了雨。阴气和阳气相迫，彼此感动就形成了雷，彼此相激就形成了霆，乱而变成了雾，如果阳气胜的话，雾散开来成为雨露，如果阴气胜的话，雾散开来成为霜雪。有毛羽的鸟兽，属于飞翔和奔行的一类，所以它们是属于阳的；有介鳞的蚌鱼，属于蛰藏和潜伏的一类，所以它们是属于阴的。太阳是阳气之主，所以春夏的时候，所有的兽都除毛。到了冬至的时候，麋角解，到了夏至的时候，鹿角解。月亮是阴气之宗，所以月亏的时候，鱼脑就减缩，月死的时候，蠃蜯肉不满。火向上炎，水向下流，所以鸟顺火性飞向高处，鱼顺水性动而向深处。物类彼此相感动，本末是相应的，所以阳燧见到太阳就燃烧而生出了火，方诸见到月亮就生津而变成了水。当猛虎长啸的时候，山谷就会生风；当长龙腾空的时候，空中就会兴云；麒麟相争斗，就会发生日食和月食；鲸鱼死亡了，彗星就会出现；蚕弄丝在口中，商音的弦就会断绝；孛星向下陨落，大海的水就会倒灌。人主的精诚，可以感通上天，所以诛杀暴乱，就会有迅烈的飘风，枉曲法令，就会引起虫螟的灾害；杀没有罪的人，国家就会旱；犯时的命令不收，就会落雨成灾。所以，四时的春、夏、秋、冬，是天吏；日月是天使；星辰是天之会；虹蜺和彗星，是天之忌禁。

【点评】

这段文字，是说明自然界的感应和变化，这里的见解，并不是都对的，如雾变雨露霜雪等。但是，在这里有一个特别的地方，我们须要去体会。那就是人主以精诚感通上天的说法。我们现在看了这种思想，也许觉得可笑。其实在古代这种思想是有很大的作用的。他们希望能够借着精诚感天的思想，使人君不可妄为，人民不可妄动。政令不可曲，刑罚不可枉。这样岂不是借天成化了吗？

三、天有九野、五星、八风、二十八宿

天有九天之野，共计九千九百九十九隅，离地五亿万里（《开元占经》及《太平御览》五亿万里均作亿五万里），有五星、八风、二十八宿，有木、火、土、金、水五官，有木府、火府、土府、金府、水府、谷府六府，有紫宫、太微、轩辕、咸池、四守、天阿等星。

【点评】

这是说明天体所包含的星宿及六府等。

四、九野

什么叫作九野呢？中央叫作钧天，钧天的星有角、亢、氐；东方叫作苍天，苍天的星有房、心、尾；东北叫作变天，变天的星有箕、斗、牵牛；北方叫作玄天，玄天的星有须女、虚危、营室；西北方叫作幽天，幽天的星有东壁、奎、娄；西方叫作颢天，颢天的星有胃、昴、毕；西南方叫作朱天，朱天的星有觜觿、参、东井；南方叫作炎天，炎天的星有舆、鬼、柳七星；东南方叫作阳天，阳天的星有张、翼、轸。

【点评】

这是说明九天的方位，以及九天里面各包括了哪些星宿。

五、五星

什么叫作五星呢？东方为木，所祀的帝是太皞，他的辅佐是句芒，句芒执规，而主治春天；他的神为岁星，他的兽是青龙，他的音乐用角，他的日用甲乙，因为甲乙都是属木的。南方为火，所祀的帝是炎帝，他的辅佐是朱明，朱明执衡，而主治夏天，他的神为荧惑，他的兽是朱雀，他的音乐用徵，他的日用丙丁，因为丙丁都是属火的。中央为土，所祀的帝是黄帝，他的辅佐是后土，后土执绳而主治四方，他的神为镇星，他的兽是黄龙，他的音乐用宫，他的日用戊己，因为戊己都是属土的。西方为金，所祀的帝是少昊，他的辅佐是蓐收，蓐收执矩，而主治秋天，他的神为太白，他的兽是白虎，他的音乐用商，他的日用庚辛，因为庚辛都是属金的。北方为水，所祀的帝是颛顼，他的辅佐是玄冥，玄冥执权，而主治冬天，他的神为辰星，他的兽是玄武，他的音乐用羽，他的日用壬癸，因为壬癸都是属水的。

【点评】

这是说明五星的方位、时令，以及所祀的五色之帝。五帝的神是什么，所用的音乐是什么，都在这里有分别的记载。

六、二十八宿

太阴在子、午、卯、酉四面之中的时候，岁星在卯星而守须女、虚、危，所以行三宿。太阴在丑钩辰、申钩巳、寅钩亥、未钩戌四钩的四角的时候，岁阴在寅岁星在斗牛，所以行二宿。太阳在四钩的时候是丑寅辰巳未申戌亥，行二宿，所以二八十六宿；太阴在四仲内时候是卯、酉、子、午，行三宿，三四十二宿，十二宿加十六宿，为二十八宿。行二宿的共八年，行三宿的共四年，所以行二十八宿，共为十二年。二十八宿是东方角、亢、氐、房、心、尾、箕，北方斗、牛、女、虚、危、室、壁，西方奎、娄、胃、昴、毕、觜、参，南方井、鬼、柳、星、张、翼、轸。

【点评】

这段主要说明什么是二十八宿。首先说明二十八宿行遍一周，需要十二年。十二年也称为"一纪"。其次把二十八宿的星名都举出来了。

七、八风

什么是八风呢？离日冬至四十五天，条风到来。条风到来以后，四十五天，明庶风到来。明庶风到来以后，四十五天，清明风到来。清明风到来以后，四十五天，景风到来。景风到来以后，四十五天，凉风到来。凉风到来以后，四十五天，阊阖风到来。阊阖风到来以后，四十五天，不周风到来。不周风到来以后，四十五天，广莫风到来。条风到来的时候，就把轻囚放掉，把稽留的人送回去。明庶风到来的时候，就正疆界，治田畴。清明风到来的时候，就拿出币帛来施恩惠，聘问诸侯。景风到来的时候，就封爵位给有德的人，奖赏金帛给有功的人。凉风到来的时候，就祭地以报答地的恩德，并祭祀四方的神。阊阖风到来的时候，把悬挂的乐器收起来，琴瑟都不打开。不周风到来的时候，就修治宫室，缮修边地的城池。广莫风到来的时候，就把关卡桥梁关闭，并处决受刑罚的人。

【点评】

八风就是八个方向的风，就是东、东南、南、西南、西、西北、北、东北。古代测验气候，考察时令，然后才依时耕作和办事；也根据这种自然的天象来推行政令。

八、五官

什么是五官呢？东方的官，官名叫作田，所主管的是农事。南方的官，官名叫作司马，所主管的是军事。西方的官，官名叫作理，所主管的是法务。北方的官，官名叫作司空，所主管的是工务。中央的官，官名叫作都，所主管的是四方的事务。

【点评】

这是说明五官所掌管的工作。农、兵、法、工为春夏秋冬之官。中央之官管四方。

九、六府

　　什么是六府呢？所说的六府，就是子午、丑未、寅申、卯酉、辰戌、巳亥。太微星是天子的庭堂。紫宫是太一神所居住的地方。轩辕星是帝妃的居舍。咸池星是水鱼神的苑囿。天阿（亦作天河或两河）星是群神的门户。以上的紫宫、轩辕、咸池、天阿四宫，所主管的是赏罚。太微星所典管的是朱雀。紫宫执管斗星而向左旋转，每天行一度作为一周天，日到冬至，就到了南极峻狼之山。日每天移一度总共行一百八十二度八分度之五而到了夏至，日到了北极牛首之山，反复来回一次，三百六十五度四分度之一而成为一年。

【点评】

　　这是就六府诸星的转移来说明时令的。六府的诸星，反复旋转一周，所需要的时间正好是一年。

卷第四 地形训

一、地形的范围

地形所包括的范围，在六合之间和四极之内。而六合之间和四极之内，都是日月所照的和星辰所经的。用四时春夏秋冬相序，用太岁正天时。天地之间有九州，有八极，土地上有九座山，山上有九个要塞，泽有九个大泽，风有八个等级，水有六种质量。

【点评】

这是就天地间东南西北四面八方所有的山、川、塞、泽而加以说明的，很像现在的自然地理学。因为这里所说的地理范围，已有天文地理和地文地理的形式。像星辰、太岁和风，都是天文地理；山川水陆，都是地文地理。

二、九州

什么叫作九州呢？东南方有神州，叫作农土。正南方有次州，叫作沃土。西南方有戎州，叫作滔土。正西方有弇州，叫作并土。正中央有冀州，叫作中土。西北方有台州，叫作肥土。正北方有沸州，沸叫作成土。东北方有薄州，叫作隐土。正东方有阳州，叫作申土。

【点评】

这里所说的九州，是指四面八方和中央的土地而言，同时也说明了四面八方的土质。

三、九山

什么叫作九山呢？会稽山、泰山、王屋山、首山、太华山、岐山、太行山、羊肠山、孟门山合起来称为九山。

【点评】

会稽山在会稽郡，就是现在的浙江绍兴。泰山在泰山郡，就是现在的山东泰安。王屋山在河东垣县，就是现在的河南省济源市。首山在蒲坂南河曲之中，就是现在的河南省洛阳市偃师区，又名首阳山，是伯夷所隐的地方。太华山在弘农郡，就是现在的陕西华阴市。岐山在扶风郡美阳县，就是现在的陕西宝鸡市。太行山在上党郡，太行关在河内野王县，就是现在的山西长治和河南的沁阳一带。羊肠山在太原晋阳西北九十里，就是现在的山西晋城。孟门山为太行之限，在现在的山西吉县和陕西宜川县之间。

四、九塞

什么叫作九塞呢？在山西的太汾，弘农的渑陀，楚地的荆阮和方城，弘农的崤坂，常山通往太原的井陉，辽西的令疵，雁门阴馆的句注，上谷沮阳之东的居庸，合起来称为九塞。

【点评】

太汾塞在现在的山西。渑陀在现在的河南渑池县。荆阮在现在的湖北。方城在现在河南的方城及叶县。崤坂在现在河南的西部。井陉在现在的河北井陉。令疵在现在的河北迁安市，又名令支。句注在现在的山西雁门。居庸在现在的北京昌平。这些要塞，在古代都是很重要的军事重地。

五、九薮（泽）

什么叫作九泽呢？那就是越的具区泽，楚的云梦泽，秦的阳纡泽，晋的大陆泽，郑的圃田泽，宋的孟诸泽，齐的海隅泽，赵的巨野泽，燕的昭余泽，合起来称为九泽。

【点评】

具区泽又名震泽,就是现在的太湖。云梦泽本在湖北,因与今洞庭湖一带相连,所以注说在南郡华容,那就是指的洞庭湖了。阳纡泽在现在的陕西泾阳县。大陆泽在现在的河北邢台,又名广河泽。圃田泽位于现在的河南郑州、中牟之间。孟诸泽在现在的河南商丘与山东菏泽,并有孟猪、望诸、明都、盟诸等名。海隅泽在现在的山东临海之地,都是古代的海隅泽。巨野泽在现在的山东巨野县,又名大野泽。昭余泽在现在的山西晋中祁县、平遥县一带。

六、八风

什么叫作八风呢?东北方的风叫作炎风,别名又叫作融风。东方的风叫作条风,别名又叫明庶风。东南方的风叫作景风,别名又叫清明风。南方的风叫作巨风,别名又叫作恺风。西南方的风叫作凉风。西方的风叫作飂(liù)风,别名又叫阊阖风。西北方的风叫作丽风,别名又叫不周风。北方的风叫作寒风,别名又叫广莫风。合起来称为八风。

【点评】

炎风又名融风。条风又名明庶风。景风又名清明风。巨风又名恺风。凉风又名西南风。飂风又名阊阖风。丽风又名不周风。寒风又名广莫风。

七、六水

什么叫作六水呢？那就是河水、赤水、辽水、黑水、江水、淮水，合起来称为六水。

【点评】

河水就是现在的黄河，古代称为河或河水。赤水在现在的贵州。辽水就是现在的辽河，源出碣石山，至辽东入海。古代名黑水者很多，这里是指雝州的黑水。江水就是现在的长江，也称为江。淮水就是现在的淮河，源出于桐柏山，古名淮或淮水。

八、四海之内的大小山川

在整个四海之内，东西横二万八千里，南北纵二万六千里。水道八千里。通谷有六条，有名的河川有六百条。陆地的邪径三千里。夏禹使太章从东极步行到西极，共计二亿三万三千五百里七十五步。使竖亥从北极步行到南极，共计二亿三万三千五百里七十五步。凡是大水深泽，自三百仞深以上的，共二亿三万三千五百五十九个。夏禹用息土来填洪水，而成为大山，平昆仑虚使它低于地面，昆仑虚里面有重城九座，它的高度一万一千里，厚度一百一十四步二尺六寸。昆仑虚上生长了木禾，它的长度有四十尺。在木禾的西边生有珠树、玉树、琁（xuán，后同璇）树和不死的树；在木禾的东边生有沙棠树、琅玕（gàn）树；在木禾的南边生有绛树；在木禾的北边生有碧树和瑶树。旁边有四百四十门，门与门的间隔为四里，里与里的间隔为九纯，一纯为一丈五尺。旁边有九口井，用受不死药的玉彭，支撑在西北的一隅，开着北门以接受不周风，宫满一顷，用旋玉装饰房子。悬圃山、凉风山、樊桐山在昆仑虚阊阖门里面，是昆仑虚的疏圃，疏圃的池里，灌满了黄水，黄水三周以后，恢复它的本原，就叫作白水，喝了以后可以不死。

【点评】

这是记载四海之内的大小山川和东西南北的纵横长度。其中兼有神话的味道，如疏圃里灌黄水，三周变白水，白水喝了不死之类，都是近乎神话。

九、神泉与灵地

河水出于昆仑山的东北隅，流进了渤海，河水从夏禹开通的积石山流出来。赤水出于昆令山的东南隅，向西南流，注进了南海丹泽的东边。赤水的东边弱水，从穷石山流出来，流到合黎，下游流入了流沙，通过流向南注入了南海。洋水出于昆仑山的西北隅，流进了南海羽民的南面。以上这四条河的水，为天帝的神泉，可以用来和百药，滋润万物。从昆仑山再上高一倍，就是所说的凉风山，能够上到京风山，就可以不死。从凉风山再上高一倍，就是所说的悬圃山，能够上到悬圃山上，就可以通灵，能够呼唤风雨。从悬圃山再上高一倍，就上到天山了，能够上到天上，就是神仙了，这就是所说的天帝所居之处了。扶桑在东方的阳州，是日出的地方。建木在南方的都广山，是众天帝上天下地的地方，太阳正中的时候，因为直在人上，所以没有影子，呼叫的时候没有响应，因为是天地的正中央的关系。若木在建木西方，它的末端有十个太阳，光照在地面上。

【点评】

　　这里所记载的神泉和灵地，都是修道的人所向往的地方和物品。神泉可以和百药而润万物。至于灵地，由昆仑而上凉风山就可以不死，由凉风山而上悬圃山就可以通灵，由悬圃山而登天就可以成神仙，充分地说明了神仙道家的神秘。

十、九州之外的八殥八泽

九州的大边缘,方一千里。九州以外还有八殥(yín),亦是方一千里。从东北方开始,有两个泽,一个叫作大泽,一个叫作无通。东方有两个泽,一个叫大渚,一个叫少海。东南方有两个泽,一个叫具区,一个叫元泽。南方有两个泽,一个叫大梦,一个叫浩泽。西南方有两个泽,一个叫渚资,一个叫丹泽。西方有两个泽,一个叫九区,一个叫泉泽。西北方有两个泽,一个叫大夏,一个叫海泽。北方有两个泽,一个叫大冥,一个叫寒泽。共计八殥八泽,八泽的云,可以使九州致雨。

【点评】

殥是远的意思,八殥是指九州外八方的远处。八殥为八,而八泽实际上所说的为十六泽。并说明这些泽是致雨根源。

十一、八殥之外的八纮

在八殥的外面,还有八纮(hóng),也是方一千里。自东北方开始,一个叫作和丘,一个叫作荒土。在东方的,一个叫作棘林,一个叫作桑野。在东南方的,一个叫作大穷,一个叫作众女。在南方的,一个叫作都广,一个叫作反户。在西南方的,一个叫作焦侥,一个叫作炎土。在西方的,一个叫作金丘,一个叫作沃野。在西北方的,一个叫作一目,一个叫作沙所。在北方的,一个叫作积冰,一个叫作委羽。凡是八纮的气,可以生寒暑,来配合八风,这样一定能够有风雨。

【点评】

这是说明在九州八殥的外面,还有八纮。纮是维的意思,等于说是支持天的八根柱子。但是八纮的气,可以生风雨。

十二、八纮之外有八极

在八纮的外面,还有八极。从东北方开始,叫作方土之山,木主青色,所以叫作苍门。在东方的叫东极之山,因为是日出的地方,所以叫作开明之门。在东南方的,它叫作波母之山,因为纯阳用事,所以叫作阳门。在南方的,它叫作南极之山,因为南方是盛阳积温所在,所以叫作暑门。在西南方的,它叫作编驹之山,因为西南为金气之始色白,所以叫作白门。在西方的,它叫作西极之山,因为在八月之时大聚万物而闭之,所以叫作阊阖之门。在西北方的,它叫作不周之山,因为北方玄冥将始用事顺阴而聚,所以叫作幽都之门。在北方的,它叫作北极之山,因为是积寒所在，所以叫作寒门。凡是八极的云，可使天下致雨。而八门的风，又可以调节寒暑。八纮、八殥、八泽的云气，可以使九州下雨，而调中土。

【点评】

这是说明八门的风，可以调节寒暑之气。而八纮、八殥、八泽的云，可以使九州下雨，而调和中土。这种说法和现在的气象学很相近。

十三、各方的产物

东方产物美好的，医毋闾山的珣玗琪最为著名。东南方产物美好的，会稽山的竹箭最为著名。南方产物美好的，梁山的犀角象牙最为著名。西南方产物美好的，华山的金石最为著名。西方产物美好的，霍山所产的珠玉最为著名。西北方产物美好的，昆仑山的球琳、琅玕最为著名。北方产物美好的，幽都的筋角最为著名。东北方产物美好的，斥山的文皮最为著名。中央产物美好的，岱岳所生产的五谷桑麻鱼盐最为著名。

【点评】

这是说明各方的产物，因地区的不同，产物也就各异了。

十四、各地生物养物的不同

　　凡地形东西横的称为纬,南北纵的称为经。山主仁,生万物,所以称山为积德;水主智,有制断,所以称水为积刑。高的地方为阳,所以主生;低的地方为阴,所以主死。丘陵高敞为阳,所以为牡;溪谷低下为阴,所以为牝(pìn),水圆折的地方产珠,方折的地方产玉。清水的地方出黄金,龙游的地方出玉英。土地各以它的类别不同,所生的人也不同。所以山气生的男人多,泽气生的女人多,障气生的人多为哑巴,风气生的人多为聋子,林气生的人多疲病,木气生的人多驼背,岸下气生的人多肿,石气生的人力气大,险阻生的人多瘿结,暑气生的人多夭折,寒气生的人多长寿,谷气生的人多麻痹,丘气生的人多胫曲,衍气生的人多仁爱,陵气生的人多贪欲。轻土生的人多疾速,重土生的人多迟缓。清水的声音小,浊水的声音大。湍急的水生的人显得轻,缓慢的水生的人显得重。中土多有通达的圣人,都可以从它的气显现出来,都能够和它的同类相应。所以南方生有不死的草,北方结有不解的冰,东方有出君子的国家,西方有遭形残的尸体。寝寐居住的地方直梦人死变成了鬼。磁石向上飞,云母降下水,土龙可以致雨,燕和雁更换代飞。蛤蜊、螃蟹、蚌珠、乌龟,随着月亮而盛衰。所以坚土地方的人性刚强,软土地方的人体肥胖,垆土地方的人体形大,沙土地方的人体小,息土地方的人美丽,秏(hào)土地方的人丑陋。吃水的动物善于游泳而能够耐寒冷,吃土的动物没有心脏而表现很聪明,吃木的动物力气很大而烦肠黄理,吃草的动物善于奔跑而非常愚笨,吃树叶的动物会吐丝而能够变成蛾,吃肉的动物勇敢而且强悍,吃空气的动物能够达到神明而且长寿,仙人就是这样。吃五谷的人类智慧高而寿命不会很长,不吃东西的能够不死而神奇。

【点评】

这是就纵横高低而分阴阳牝牡的。又因为水势的圆转方折及清浊而各有所生之物。人因为受土地和气的影响,也各不相同。这里面特别的地方,就是有物理学的知识出现和动物特性的记载。如磁石飞上天、云母降下水之类都具有物理性。又如吃木的动物如何,吃草的动物如何,吃树叶的动物如何,这些都是动物学的知识。至于说吃空气的动物能够神明而长寿,不吃东西的能够不死而神奇,那就又表现了神仙之味了。

十五、人与禽兽的生期

凡是人民禽兽万物小虫等,都各有他们的生命周期。或是单独的,或是成对的,或是会飞的,或是会走的,实在太多了,所以没有办法知道真正的实情。只有智慧高而能够通于大道的,可以用原本的天一、地二、人三的道理,而衍生万物。因为天、地、人合而为三，三三相乘而得九，九九相乘而为八十一。一主日为阳，日数有十个。因为日主人，所以人需要十个月才能出生。八九相乘而为七十二。二主偶为阴，偶数承奇数，奇主辰，辰主月，月主马，所以马需要十二个月才能出生。七九相乘而为六十三，三主斗，斗主犬，所以犬须三个月才能出生。六九相乘而为五十四，四主时，时主彘，所以彘需要四个月才能出生。五九相乘而为四十五，五主音，音主猿，所以猿需要五个月才能出生。四九相乘而为三十六，六主律，律主麋鹿，所以麋鹿需要六个月才能出生。三九相乘而为二十七，七主星，星主虎，所以虎需要七个月才能出生。二九相乘而为十八，八主风，风主虫，所以虫需要八个月才能孵化。鸟和鱼都生于阴而属于阳，所以鸟和鱼都是卵生，鱼游在水里，鸟飞在云中，所以立冬燕雀入海变成蛤。

【点评】

　　这里所说的人和动物的生命周期，虽然据于阴阳五行的说法，显得非常玄妙，但是就事实来说，又都不差。如人十月而生，马十二月而生，犬三月而生，彘四月而生，猿五月而生，麋鹿六月而生，虎七月而生，虫八月孵化。这些说法，恐怕是就实际已知的经验，而附会上去阴阳五行的学说而造成的一套理论。至于说立冬燕雀入海变成蛤，那就不尽为事实了。

十六、万物生而异类

　　世界上的万物，生来就各不相同。蚕吃桑叶而不喝水，蝉喝露水而不吃东西，至于蜉蝣不吃东西也不喝水。介类和鳞类的动物，夏天吃东西，到了冬天就蛰伏冬眠。咬物而吞吃的动物像鱼鸟，身上有八个孔窍而且是卵生的。咀嚼而用喉下咽的动物，身上有九个孔窍而且是胎生的。四只脚的动物没有羽翼翅膀，头上生角的动物没有上牙齿。没有角的动物像熊猿肥从前面开始，有角的动物像牛羊肥从后面开始。白天出生的像父亲，夜晚出生的像母亲。至阴所生的一定为牝，至阳所生的一定为牡。像熊罴（pí）是喜蛰伏隐藏的，而飞鸟则是喜移动飞翔的。白水生美玉，黑水产皂石，青水有碧玉，赤水出丹砂，黄水产黄金，清水出灵龟。汾水混浊宜于产麻，济水通和宜于种麦，河水中浊宜于种豆，雒水轻利宜于种禾，渭水的力量大宜于种黍，汉水重安宜于种竹，江水肥仁宜于种稻。平原土地上的人聪明而宜于种五谷。

【点评】

　　这是就动物的特性而加以说明的。首先说明蚕、蝉、蜉蝣、介鳞等的食性不同和食物不同。其次说明鱼鸟身有八窍，八窍的动物为卵生。兽类身有九窍，九窍的动物为胎生。头上生角的动物无上齿。这些都是实际的经验所获得的结论。至于五谷所生，依地而宜,就又和土质气候等有关了。

十七、四方中央之人

　　东方是河川山谷注入的地方,是太阳和月亮所出的地方。那里的人直体小头,高鼻大口,鸢肩企行,孔窍通于眼睛,筋气属于此。苍青的颜色,主于肝脏,高大早有知识,但是不长寿。这个地方适合种麦,多产虎豹那样的猛兽。南方是阳气所积的地方,暑热湿气重的地方。那里的人长体直上,大嘴巴大眼睛。孔窍通于耳朵,血脉属于此,赤红的颜色,主于心脏,早日成壮丁,但是会夭亡。这个地方适合种稻,多产兕(sì)象那样的大兽。西方是高山河流深谷所出的地方,也是太阳和月亮所入的地方。那里的人佝偻着脊背,长长的脖子,昂首而行,孔窍通于鼻子,皮革属于此,白白的颜色,主于肺脏,勇敢不怕死,但是不仁爱。这个地方适合种黍,多产旄牛犀牛那样的动物。北方是幽暗不明的地方,也是天要关闭的时候,是寒水所积聚的地方,是蛰虫所伏藏的地方,这里的人收敛着形体,短短的脖子,大大的肩膀,低低的屁股,孔窍通于阴,骨干属于此。黑的颜色,主于肾部。这里的人蠢笨愚鲁,但是寿命很长。这里适合种豆子,多狗马等动物。中央可以达到四方,风气开通,是雨露所积的地方。这里的人,大大的脸,短短的颐,漂亮的胡子,他们讨厌肥胖,孔窍通于嘴巴,肤肉属于此。黄的颜色,主于胃部,聪明通达而喜欢办理事情。这里适合种禾,多产牛羊六畜等动物。

【点评】

这是说明四方和中央五部分人的形体和特性，以及当地的农作和牲畜。

十八、五行相胜

木能够胜土，土能够胜水，水能够胜火，火能够胜金，金能够胜木。所以禾类春天生秋天死，菽类夏天生冬天死，麦类秋天生夏天死，荠类冬天生中夏死。木壮的时候，水衰老，火开始生，金被关闭，土就死亡；火壮的时候，木衰老，土开始生，水被关闭，金就死亡；土壮的时候，火衰老，金开始生，木被关闭，水就死亡；金壮的时候，土衰老，水开始生，火被关闭，木就死亡；水壮的时候，金衰老，木开始生，土被关闭，火就死亡。音有宫、商、角、徵、羽五种不同的声，以宫为五音之主；色有黄、白、黑、青、赤五种不同的颜色，以黄为五色之主；味有甘、辛、酸、咸、苦五种不同的变化，以甘为五味之主；位有金、木、水、火、土五材，以土为五材之主。所以治土生木，治木生火，治火生云，治云生水，治水恢复为土。治甘生酸，治酸生辛，治辛生苦，治苦生咸，治咸生甘。变宫而生徵声，变徵而生商声，变商而生羽声，变羽而生角声，变角而生宫声。所以用水和土，用土和火，用火化金，用金治木，木又恢复成土。五行相治生物而成为器用。

【点评】

五行相胜，也称为五行相克。这是根据五行相胜的理论（另有五行相生的理论）说明五音、五色、五味、五位相胜的关系。这是阴阳家的学说。

十九、海外的三十六国

从海外算起，海外共计三十六国。从西北方到西南方，这个地区里有修股民、天民、肃慎民、白民、沃民、女子民、丈夫民、奇股民、一臂民、三身民。从西南方到东南方，这个地区里有结胸民、羽民、讙（huān）头国民、裸国民、三苗民、交股民、不死民、穿胸民、反舌民、豕喙民、凿齿民、三头民、修臂民。从东南方到东北方，这个地区里有大人国、君子国、黑齿民、玄股民、毛民、劳民。从东北方到西北方，这个地方有跂踵民、句婴民、深目民、无肠民、柔利民、一目民、无继民。除以上的三十六国，雒棠、武人在西陬。碨鱼在它的南方，有神二人，臂连在一起为帝君做候夜。在它的西南方，三珠树在它的东北方，有玉树生在赤水的上面。昆仑、华丘在它的东南方，那里有美玉。那里的人不会说话。这里是杨桃、甘柤、甘华、百果所生的地方。和丘在它的东北隅。三桑、无枝在它的西方，夸父、耽耳在它的北方。夸父把他的马鞭丢掉，变成了邓林。昆吾丘在它的南方，轩辕丘在它的西方，巫咸在它的北方。立登保之山旸谷、榑（fú）桑在它的东方。有娀国在不周山的北方,长女名叫简翟,次女名叫建疵。西王母的石室,在流沙的边缘上。乐民、拏闾在昆仑弱水的河洲上。三危山在乐民的西方。宵明、烛光在河洲上,烛光所照的地方,方千一里。龙门在河渊的地方,湍池在昆仑山上,玄耀河在不周山上。申池在海边,孟诸泽在沛郡。少室山和太室山在嵩高山上,别名叫作冀州。烛龙在雁门的北边。至于委羽山,更是见不到太阳,那里的神是人面龙身但是没有脚。后稷冢在建木山的西方,那里的人死了以后,会复活回来,或者变为鱼。流黄、沃民在它的北方三百里,狗国在它的东边。雷泽的地方有神,是龙身人头,鼓着肚子游戏。

【点评】

这是说明海外有三十六国,这三十六国,分布在八方的远处。只是古代的传说,现在已没有办法考证了。除了三十六国,又有很多的地方,那更属于神话传说了。

二十、河流的发源地

长江从岷山向东流,经过汉水流入了大海,入海后左转北流流入东海的开母山,右转东流到了东极。黄河的源头出于积石山。雒水的源头出于荆山。淮水的源头出于桐柏山。睢水的源头出于羽山。清漳的源头出于揭戾山,浊漳的源头出于发包山。济水的源头出于王屋山,时水、泗水、沂水的源头出于台山、台山、术山三山之间。洛水的源头出于猎山。汶水的源头出于弗其山的西边,和济水合流在一起。汉水的源头出于幡冢山。泾水的源头出于薄落山。渭水的源头出于鸟鼠同穴山。伊水的源头出于上魏山。雒水的源头出于熊耳山。浚水的源头出于华窍山。潍水的源头出于覆舟山。汾水的源头出于管涔山。衽水的源头出于渍(fèn)熊山。淄水的源头出于目饴山。丹水的源头出于高褚山(又名冢岭山)。殷水的源头出于樵山。镐水的源头出于鲜于山。凉水的源头出于茅卢和石梁两山。汝水的源头出于猛山。淇水的源头出于大号山。晋水的源头出于龙山。结给合水的源头出于封羊山。辽水的源头出于砥石山。釜水的源头出于景山。岐水的源头出于石桥山。呼沱河的源头出于鲁平山。泥涂渊的源头出于樠(mán)山。向北方塞外流的维灅(lěi)河的源头出于燕山。

【点评】

这是对河流发源地的记载,这个记载,就古代的地理学来说,是非常重要的。因为这些记载就今天的眼光来看,有些还是很正确的。

二十一、八风所生的神明

诸稽摄提那位天神,为艮方的条风所生。通视那位天神为震方的明庶风所生。赤奋若那位天神,为巽方的清明风所生。共工那位天神,为离方的景风所生。诸比那位天神,为坤方凉风所生。皋稽那位天神,为兑方的阊阖风所生。隅强那位天神,为乾方的不周风所生。穷奇那位天神,为坎方的广莫风所生。

【点评】

这是说明八风所生的神明。这些神明,都是属于神话性质的传说。但是他们所处的位置,却是八卦的方位,这和易的卦位又有关系了。

二十二、人的来源

窊为人的起源,然后生了海人,海人生了若菌,若菌生了圣人,圣人生庶人。凡是窊都生于庶人。

【点评】

这是说明人是由窊而来的。俞樾认为窊字为胈(bá)字之误。这也是古代的传说。人是如何而来的,其实很难肯定,这只是古代的传说而已。

二十三、羽族的来源

羽嘉为羽族的祖先,羽嘉生了飞龙,飞龙生了凤凰,凤凰生了鸾鸟,鸾鸟生了庶鸟。凡是羽族皆生于庶鸟。

【点评】

这是说明羽族的来源。

二十四、毛族的来源

毛犊为毛族的祖先,毛犊生了应龙,应龙生了建马,建马生了麒麟,麒麟生庶兽。凡是毛族皆生于庶普。

【点评】

这是说明毛族的来源。

二十五、鳞族的来源

鳞族的祖先是介鳞,介鳞生了蛟龙,蛟龙生了鲲鲠(kūn gěng),鲲鲠生了建邪,建邪生了庶鱼。凡是鳞族皆生于庶鱼。

【点评】

这是说明鳞族的来源。

二十六、介族的来源

介潭为龟族的祖先,介潭生了先龙,先龙生了玄鼋(yuán),玄鼋生了灵龟,灵龟生了庶龟。凡是介族皆生于庶龟。

【点评】

这是说明介族的来源。

二十七、五类杂种的来源

　　暖湿当风干燥而生容，暖湿生于毛风，毛风生于湿玄，湿玄生羽风，羽风生煖（nuǎn）介，煖介生鳞薄，鳞薄生煖介。这五种不同的族类，依类生成，各像它本族类的形象而繁生日多。

【点评】

这是说明五类杂种的来源。

二十八、树木的来源

日冯是树木的原生物。日冯生了阳阏,阳阏生了乔如,乔如生了干木,干木生了庶木。凡是木类皆生于庶木。

【点评】

这是说明树木的来源。

二十九、草类的来源

根拔是草类的原生物。根拔生了程若,程若生了玄玉,玄玉生了醴泉,醴泉生了皇辜,皇辜生了庶草。凡是根生的草类皆生于庶草。

【点评】

这是说明根生草类的来源。

三十、浮生草类的来源

海闾是浮生草类的祖先,海闾生了屈龙,屈龙生了容华,容华生了藻(biāo),藻生了萍藻,萍藻生了浮草。凡是浮在水面而无根的草类皆生于萍藻。

【点评】

这是说明浮生无根草类的来源。

三十一、五方土气的形成和作用

正土之气就是中央的土气,中央土气向上叫作埃央中天,也就是正土之气治埃天。埃天五百年变化生缺,缺五百年变化生黄埃,黄埃五百年变化生黄㳚,黄㳚五百年变化生黄金,黄金经过千年变化生黄龙,黄龙入藏在地下生黄泉,黄泉往上冒到了埃上变化成了黄云。阴阳二气互相迫激,就产生了电,响声就成了雷,在上的向下,流水流向低处,最后都会注在黄海里。偏土之气就是东方的土气,偏土之气所治的是清天,清天八百年生青曾,青曾八百年生青㳚,青㳚八百年生青金,青金八百年生青龙,青龙入藏在地下生青泉，青泉向上冒到了埃上变化成了青云，阴阳二气互相迫激，就产生了电，响声就成了雷，在上的向下，流水流向低处，最后都会注入东方之海。壮土之气就是南方的土气，壮土之气所治的是赤天，赤天七百年生赤丹，赤丹七百年生赤颃，赤颃七百年生赤金，赤金经千年变化生赤龙，赤龙入藏于地下生赤泉，赤泉往上冒到了埃上变化为赤云，阴阳二气互相迫激，就产生了电，响声就成了雷，在上的向下，流水流向低处，最后都会注入南海里。弱土之气就是西方的土气，弱土之气所治的是白天，白天九百年生白礜，白礜九百年生白颃，白颃九百年生白金，白金经千年的变化生白龙，白龙入藏于地下生白泉，白泉往上冒到埃上变化为白云，阴阳二气互相迫激，就产生了电，响声就成了雷，在上的向下，流水流向低处，最后都会注入西方的白海里。牝土之气就是北方的土气，牝土之气所治的是玄天，玄天六百年生玄砥，玄砥六百年生玄颃，玄颃六百年生玄金，玄金经千年的变化生玄龙，玄龙入藏于地下生玄泉，玄泉往上冒到了埃上变化为玄云，阴阳二气互相迫激，就产生了电，响声就成了雷，在上的向下，流水流向低处，最后都会注入北方的玄海。

【点评】

这是就五方土气的形成和作用而言。这完全是根据阴阳五行的说法而来的。里面包含了东、西、南、北、中央五个方位，也包含了青、白、赤、黑、黄五种颜色，更暗含了五方之帝。这种理论，在先秦的阴阳家，还没有完成，到了汉代，才逐渐完成。

卷第五

时则训

一、正月

孟春的正月，这时候北斗星的斗柄所指星辰为寅。黄昏的时候，参星在南方的正中。平明的时候，尾星在南方的正中。它的位置是太皞之神所治的东方，春口属木，所以天干用甲乙。木王于东方，所以盛德在木。春天的动物以鳞为主。所用的音，以角音为主。在十二律中，这个月应于太蔟。在数而言，这个月的数是土五加木三为八。木的味道属酸，臭味是膻。祭祀以户为主，祭品以脾脏为首。东风吹起，冰冻消解；蛰伏在洞穴里的虫类，开始活动复苏。鱼向上游背脊接近冰面。吃鱼的水獭把鲤鱼抓上河边排起来，好像祭祀一样。属于候鸟的鸿雁，因为气暖而飞向北方来了。天子穿青色的衣服，乘骑苍色的马，佩戴青色的玉，打青色的旗帜，吃的东西以麦和羊为主，喝八方风所吹来的露水，用其木燃火来煮东西。居住在东宫，御幸妇女用青色，穿着青采的衣服，鼓琴瑟为乐。春天用的器为矛，养的牲畜为羊。天子坐在明堂东边青阳的地方接见群臣，并发布春天的政令，布阳德施柔惠，行善的赏赐，省减徭役，减轻赋敛。立春的那一天，天子亲自率领三公、九卿、大夫到东郊去举行迎春之礼。把坛场屏摄的位置修整清理干净，用圭璧祷祭鬼神以求福祥，祭祀山林川泽的牺牲要用牡的。禁止斫伐树木，不可以捣翻鸟巢，不可杀怀胎的兽类和幼小的动物。不可以捕杀小的幼鹿，不可掏取鸟卵。不可以聚合群众，不可以设置城郭。暴露在外的骨骼腐尸，都掩埋起来。正月如果行夏季的政令,就会有风雨不按时序的灾害,草木都会提前凋落,国内会发生恐慌怕人的灾祸。正月如果行秋季的政令,就会大瘟疫的灾害,旋风和暴雨都一起来,黎莠蓬蒿害苗的草就会一起生长。正月如果行冬季的政令,就会有水潦的灾害,会有霜害和大冰雹,第一次播种的禾稼不能够成熟。正月的官为司空,种的树以杨柳为主。

【点评】

这是春季正月所行的政事。

二、二月

仲春的二月,这时候北斗星的斗柄所指的星辰为卯。黄昏的时候,弧星在南方的正中,平明的时候,建星在南方的正中。它的位置是太皞之神所治的东方,春日属木,所以天干用甲乙。春天的动物以鳞为主。所用的音,以角音为主。在十二律中,这个月应于夹钟。在数而言,这个月的数是土五加木三为八。木的味道属酸,臭味是膻。祭祀以户为主,祭品以脾脏为首。开始降落雨水,桃树和李树开始开花,黄鹂鸟开始会叫,鹰鸟变为布谷。天子穿着青色的衣服,骑着苍色的马,佩戴苍色的玉,打苍色的旗帜。吃的东西以麦和羊为主,喝八方风所吹来的露水,用萁木燃火来煮东西。居住在东宫,御幸妇女用青色,穿着青采的衣服,鼓琴瑟为乐，春天用的兵器为矛，养的牲畜为羊。天子坐在太庙东向堂的中央青阳的地方，接见群臣。命令有司的官员，去省视监狱，赦免犯罪轻微的人，不可笞打犯罪的人，禁止大家争执而发生讼狱。长养幼小的儿童，存恤没有父亲的孤儿和没有儿子的老人，使曲压在土里的植物萌芽。选择善日，布令于民社。这个月日夜时间等长，雷开始发声音，蛰伏的虫类全部开始苏醒活动。在没有发雷的前三天，先摇动着木舌的铃，警告天下的万民说：快要打雷了，有私生活不检点的人，生下来的孩子会变成畸形，而大人也会遭到灾殃。使官市统一度、量、衡。校正秤锤和概平斗斛的器具。不可以放干河川湖泊的水，不可以用渔网在陂池里捞鱼，不可以用火焚烧山林，亦不可以在这个时候发动战争征伐，而妨碍了农民的耕作。这个月祭祀都不用牺牲，改用圭璧和皮币来代替。二月如果行秋季的政令，国家就会发生大水灾，寒冷之气全部逼过来，而且有敌寇入侵。二月行冬季的政令，阳气就挡不住寒气，麦子不能成熟，引起饥荒，百姓多会互相残杀。二月行夏季的政令，国家就会发生大旱，暑热之气就会早来，虫螟就会为害农作物。二月的官为仓，种的树以杏树为主。

【点评】

这是春季二月所行的政事。

三、三月

　　季春的三月，这时候北斗星的斗柄所指的星辰为辰。黄昏的时候，朱雀星在南方的正中，平明的时候，牵牛星在南方的正中。它的位置是太皞之神所治的东方，春日属木，所以天干用甲乙。春天的动物以鳞为主。所用的音，以角音为主。在十二律中，这个月应于姑洗（xiǎn）。在数而言，这个月的数是土五加木三为八，木的味道属酸，臭味是膻。祭祀以脾脏为主。梧桐开始开花，田鼠变成鴽（rú）鹑，天虹开始出现，浮萍开始生长。天子穿着青色的衣服，骑苍色的马，佩戴苍玉，打青色的旗帜。吃的东西是麦和羊，喝八方风所吹来的露水，用萁燃火来煮东西，居住在东宫。御幸妇女用青色，穿着青采的衣服，鼓琴瑟为乐，春天所用的兵器为矛，所养的牲畜为羊。天子坐在明堂东边的地方，接见群臣。命令管船只的官员，把船只翻过来看，反复要经过五次的检查，然后向天子报告船检查好了，天子才安然乘船。同时用鲔鱼在宗庙里祭献，祈求麦子结实良好。这个月是生气正盛的时候，阳气各处布散。弯埋在土里的植物全部生出地面，已经萌芽的植物全部长得畅达。因为这是发萌生长的时期，所以不可以收纳财物。天子命令管囷仓的人，把囷仓打开，用粮食帮助贫穷的百姓，救济贫乏没有饭吃的人。开启府库，拿出币帛做聘礼，以聘问于诸侯。有名德的士人，以礼聘问他，大贤的人以礼邀请他。派司空在时雨将要下的时候，到处巡视，以防止下水向上逆流浸灌成灾。要遍行各个城市，视察所有的原野。修筑好防水的堤防，开导疏通沟渠河流，使道路通达干净，从国都一直到国界都是如此。田猎用的捕具、射具和罗网、毒药，一律不许带出国门。并下令给看守山林的人，不可以砍伐桑、柘（zhè）养蚕的树木。这时候会叫的斑鸠振动它的翅膀，戴胜鸟都降集在桑林里。应该准备曲薄筥（jǔ）筐养蚕的器具。天子的后妃们要斋戒沐浴，到东地亲自采桑，减少妇女的杂事，使他们勉力从事养蚕的工作。命令五库的管理人员，使百工检查金、铁、皮革、筋角、箭干、脂胶丹漆等，没有品质不好的。在下旬选好日子，举行联合音乐会，以达到同乐欢欣的目的。并把优良品种的牛和马，集合起来，再把牝的牛马放在牧场上，使它们交配繁殖。使全国斋行傩祭，在各个城门砍碎牲体以驱除邪恶之气。行这个月的政令，及时之雨可以下三十天。季春三月行冬天的政令，寒气就会随时产生，草木都会被寒气所肃杀，国家会发生大的恐慌。行夏天的政令，民众就会发生很多疾病和瘟疫，及时之雨不会降落，山陵上面不生草木。行秋天的政令，天就会增加阴沉，过量的雨就会早降，战争会一齐到来。三月的官为乡，种的树以李树为主。

【点评】

这是春季三月所行的政事。

四、四月

孟夏的四月,这时候北斗星的斗柄所指的星辰为巳。黄昏的时候,翼星在南方的正中,平明的时候,婺女星出现在南方的正中。它的位置是炎帝之神所治的南方,夏日属火,所以天干用丙丁。火王于南方,所以盛德在火。夏天的动物,以羽虫为主。所用的音,以徵音为主。在十二律中,这个月应于仲吕,在数而言,这个月的数是土五加火二为七。火的味道属苦,臭味是焦。所祭的神为灶神,祭祀的时候,以肺为主。蝼蛄和虾蟆开始叫了,蚯蚓开始从地下蠢动而出。栝(guā)楼结实,苦菜长大。天子穿着赤色的衣服,骑赤色的马,佩戴赤色的玉,打赤色的旗帜。吃的东西是豆和鸡,喝的是八方风所吹来的露水。用柘燃火来煮东西。居住在南宫,御幸妇女用赤色,穿着赤色的采衣,吹笙竽为乐。夏天用的兵器为戟,所养的牲畜为鸡。天子应时居于明堂左侧接见群臣,并发布夏天的政令。立夏的那一天,天子亲自率领三公、九卿、大夫到南郊去迎夏,礼毕回来以后,就大行赏赐,分封诸侯,修习礼乐,飨食左右的近臣。命令太尉报告才能过人的俊杰,选出贤德良吏,以及推举孝悌的人。依爵位的高低而给他们俸禄。辅佐天地长养之德,使所有的生物都在继续长长和长高。不可以有所毁坏,不要兴建土木工程,不要斫伐大的树木。派管理原野的官员,到田野去巡视,勉励大家好耕作,驱逐野兽和禽鸟,使它们不能够损害农作物。天子用新麦和豕,先进于寝庙。收积各种药物，以防疾病。靡草死了，麦也成熟了。顺应时令，这时候要判决小的罪犯，给他薄薄的惩罚。孟夏行秋天的政令，就会苦雨常常下个不停，五谷不会生长，四境的百姓都要入城自保。孟夏行冬天的政令，草木就会提早干枯，然后又有大水灾把城郭都淹没冲坏。孟夏行春天的政令，就会有蝗虫的灾害，暴风到来，应该秀穗的草不会结实。四月的官为田，种的树以桃为主。

【点评】

这是夏季四月所行的政事。

五、五月

仲夏的五月，这时候北斗星的斗柄所指的星辰为午。黄昏的时候，亢星在南方的正中，平明的时候，危星出现在南方的正中。它的方位是炎帝之神所治的南方，夏日属火，所以天干用丙丁，夏天的动物，以羽虫为主。所用的音，以徵音为主。在十二律中，这个月应于蕤（ruí）宾，在数而言，这个月的数是土五加火二为七。火的味道属苦，臭味为焦。所祭的神为灶神，祭祀的时候，以肺为主。小暑到来，螳螂开始生长。百舌鸟开始鸣叫，而蛤蟆却不出声了。天子穿着赤色的衣服，骑赤色的马，佩戴赤色的玉，打赤色的旗帜。吃的东西是豆和鸡，喝八方风所吹来的露水，用柘燃火来煮东西。居住在南宫，御幸妇女用赤色，穿着赤采的衣服,吹竽笙为乐。仲夏五月用的兵器为戟,所养的牲畜为鸡。在明堂太庙南向接见群臣。命乐师修整各样的大鼓和小鼓,整理琴瑟管箫,调整竽篪(chí),装饰钟磬,拿着武舞用的干戚戈戟和文舞用的羽毛。命令管典礼的官员,替民众们向山川百源祷告祈福,举行大雩祭上帝,为民祈雨,用盛大的音乐。天子用新进的黍,配上小鸡,进上含桃,先献于寝庙。发布禁令:不可以割蓝草来染布,不可以烧灰来煮布,也不可以在盛阳之下晒布。不要关闭门闾,不要搜索关市。重罪的囚犯宽他的罪,并增加他的食物。对于老而无妻和老而无夫的人,先人死难的拯救他的子孙。散在外面的牝牛牝马都已怀胎,要和其他的牛马分开,同时要把善腾踢的牛马关起来以免牝牛牝马受伤,并颁布训练马的方法。夏至的那天,最长的一天到来。阳气达到高点,阴气接着起来,形成阴阳互争的局面。阳气生物,阴气死物,阴阳互争,形成万物死生之界。这时候大人要斋戒,不得随意裸露身体,要安静而不可浮躁,停止声色的娱乐,吃清淡的食物。百官静谋所事,必先禀报而后行,以稳定阴阳的分野。这时候鹿要脱角,蝉开始叫了。半夏草开始生长,木槿花开始绽放。禁止民众起火。可以居住在高爽的地方,可以眺望远方,可以登上丘陵高处,亦可以住在高敞的台榭来避暑。五月行冬季的政令,天就会下冰雹和冰霰伤害谷类,道路就会阻塞不通,暴兵也会来到。仲夏行春天的政令,五谷就会不成熟,所有的害虫都会产生,国家也会遭饥荒。行秋天的政令,就会草木凋落,果实成熟早,人民遭受灾殃和疾病。五月的官为相,树木以榆为主。

【点评】

这是夏季五月所行的政事。

六、六月

季夏的六月，这时候北斗星的斗柄所指的星辰为未。黄昏的时候，心星在南方的正中，平明的时候，奎星在南方的正中。它的位置是黄帝之神所治的中央。季夏属土，所以天干用戊己。因为土王中央，所以盛德在土。季夏的动物，以蠃虫为主。所用的音，以宫音为主。在十二律中，这个月应于林钟，在数而言，这个月的数是土五。土味为甘，臭味为香。所祭祀的神为中霤(liù)，祭祀的时候，以心脏为主。凉风开始吹来，蟋蟀居于墙壁。小的鹰开始学飞，腐草变化成马陆（亦名马蚿）。天子穿着黄色的衣服，骑黄色的马，佩戴黄色的玉，打黄色的旗帜。吃的东西是稷和牛，喝的是八方风所吹来的露水。用柘木燃烧煮东西。居住在中宫，御幸妇女用黄色，穿着黄采的衣服。季夏用的兵器是剑。所养的牲畜为牛。在中宫接见群臣。命令捕鱼的人，打蛟捕鼍(tuó)，捉龟拿鼋。命令监督山林的官员，征集各地经常供应的刍秣，用来饲养供作祭品的牺牲，以供应祭祀皇天上帝，名山大川，四方神祇和宗庙社稷，来为人民祈求福祉。推行好的政令，吊问死者，慰问疾病，存问看视年老的人，施薄粥。死葬的人加厚他的席蓐，用来送万物归于本真。命令女官督导妇女们染各种彩色的布，无论是青色、黄色、白色、黑色，没有不是质地美好的。用这些供给宗庙祭祀的服装，一定要全鲜明。这个月，树木刚长茂盛，所以不敢斫伐。不可以聚合诸侯，也不可以兴土功大肆建筑。如果要动众起兵，一定会有天罚。泥土非常润湿，天气很热，时常会下大雨，最易于杀草来做粪以美土疆，而使土地肥美。季夏行春天的政令，谷实就会脱落，百姓多会得风欬（kài）的病，人民也会到处流徙。行秋天的政令，高丘和低地都会有水潦，禾稼不能够成熟，也会多女灾使小孩生下来长不成。行冬天的政令，就会使风寒不按时令而来。鹰隼等凶猛的鸟，会提早搏杀小的动物。四界的百姓，都会入城自保。六月的官少内，树木以梓为主。

【点评】

这是夏季六月所行的政事。

七、七月

孟秋的七月，这时候北斗星的斗柄所指的星辰为申。黄昏的时候，斗星在南方的正中，平明的时候，毕星在南方的正中。它的位置，是少昊之神所治的西方。秋日属金，所以天干用庚辛。金王于西方，所以盛德在金。秋天的动物，以毛虫的兽类为主。所用的音，以商声为主。在十二律中，这个月应于夷则。在数而言，这个月的数是土五加金四为九。金的味道为辛，臭味为腥。所祭祀的神为门，祭品以肝脏为主。这个月凉风到来，白露开始降落，寒蝉叫声不绝，鹰搏杀群鸟排列在大泽里好像行祭一样。这个时候就可以开始行杀戮刑罚了。天子穿着白色的衣服，骑白色黑毛的马，佩戴白色的玉，打白色的旗帜。吃的东西是麻和狗，喝的是八方风所吹来的露水，用柘木燃火煮东西。居住在西宫，御幸妇女用白色，穿着白色的采衣，敲白的钟以为乐。七月的兵器用戈，所饲养的牲畜为狗。在西向堂的总章左边接见群臣，来发布秋天的政令，找出不孝顺不恭敬的人，粗暴不讲理、骄傲勇悍的人，都加以责罚，来帮助阴气。立秋的那一天，天子亲自率领三公、九卿、大夫，在西郊举行迎秋典礼。回来以后，赏赐将帅和武勇的人在朝廷之上。同时命令将帅们，精选士卒，激励士气。简拔训练有才能的人，给他们专责，使他们建功，用来征诛不义的敌人，责备诛除暴慢无礼的诸侯，使四方的诸侯都顺服。命令主管司法的官员，修订法制，整补监狱，禁止奸恶，杜绝邪枉，很审慎小心地去断狱，好好地去评理争讼。这时候天地开始变为肃杀之气，所以不可以盈盛。这个月农人的新谷始成，进于天子，天子先献于寝庙。命令百官开始收纳。堤防要修整完好，边障要塞要严谨，以防备水患。修理城郭，整理宫室。这时候不封侯裂土，不派任大官，不用重币，不派大使。行这个月的政令，凉风到来三旬。七月行冬天的政令，就会使阴气大盛，介虫伤害谷类，兵灾就会到来。行春天的政令，他的国家就会大旱，阳气就会复元，五谷不会结实。行夏天的政令，就会在冬天发生火灾，寒冷暑热不按时节，人民都会患疟疾。七月的官为库，树木以楝为主。

【点评】

这是秋季七月所行的政事。

八、八月

仲秋的八月,这时候北斗星的斗柄所指的星辰为酉。黄昏的时候,牵牛星在南方的正中,平明的时候,觜觿星在南方的正中。它的位置,是少昊之神所治的西方,秋日属金,所以天干用庚辛。秋天的动物,以毛虫的兽类为主。所用的音,以商声为主。在十二律中,这个月应于南吕,在数而言,这个月的数是土五加金四为九。秋味主辣,臭味是腥。所祭祀的神为门,祭品以肝脏为主。这个月凉风到来,候鸟的鸿雁从北方来到南方,玄鸟归来,群鸟在空中飞翔。天子穿着白色的衣服,骑白色黑毛的马,佩戴白色的玉,打白色的旗帜。吃的东西为麻和狗,喝的是八方之风所吹来的露水,用柘木燃火煮东西。居住在西宫,御幸妇女用白色,穿着白采的衣服,撞白钟作乐。这个月所用的兵器为戈。所养的牲畜为狗。坐在太庙中央向西方总章接见群臣。命令管理刑法的官,申明严行各种刑罚,斩杀罪犯一定要妥当,没有冤屈不公平的。决狱如果不适当,回来一定受祸。这个月,奉养长老,授给他们几杖,施放薄粥和吃喝的食物。命令宰祝之官,察看祭祀用的牺牲,所吃的饲料是不是够,看看它是肥还是瘦,肢体完整不完整,毛色纯粹不纯粹,看它的形体、颜色、种类、大小、长短,有没有不合规定的。于是天子举行傩祭以通达秋气。以农人新献的芝麻，配以狗肉，先进献于寝庙。这个月可以建筑城郭和兴建都邑，可以打通水和藏谷的地洞，修葺草闲和谷仓。命令管农业的官员，督促人民收藏谷物，多储存干菜和过冬的粮食。并劝勉人民及时种麦，不可过了种麦的时节，如果误了期限，一定要罚他应得的罪。这个月，雷声开始停止，昆虫增加洞口的泥土准备蛰藏。这个时候肃杀之气渐渐地盛大，阳气一天一天地减弱，水亦渐渐地干涸。这时候也是日夜等长的时候，正好可以校正度量衡的尺寸长短轻重以及容器的大小。这个月通关口，开市廛（chán），招徕各地的商人和旅客。把各地的货财收进来，使百姓们日用充裕而方便。因为四面八方的人都来集聚，远方的人都来观光，所以各种财物都缺乏，国家的财政能够充足，所有的事情都能够办得成功了。仲秋八月行春天的政令，就会使秋天不下雨，草木繁茂生花，国家会遭到大的惊恐。行夏天的政令，国家就会大旱，蛰伏的昆虫不到洞中去伏藏，五谷都会再生长。行冬天的政令，就使风灾变多，已收声的雷会提早发声，草木都会提早枯死。八月的官是尉，树木以柘为主。

【点评】

这是秋季八月所行的政事。

九、九月

季秋的九月,这时候北斗星的斗柄所指的星辰为戌。黄昏的时候,虚星在南方的正中,平明的时候,柳星在南方的正中。它的位置,是少昊之神所治的西方,秋日属金,所以天干用庚辛。这时候的动物,以毛虫的兽类为主。所用的音,以商声为主。在十二律中,这个月应于无射(yì)。在数而言,这个月的数是土五加金四为九。秋天的味道是属辛的,臭味是腥的,所祭祀的神是门,祭祀的时候,以肝为主。这个时候,候鸟的鸿雁从北方南来,雀入水变为蛤。菊开黄花,豺捕杀野兽四面陈列,并杀飞禽。天子穿着白色的衣服,骑白色黑毛的马,佩戴白色的玉,打白色的旗帜。吃的东西为芝麻和狗肉,喝八方风所吹来的露水,用柘木燃火煮东西。居住在西宫,御幸妇女用白色,穿白采的衣服,敲白钟为乐。这个月用的兵器为戈,所养的牲畜是狗。坐在明堂西向堂北面接见群臣。命令主管司法的官员,公布严令,所有的百官贵贱人等,大家都加紧收藏,以配合天地收藏的节候,不可以有宣出的行为。并派冢宰,将农产品全部收齐以后,把五谷收入全都登记入簿书,以籍田的收获,藏在神仓里面。这个月,霜开始降落,百工可以休息。并命令主管的官员,告诉大家说,寒气会忽然地到来,人民的体力不能抵抗,应离开田野回到家里。在这个月的上旬丁日,进到学宫里练习吹笙竽以习礼乐。举行大飨上帝及遍祭五帝的尝祭,用完备的牺牲。天子命令所有的诸侯和畿内的百官，公布明年受朔的日期，以及诸侯国内征收百姓的税金的多少和贡品的多少。这些都以土地的远近大小来定适当的税率。这个月举行田猎典礼，以教人民战阵的方法和操练各种兵器。命令太仆和御者，把所有的车都驾起来，车上竖起旗帜，然后按照官位的高低分配车辆，全部排列在围猎场的屏阵以外。司徒把鞭子插在腰带上，朝着北方教大众显出威仪。天子穿着威武的盔甲，佩戴各种装饰，拿着弓持着箭来射取猎物，并命令主祭的人祭四方的禽兽。这个月草木枯黄凋落，于是砍伐做成木炭。昆虫伏藏在洞里封住口。这时候赶紧清理刑案，凡是有罪的案子一定要断决完毕。收回不应该发放的俸禄和不应该受供养而受供养的费用。修通道路，清除障碍，使道路从边境到国都全能畅通才可以。这个月天子以犬尝麻，先进于祖先的寝庙。季秋之月如果行夏天的政令，国家就会发生大水灾，冬天收藏的东西都会坏掉，人民多会得鼻子不通的病。行冬天的政令，国家就会盗贼增多，边境不能安宁，土地会分裂。行春天的政令，就会使温风到来，百姓们的精神会趋向懈怠懒惰，而且战争会一起发生。九月的官为侯，树木以槐为主。

【点评】

这是秋季九月所行的政事。

十、十月

　　孟冬的十月，这时候北斗星的斗柄所指的星辰为亥。黄昏的时候，危星在南方的正中，平明的时候，七星在南方的正中。它的位置，是颛顼之神所治的北方，冬日属水，所以天干用壬癸。水王于北方，所以盛德在水。这时候的动物，以有甲的介虫为主。所用的音，以羽声为主。在十二律中，这个月应于应钟。在数而言，这个月的数是土五加水一为六。它的味道为咸，臭味为腐。祭祀的神为井，祭品以肾为主。水开始结冰，地开始冻结。雉飞入大水里变成蜃，虹隐藏起来看不见了。天子穿着黑色的衣服，乘骑黑色的马，佩戴黑色的玉，打黑色的旗帜。吃的东西为黍和猪肉。喝八方风所吹来的露水，用松木燃火煮东西。居住在北宫，御幸妇女穿黑采的衣服。击磬石。这个月用的兵器是铩，养的牲畜是彘。坐在向北堂西头室接见群臣，以发布冬天的政令。命令主管的官员禁止所有应该禁止的事情。这个时候禁止向外迁徙，关闭城门和闾门，大搜新客驱逐他。该罚的罪即刻加以断决，该死罪的就把他杀掉。阿谀取容于上而乱法的人加以治罪。立冬的那一天，天子亲自率领三公、九卿、大夫在北郊举行接冬典礼。回来以后就赏赐为国死事人的子孙，存问矜恤幼而无父和老而无夫的人。这个月命令太祝祷告祭祀神位，用龟策占卜，审查卦兆，以观看为吉或是为凶。在这个时候，天子开始穿皮袭，命令百官谨慎盖藏的兴作，命令司徒之官把所有的禾稼都集聚起来。修筑城郭，警戒门闾，修理门闩，小心锁钥，把印玺牢固地封起来。注意边防，修好要塞，堵塞小的路径。整饬丧事的规矩，察看衣衾棺椁的薄厚，量度冢墓的大小高下，按照贵贱尊卑的地位，各分等级。这个月工师呈献工作的成绩，陈列祭器，查验法度和样式，以坚牢细致为上等。器物如果做得不好和不坚固，或是做得刻意过巧，一定要给予应当之罚。这个月行大饮蒸之礼，天子向天宗祈求来年，并举行大祷，以祭于后土，祭完公社然后再飨先祖。慰劳农夫的辛苦，使他们休息。命令将帅讲说武功，学习射御，较量勇力。并派管理河川湖泊的官员和渔师，收取水泉池泽的赋税。不可以侵害人民。孟冬十月行春天的政令，就会冻闭不严密，地气会发泄出来，人民就会到处流亡。行夏天的政令，就会有很多风暴，当冬天的时候不寒冷，藏在洞里的昆虫会再出来。行秋天的政令，霜雪就会不按时降落，小的战乱很多，国家的土地会遭到侵占和减削。十月的官是司马，树以檀木为主。

【点评】

这是冬季十月所行的政事。

十一、十一月

仲冬的十一月，这时候北斗星的斗柄所指的星辰为子。黄昏的时候，壁星在南方的正中，平明的时候，轸星在南方的正中。

它的位置,是颛顼之神所治的北方。冬日属水,所以天干用壬癸。这时候的动物,以有甲的介虫为主。所用的音,以羽声为主,在十二律中,这个月应于黄钟。在数而言,这个月的数是土五加水一为六。它的味道是咸的,臭味是腐。所祭的神为井,祭祀的时候以肾为主。这时候冰更厚了,地开始冻裂了,鸨鹛(hàn dàn)鸟不再鸣叫了,虎类的猛兽开始交配。天子穿着黑色的衣服,骑铁黑色的马,佩戴黑色的玉,打黑色的旗帜。吃的东西为黍和猪肉。喝的是八方之风所吹来的露水,用松木燃烧煮东西。居住在北宫,御幸妇女用黑色,穿着黑采的衣服,敲磬石一类的乐器。这个月所用的兵器为铩。所养的牲畜为猪。坐在北向堂的中央之室接见群臣。命令有司的官员说:不可兴作土地之事,不可敞开居室房屋,不可以发动大众。这就叫作发天地之藏(以上三事兴作的话叫作发天地之藏),伏藏在洞中的昆虫都会死掉,人民一定产生疾病,接着就会死亡。赶紧捕捉盗贼,诛罚偷懒逸乐奸邪不正的人,命名这个月叫作畅月。命令宦官的尹正,申明宫中的法令,检查门闾的开闭,谨慎房屋,一定要关闭严密。省视妇女们的工作。命令酿酒的官,在造酒的时候,秫米稻米等原料,一定精纯,用按照时令做成的曲糵,洗得要清洁,煮得要干净,使用的泉水一定甘洌香美,装酒的瓦器必须完好,蒸煮一定要适度。这些过程都不能有所差误。天子命令主管的官员,祭祀四海大江大河和有名的湖泊。这个月,农人如果有不把五谷收藏积聚的,或是牛马家畜禽普放失在外而没有关起来的,别人取走,不加究问。在山林薮泽里面,有可以拾取的菜蔬果食,或是有猎取禽兽的地方,主管山泽的虞官,应该教导百姓任意猎取。如有互相发生侵陵争夺的,就科以应得之罪,绝不宽贷。这个月,白天最短,正是阴阳互相消长的时候,君子一定斋戒，居住在深隐的地方，休养身体，摒除声色的娱乐，禁止所有的嗜好和欲望，安定身体，停止情欲。这个月马荔生出了芽，芸草开始生长。蚯蚓蜷曲于土中，麋角开始脱落。水泉流动的时候，就可以砍伐树木，采收竹干。取消没有事做的官职和没有用处的器具。关闭涂塞宫阙和门闾，修筑牢狱，以帮助天地的闭藏之气。仲冬十一月推行夏天的政令，国家就会有旱灾，雾气沉暗，天也会打雷。行秋天的政令，那时就会下雨，瓜瓠都不会结实，国内就会有大的兵灾发生。行春天的政令，虫螟就会败坏庄稼，水泉全部枯竭，百姓会发生瘟疫。十一月的官为都尉，树木以枣树为主。

【点评】

这是冬季十一月所行的政事。

十二、十二月

季冬的十二月，这时候北斗星的斗柄所指的星辰为丑。黄昏的时候，娄星在南方的正中，平明的时候，氐星在南方的正中。它的位置，是颛顼之神所治的北方，冬日属水，所以天干用壬癸。这时候的动物，以有甲的介虫为主。所用的音，以羽声为主。在十二律中，这个月应于大吕。在数而言，这个月的数为土五加水一为六。味道是咸的，臭味为腐。所祭祀的神为井，祭品以肾为主。鸿雁都北向而飞，鹊加高它的巢。这时候野雉开始鸣叫呼偶，鸡也呼叫求卵。天子穿着黑色的衣服，骑铁黑色的马，佩戴黑色的玉，打黑色的旗帜。吃的东西为麦和猪肉，喝八方风所吹来的露水，用松木燃烧煮东西。居住在北宫，御幸妇女用黑色，穿黑采的衣服。敲磬石作乐。所用的兵器为铩。所养的牲畜为猪。坐在朝北方东头的玄堂接见群臣。命令有司的官员，举行大傩之礼，磔（zhé）牲于国门之旁，并制土牛以劝农耕。命令管渔业的官开始打鱼，天子亲口前去射鱼，首先进于寝庙。命令农官告诉人民，把五谷的种子拣出来，命农人计度耦耕的事，缮修耒耜，准备耕田的器具。命令乐师举行大的演奏会。然后，命令管理山泽的官员，收集人民应该供给的薪柴，以备祭天祭祖和其他各种祭奠薪燎之用。在这个月，日行一周年，十二个月已终，行星回到原来的位置，新的一年又要开始了。使农民安静，不使他们担任其他的劳役。天子和三公、九卿、大夫共同来检讨国家的法典。论四时令的次序，以适于来年的需要。命令太史席次大小诸侯的次列，赋取他应献的牺牲，以供给皇天上帝和社稷之祭。并命同姓的国家，供给祭祀宗庙所用的牺牲。由卿士大夫一直到庶民百姓，都要按等级使他们供给祭祀山林名川所用的祭品。季冬十二月行秋天的政令，白露就会提早降落，介虫会生灾，四境的百姓要入城郭自保。行春天的政令，怀胎就会夭伤，国家的人民会生难治的病，这就叫作逆。行夏天的政令，就会使水潦败坏国家，该下雪的时候不下雪，冰冻不该消解的时候而消解。十二月的官为狱，树木以栎树为主。

【点评】

这是冬季十二月所行的政事。

卷第六 览冥训

下篇　《淮南子》精读

一、天罚不可逃

　　从前师旷弹奏《白雪》的音乐，神化的玄鹤为听他的音乐自天下降，风雨忽然到来。晋平公患了疲病，晋国大旱，赤地千里。齐国的平民寡妇被诬，冤结难申，向天喊冤，天上雷电大作，向下打坏了齐景公的台榭，打伤了齐景公的肢体，海水因而发生倒灌。晋国的瞽师和齐国的平民寡妇，地位微贱得不如主菒（xǐ）之官，权力轻微得比不上飞羽。但是他们专一精诚锐意而行，聚精积神，可以用精诚上感于九天。由此看来，上天的诛责惩罚，即使在空野幽暗的地方，辽阔荒远隐藏的地方，坚厚的石室里面，边远障碍险阻的地方，自己来隐蔽窜藏，也不能够有所逃避，这是可以明白无疑的了。

【点评】

　　这是说明天罚的不爽，同时也说明精诚可以感天。这些事情，当然没有科学上的根据。但是我们须要了解的，古代的人，常常用神权来限制君权，用神权来伸张民权。也就是说用神或天的力量，来惩罚不爱民的君主，而用神或天的力量，来替冤枉的百姓申冤，以此说明天罚是不可逃的，而使人畏天，不敢做坏事。

二、感天的故事

　　从前周武王讨伐殷纣王，在孟津渡河，河里的大波汹涌，反流排打，风非常地劲疾，天色非常昏暗，人马彼此都不能够看得到。这时候，周武王左手拿着黄色的大斧，右手举着白色的旄旌，怒张双目挥着斧、旄说：我担负着天下的重任，什么人大胆，敢来阻扰我伐纣的决心！于是风过去了，波涛停止了。楚国的鲁阳公和韩国打仗，战到难解难分的时候，天晚了，鲁阳公拿着他的戈向西下的太阳挥动，太阳因此而向后回转三舍。

【点评】

　　这是说明凡是秉持正义和赤诚，就可以感动天地。周武王的息风止波，鲁阳公的挥戈返日，都近于神话，但是很明显地在说明精诚的力量。

三、心和道同，可以感天

　　保全性命，不失真元，不亏损他的身体，遭遇到紧急的困难，精诚是可以感通上天的。只要使真性不离开道，还能不感天吗？

至于把死和生看得一样，而不怕死生的胁迫和侵凌，一位勇士，不顾生死而勇冠三军，他们的举动，只不过是为了求名誉而已。为自己求名誉的人，还能够感动上天，又何况能够以天地做宫室，囊括了万物，和阴阳造化为友，内含至和之气，外寄寓于人形而内存大道，观博而研一，能知道所不知的，这样心生和道同的人，更能够感天了。

【点评】

这是说明性不离道，就自然可以感天了。因为勇士不畏生死，仅为求名誉而已，这样都可以感天，心和道同的人，就更可以感天了。感天的传说，不见得可信。但是，古人常借着这种说法，来表明天道的伟大。

四、心存于内，色显于外

从前善于弹琴的雍门周，用歌哭的方法去感见孟尝君，然后，才开始用话来陈述表达自己的意见，抚心然后发声，孟尝君为之再三叹息而失声，涕泪横流而不止。内在精神的感伤，表现在外能使人产生哀戚之心，这种自然的流露，是不可以传授的，所以不是学习能够得到的。一般人得不到主宰形骸的精神，而只模仿他的外表容貌，一定会被人所讥笑。所以楚国的蒲且子，因为很会弋射，能够射取百仞之上的飞鸟；而楚国的詹何，因为很会钓鱼，能够使大渊中的鱼来吞饵。这都是因为他们得到了清净专一的方法和精微奥妙的技巧,就像得到太浩的和气一样。物类的互相感应,非常玄妙深微,就算是智者也不能够全知道,善辩的人也不能够全了解。东风到的时候,酒就会泛溢;蚕吐丝的时候,商弦就会断绝,或许就是因为相感而如此的吧。用芦草灰在窗下月光中画圆画缺一面,月亮的周围也会缺少一面,鲸鱼死在海边的时候,彗星就会出现,或许也是互相感动的原因吧!

【点评】

古人说:诚于中,形于外。由此可见,心存于内,色显于外是不易的道理。这里面所记的蒲且子的善射,詹何的善钓,都是体道之后所得到的方法和技巧。而东风到酒泛溢,蚕吐丝商弦绝,都是内感外显的表现。至于用芦灰在窗下月光中画圆缺少一面,月亮的周围也缺一面,以及鲸死在海边,彗星会出现,就没有确切的根据了。

五、各有所感

圣人在位的时候,怀自然之道,行不言之教,而能泽及万民。如果君臣各怀离心,日旁五色之气就会两边各向外出见于天际,这就是神气相应验了。所以山中生出来的云像草莽,水气上生出的云像鱼鳞,亢阳之气所生的旱云像烟火,大滀(chù)水上生出的涔云像波水。每种地方所生的云，都各有它不同的种类，各有它的形状。这是因为各有所感的关系。用阳燧可以取火于太阳，用方诸可以取露于月亮。天地之间，物类相感的太多了，就是工于历术的人，也不能够全部把它的数目举出来。手虽然能够览得微物，但是不能够得到它的光。然而用掌握之中引类天地之上，水火可以立即出现的道理，是因为阴阳同气相应动的关系。这也就是傅说死后能够托精于辰尾的原因。

【点评】

这是就云气的差别和形状的不同来说明感应的。自然界有些感应，倒是真实的。像用阳燧取火于日，用方诸取露于月，都是可以实验的。至于傅说死了以后，精神托于辰尾，那就是神话传说了。因为古代的人认为人和星是有关系的，现在可以明白，星球和个人生死，是扯不上关系的。

六、阴阳交则万物生、众事举

至阴的情况，就像极阴的凉风；至阳的情况，就像极阳的显著。至阴和至阳二者互相交合而感动，万物就可以繁生了。如果都是雄而没有雌，又怎么能够发生变化而成就万物呢？这可以说是不用言辩的真理，不必去说的至道。所以想要使远方的部落化同于中原，诸夏日益和谐，用无事的自然方法，近人就会自然亲附。唯有像夜行无声无息地顺自然而转化,能够有召远亲近之功。所以能够止住走马,而以粪粪田,国家安定,使兵车的两轮,不会远到远方以外。这就是所说的坐行神化,比奔驰传送还迅速,沉浮明暗,自然合道,才能够如此的。

【点评】

这是借着阴阳雌雄相交而生变化,来说明无为和无事可以使四海归心,人民亲附。

七、顺时行道,不可相违

在冬天熔化胶,在夏天制造冰,这都是很难做的事(古代如此)。所谓道是至公的,没有私成,也没有私去,能够行道的人,所成有余,不能够行道的人,所得不足。顺道而行的得吉利,逆道而行的得凶咎。就像隋侯的宝珠,和氏的璧玉,得到的人就富,失去的人就穷。得失的多少,深远难测,不可以知识论断,是不可以辩说的。怎么可以知道是这样呢?现在地黄是主生骨的药,而甘草是主生肉的药。以其属于生骨的,要求它生肉,以生肉的论它生骨,这就像王孙绰想要把治偏枯病的药加倍而想要使将死的人活过来,这可以说是不合理的。

【点评】

　　这是说明凡事都依时顺势去做，就比较容易。就像药性一样。生骨的药不可以用来长肉，而长肉的药又怎能用来固骨呢？必须要不违其性，才能有真正的效果啊！

八、持自然之应者可成事

　　以火能够把木头烧焦，因而用火来销熔金属，这方法是可行的；假如以磁石能够吸铁，而用磁石来吸瓦，那就行不通了。每种东西，都有它的用途，当然不可以轻重来评定它。像阳燧可以取火于太阳，磁石可以吸引铁，蟹可以败坏漆，葵的转向对着太阳，虽是有高智慧的人，也不能明白是什么原因。所以仅凭耳朵眼睛明察，不能够把物理分得清楚；仅以心意主观的看法，不能够判定是非。所以凭着智巧来治国的人，就难以治得好国家。只有通达于太和而又得到自然因应的人，才能够得到持国的方法。所以峣山崩颓，薄落之水就会干涸。善于冶铸宝剑的区冶子出生了，而精淳的宝剑就铸造出来了。殷纣王暴虐无道，因为有佞臣左强在他旁边；太公姜尚和周武王同时并世，所以周武王的功业建立了。从这些地方来看，所谓的利和害的道路，祸与福的门户，不是可以求就能得到的。

【点评】

用自然应事，事可以成功。这个道理，就像用磁石吸铁一样，那是容易而自然的。相反地，不用自然应事，那不就像用磁石吸瓦吗？怎么能够成功呢？所以这个地方，特别强调了自然的重要。小自个人，大至治国，都必须因应合道，才能够身安国治。

九、道与德如韦与革

道和德的关系，就像韦和革的关系一样。革的本质像道，韦的本质像德。想要离道远，道反而在人身侧，想要以事去求道，道去人已远了。无事道近人，有事道远人。道是得不到的，就像水中的小鱼一样，可以看得见而是得不到的。所以圣人就像镜子，不送不迎，只是随人的美丑而现形，毫不隐藏。所以不论怎样改变都不会有伤害。他得到了也许会失去道，他失去了未必不能得到道。

【点评】

这是说明道和德的关系是不可分的。因为道是德的根本，德是道的表现。但是道贵无为，所以无事的时候道近人，有事的时候道远人。

十、燕雀不知凤凰

当凤凰来为至德的君主而翔集的时候,天上没有雷霆的响声,也不会起风下雨,川谷不会漫溢,草木不会摇落。但是小小的燕雀,自己以为比凤凰矫健,认为凤凰在屋檐之下,栋宇之中,无法和自己争胜。但是等到凤凰高飞到万仞以上,振翼飞翔到四海以外,经过了昆仑山上的疏圃,喝砥柱石下的湍水,徜徉在日出之地的小洲上,徘徊在冀州的边境,过都广之野而送太阳入于抑节之地。在弱水之上洗濯它的羽翼,晚上宿在北方寒风从地下出来的凤穴,在这个时候,大的鸿雁和鹍鹤,没有不害怕惊惧而逃走窜藏的,没有不在江边把长长的嘴巴注在地上而敢动的,又何况像燕雀之类的小鸟呢。这就是指那些只知道做小事的方法,而不懂得如何办大事的道理啊!

【点评】

中国古语有燕雀不知鸿鹄之志的比喻,更何况是凤凰呢!这就说明了知小道的人,不可以和他们谈大理,因为他们不知道天下有大理啊!

十一、以不御为御称为神御

　　从前王良和造父,他们驾驶车子的时候,上车抓住辔头,就能够使马的动作不错而马的脚步一致。使马在行走中步伐调和而均匀,劳逸全部一样。因此马的心中自在欢悦,神气和平,车体轻捷快速,所以能够任劳而喜走,快速到立刻就会失去踪影。左右骓骖(fēi cān)不用鞭打,就好像被鞭打得那么用力,前进后退,左旋右转,可以任意指挥运用,而且都能如意。世人以为王良和造父都是最精于驾驶的人了,但是并没有看见他们有什么可贵的地方。像太乙的驾驶钳且和大丙,就不同了。他们驾驶的方法,是不用辔头和勒口,抛弃打马的鞭策,车不加动力而自动,马不必驱使而自跑,太阳跟着走,月亮跟着动,星辰随着而运行。快得如闪电,像鬼腾。前进后退,屈伸转动,看不到兆朕和形状,不必用手去指挥,不必出声去叱喝,直驰的时候像飞空,乱驰的时候如绝踪,驰骋的速度,像踩箭而行,像御风而飞,自然可以追上猋(biāo)风,可以赶上光影。早晨从日出的地方榑桑出发,晚上就可以到达日落的地方落棠休息。这就是假借不用而能够成大功的原因。这不需要靠着详密的思虑和明察,也不必靠着巧手和妙指。而是把嗜欲藏在胸臆之中,使精神和于六马,就是所谓的不御而御了,不御而御,就是神御啊!

【点评】

以不御为御，称为神御。就如同说无为而自得。无为而自得，就是心和六马，这种无形的自然力量，当然比人为的快速了。

十二、黄帝的治道

从前黄帝治理天下的时候，用力牧和太山稽来做辅佐，使他们治理日月运行的律度，和阴阳变迁的气节，以及春、夏、秋、冬四时的时分。调整律历的度数。分别男女，辨出雌雄，明定上下，分出贵贱，使强的人不敢夺取弱的人，众多的人不敢凌暴少数的人。所有的百姓，都能够赡养性命而不夭死，年岁能够丰收而不发生灾害。所有的官员，都能守正而无私心，君臣上下都能够和谐而没有过错。法令清明而没有舞弊，辅佐的公卿大夫公正不阿。农夫种田不争田边的土地，渔人捕鱼不争深曲的水隈。道路上掉了东西没有人去拾取，市场里不会预先抬高物价来骗人，城郭不会关闭城门，乡邑邻里没有盗贼，边远的旅客彼此以财相让。猪狗弃菽豆粟米在路上而没有怒争之意。于是，日月光明照耀，星辰都能够依序运行，风雨都依时节到来，五谷丰登。猛虎野狼都不随便吃人，鸷鸟鹰隼都不随便搏杀。瑞鸟凤凰上于庭堂，瑞兽麒麟行于邑外，青龙驾车，飞黄伏在枥下。北方的诸比，南方的儋耳，没有不来进贡献职的。黄帝之道虽好，但是却比不上虙（fú）戏氏的大道。

【点评】

这是说明黄帝治天下的方法,虽然很好,可是比不上虙戏氏,因为虙戏氏更崇尚自然的关系。

十三、虙戏氏的治道

在从前的太古时代,不分四极,没有九州,天不尽覆,地不全载,火连烧着而不熄灭,水横流着而不停息,猛兽吃善良的百姓,鸷鸟攫食老弱。这个时候,女娲氏炼五色的石头来补苍天,斩断大龟的脚来支柱四极,杀掉黑龙以止雨来朝冀州,积聚芦草的灰来停止淫雨。青天补好了,四极规正了,淫雨的水干了,冀州的土平了,狡猾的虫死了,善良的百姓得生了。背地向天。春生,夏长,秋收,冬藏,枕横睡直。阴阳有壅塞沉滞不通的,就使它能通;不顺的气,乖戾的事,伤害百姓积财的,就使它不再发生。这个时候,可以无思无虑地睡觉,可以不费智巧地工作。完全以为自己像马,完全以为自己像牛,行步迟重而安详,视物模糊而不清。很诚悫(què)的能够得到太和,不知道它是如何而生。蜉蝣不知道如何来的,魍魉(wǎng liǎng)不知道到何处去。在这个时候,凶猛禽兽和有毒的虫蛇,没有不藏起了爪牙和螫毒的,而且都没攫取和噬咬的意图。观察虙戏的功业,向上可以交接九天,向下可以合至黄泉,名声可以广传于后代,万物可以充满了光辉。他乘坐着云雷之车,他用应德的龙马在中做服马,旁边的骖马用青虬。他能够引来特别的瑞应,用罗列的图籍做席蓐。黄云之气垂在车前,前面有白螭引导,后面有奔蛇相随。这样就可以周流闲适,导引鬼神,登上九天,朝见上帝在灵门,宁和休息在太始之下。但是不表明他的功绩,不显露他的名誉。隐藏真德之人的大道,而顺从天地的自然。这是什么原因呢?因为他的道德上通于天而合自然,而使人间的巧诈全不存在啊!

【点评】

　　这是说明虙戏氏的时代,崇尚自然,而不用智故巧诈,所以能够道通于天,德贯于地,使人间变得一片淳朴、一片和谐。

卷第七　精神训

下篇 《淮南子》精读

一、人为天地精

　　上古没有天地的时候，想它是没有形体产生的，宇宙间只有一团气，显现的是深远幽暗，迷茫一片，混混沌沌，清浊不分，没有人能知道它是什么情况。接着有阴阳二神同时出现了，二神开辟了天地。但是天地深邃没有办法知道它的终极，天地广大没有办法可以让它止息。于是乎二神分开阴阳，划分了八极。阳刚和阴柔两气互相交流，因而产生了万形万物。烦乱的浊气形成了各种动物，纯一的精气形成了人类。所以人的精神是属于天所有的，人的骸骨是属于地所有的。如果精神回到天之门，而骸归到地之根，那么我们人类还如何能够存在呢？

【点评】

　　这是说明人为天地间纯一精气所生，所以人的精神属于天，人的骸骨属于地。因精神是无形的，归于天门以后不见了；骸骨是有形的，归于地根才会消失。因为人为天地精，所以生时存于天地，死时还于天地。

二、知精守本

圣人效法天理而顺于人情,不受世俗的拘束,不被常人所诱惑,以天为父,以地为母,以阴阳为纲领,以四时为纪律,这样能够使天静且清净,使地稳定安宁。万物如果失去了天的清净和地的安宁,就会死亡;如果效法天的清净和地的安宁,就能生存。静漠是精神的住宅,虚无是大道的居所。所以,有专向外求的,就会失去里面所有的;有专守于里面的,就会失去外面所有的。就像树木的根本和枝末,如果能够把握住了根本,它的千枝万叶就没有不跟随着它的了。

【点评】

古人说:其本乱而末治者否矣。所以凡事必须守住根本,也就是要守住原则,这样就不会有所失了。

三、人法天地而生

人的精神得之于天,人的形体生之于地。所以说:由最初的元气——一,而同时产生了阴阳二气,再由阴阳二气的交合,而产生了新的第三者,新的第三者生生不息,而产生了万物。(原文:一生二,二生三,三生万物。)万物以背负的形体为阴,以抱守的精神为阳,阴阳二气互相流通,便产生了和气。和气可以生人。所以说,人在受孕的第一个月,始生形体如膏脂。第二个月的时候,始生的形体就有了血液。第三个月的时候,始生的形体成了胚胎。第四个月的时候,始生的形体有了肌肉。第五个月的时候,始生的形体有了筋。第六个月的时候,始生的形体有了骨。第七个月的时候,始生的形体成了人形。第八个月的时候,始生的形体开始胎动。第九个月的时候,胎动更加增多。到了第十个月的时候,胎儿就出生了。出生的胎儿,形体既经完成,五脏也就具备了。所以肺为目之主,脾为舌之主(原文缺,王念孙认为不当独缺脾与舌。且亦不合五脏之数,故据王氏之说加入),肾为鼻之主,胆为口之主,肝为耳之主。五官在外的称为表,五脏在内的称为里。张开关闭,各有神经执掌。所以人的头圆像天,人的脚方像地。天有春夏秋冬四时,金木水火土五行,以及八方和中央九解,三百六十六天。人像天,所以也有四肢、五脏、九窍、三百六十六节。天有风雨寒暑,人法天,所以也有取与喜怒。用五脏来比五行,胆就是云,肺就是气,肝就是风,肾就是雨,脾就是雷。这些都是人和天地相配合的,而以心为五脏的主宰。所以耳目就像天上的日月,血气就像风雨,太阳里面有蹲着的三脚乌,月亮里面有蟾蜍。日月运行不合规律,就会发生日食和月食(与今日食、月食之说不合),而失去它的光明。风雨不得其时,使百物毁损而生灾害。五星的运行有了差失,州县郡国都要蒙受灾殃。天地之道,包罗非常广大,尚且还须要节制它的光辉,爱惜它的神明,人的耳目怎么能够长久劳动而不休息呢?人的精神怎么能够长久使用而不穷尽呢？所以要知道，血气和五脏都是人的精华，假如血气能够集中于五脏而不向外发散，那么胸腹就会充实，嗜欲也自然会减省。这样的话，耳朵就会听得清，眼睛就会看得明。听得清，看得明，就叫作明。五脏能够从属于心而不乖离，这样，悖乱的意志就会被克服，行为也就不会邪僻了。悖乱的意志既已被克服，行为已经不邪僻，那么，精神就会旺盛，而神气也就不会散失了。精神旺盛，神气不失，就会很有条理，有条理就能均匀，能均匀就能通达，能通达就能达到神明的境地。能达到神明的境地，那么要看时就没有看不见的，要听时就没有听不清的，要做时就没有做不成功的。所以忧患不能够侵入，邪气也无从进来。所以事情有的追求到四海之外不一定能够得到，有的守在自己的形体之内，就是自己也觉察不到。所以所追求的愈多，而所得到的更少，所涉及的范围愈大，所知道的就更少。

【点评】

在这段话里，分为三方面：第一就人的形体和精神而论，人像天地阴阳。精神是阳像天，形体是阴像地。精神是形体的统率者，形体是精神的随从者。这是效法天地而行的。第二就人受精后生成的过程详细加以说明。由始受精到十个月出生，和现代理解的怀孕过程中胎儿生长的情形相似，足见作者所处时代已有生理知识。第三就人形体和精神来说，必须善加保养，否则劳神役形，是不能长久的，所以应该养生。

四、去嗜欲可以长生

人身上的孔窍是精神的门和窗，血气和意志是五脏的使者。耳目过度追求声色的享乐，就会使五脏动摇而不能安定。五脏动摇而不能安定，就会使血气动荡而不停止。血气动荡而不停止，精神就会向外奔驰而不能够固守于内了。精神奔驰于外而不能够固守于内，祸福的来临，虽然像山丘那么大，也就没有办法可以辨别了。假使耳目清明远达，而没有外界的引诱和嗜欲，血气意志就会空虚宁静，精神就会恬静愉悦，而嗜好欲望也会节省了。使五脏安定宁静，充实盈满而不泄漏，精神固守于形之内而不向外奔驰，这样子，就可以上观于往古，下察于来世，也算不得什么奇特的事，岂仅仅是当前的祸福能够体认就算了不起吗？所以说：精神离开得越远，他所知道的就越少。这就是说，精神不可以使它过度地向外发散啊！所以，五色缤纷，会迷乱眼睛，而使眼睛看不清楚。五声杂奏，会扰乱耳朵，而使耳朵听不出声音。五味齐尝，会淆乱味觉，而使舌头辨别不出滋味。行为的选择取舍会迷乱心智，而使行为失去常度。以上的五色、五声、五味和行为的选择，本来是天下的人用来养生的。但是由于嗜欲的过强，而全部变成了人的累赘了。所以说，嗜欲会使人的气散失，爱恶会使人的心疲劳。如果不赶快把这些嗜欲去掉，人的志气就会一天天地昏乱。人们之所以不能够使他的寿命延长，而中途受到刑杀夭亡，是什么原因呢？就是因为他追求生活的享受太过分了。

只有不过分追求生活享受的人，才能得到长生。

【点评】

　　这段话是告诉人们，要知道怎么去减嗜欲，延生命。因为人的嗜欲多，就会增加精神上的负累，精神上有了负累，就什么也辨别不清楚了，同时会使他形神俱疲。形神俱疲的人，不但不能长生，而且还会妨生。所以要想长生，就必须去嗜欲。否则是不能达到长生的。

五、知一则知众

　　天地运转而万物相通，万物总统于天地而合而为一。如果能够理解一，就能把一切全部理解了；如果不能够理解一，就不能理解任何事了。就像我生活在宇宙之中，也是物的一种，但不知道天下是因为有我才具备万物呢？还是没有我万物仍然无不具备的呢？然而，我也是物，物也是物，物和物之间，为什么要互相称为物呢？虽然如此，自然生我，将以何所增益？自然死我，将以何所损减？天地造化既然已经将我造成了人的形象，这是无法逃避的。我怎么知道那些用针灸、艾灸治病求生的人，不是糊涂呢？又怎么知道那些勒住脖子上吊而自杀求死的人，不是幸福呢？或许有人说，生存的时候像是服劳役，死了以后才能得休息，但是天下茫茫，谁能够真的了解啊？天地自然生了我，我无法勉强它不生我；天地自然要我死，我也无法勉强它不让我死。人皆乐生，但不必刻意追求；人都恶死，但无须推辞。贱待我的人，我不憎恨他；尊重我的人，我也不喜欢他；顺从自然，安然处之而不着急。我活着的时候有七尺的身躯在，我死了的时候有一棺的土地存；我活着的时候和那些有形体的物类一样，我死了以后和那些形体沦没在无形之中是一样的啊！这样子，我活着的时候，物类并不会因我而增加；我死了以后，泥土也不会因我而增厚。在此种种之中，我又怎么知道有什么爱憎和利害呢？造化者之制造万物，就像陶器工人制造陶器一样，他从地上取陶土做成了盆盎之物，这和它没有离开地上以前没有什么差别；等到它已成为陶器而被打碎，之后又回到了原来的地上，这和它被制成盆盎亦没有什么两样。靠近江水的地方，居民常常汲水来灌溉田园，江水从来未曾厌恶；但是，讨厌污水的人家，把污水排泄到江里，污水并不感到快乐，因为它在大江中，和它流到田里去灌溉田园没有什么差别。它在洿（wū）池里面，和它在大江里面没有什么两样。所以圣人顺应着时势，安于他所处的地位，适应世事而满意地从事他的事业。

【点评】

天下的万事万物，虽然多得不可胜数，但是一致而百虑，同归而殊途，都一定各有它的理统。就统而言，万物虽然繁多，只要能够得到头绪，就可以解决了；就理来说，理论虽然多，只要能够得到要领，也就可执一而御了。所以知一的人，一定知众，而知众的人，必须知一，就像圣人能守静而制天下一样。

六、圣人尊神而责心

悲哀和欢乐是因为德行有了偏邪，喜悦和愤怒是因为道理有了违失，爱好和厌憎是因为心里有了暴乱，这都是不合自然的。所以说，人生存的时候，要像天的运行一样；人死了以后，要像物的变化一般。静的时候和阴同闭，动的时候和阳同开。精神恬淡可以没有穷尽，不和众物相杂乱，天下自然归服于德。所以，心是形体的主宰，而神又是心所宝贵的。形体劳动而不休息，就会颠蹶，精神浪费而不停止，就会竭尽。所以圣人贵心而尊神，不敢随便放纵它。有夏后氏之璜的人，一定要把它放在匣子里锁起来好好地收藏，这是因为它太宝贵了。可是，精神可宝贵的地方，就不仅仅是夏后氏之璜所可比的了。所以圣人以无来应有，一定要究尽它的道理；以虚来受实，一定要极尽它的关键；安乐虚静地度过他的生命。所以圣人无论对什么人都没有所谓的最疏，也没有所谓的最亲，保持着德行，保养着和气，以顺承天道，而和道相接近，与德相比邻。好事不抢先去做，祸事不顶头去干，魂魄安居在身，精神固守着根本，生和死对他本身都没有改变，所以说他是至高无上的神。

【点评】

得道的人，能够安神而定心，对于喜怒哀乐爱恶，都能够不婴于心，所以能够魂魄在身，精神不离。

七、真人性合于道

  所说的真人，因为他们的性格能够合于道。他们有了好像没有一样，充实了好像空虚一样。守着一而不让它分歧，守着内在的精神而不为外界好憎所动。明白素净，无为返于朴真。认识根本，守住精神，在天地的大樊中任意地遨游。在尘世之外自由地往来。在自然空虚的境地，快乐逍遥，浩浩荡荡的辽阔无际，机知巧诈全不存在他的心里。所以，当死生的大事来临时，他也不会因死生而有所改变。虽然天地养育万物，但是他并不以天地养育万物为有恩，他看清楚了利欲的所在，而不和万物杂糅在一起。看到人世的昏乱，而能够抱定一定的宗旨。既然像这样，他忘掉了肝胆，弃去了耳目，心志专守于内，和道通而相并为一了。如此，停下来他不知道要做什么，行动起来又不知要到哪里去，不识不知地走开了，又无缘无故地回来了。形骸像枯木，心像死灰，遗忘了五脏，抛弃了形骸，不用学习就可以明白，不用眼睛看就可以看见，不用去作为就能够成功。不用说明就能够明辨，有了感召就去响应，受到逼迫而后行动，不得已才往前去，好像光线的照耀，好像流影的过去。以道为法则而等待万物，所以万物能够默默如此。抱定了太清的本质，而没有游移不定，因此外物就无法加以惑乱，这样才能使胸怀廓大而空虚，精神清净而没有思虑。把大的沼泽都燃烧了而不觉得热，把黄河、汉水都冻干了也不觉得冷，大雷击坏了山头也不吃惊，大风刮得天昏地黑也不能伤害他。所以他看珍珠宝贝，像沙石和瓦砾一样，他看最尊贵和极荣宠的人，像路上的行人一样，他看毛嫱、西施那样的美女，和极丑的人一样。他把死生看成同样的变化，把不同的万物看成相同的东西。他的精神同一于天地的本始，而遨游在太虚幻境之旁。有精神而不使用，有神智而不发挥，契合于元始混沌的淳朴，而卓立于清明的境界之中。所以，他睡觉不会做梦，因为他能够内守精神，他能够不生智巧，因为他无思无念。他的魄不会沉沦，他的魂不会飞腾，翻来覆去，从头到尾，都找不到他的头绪。酣睡于长夜之中，清醒在白日之下，休息在没有曲折的角落，遨游在无形象的境界。安居而没有仪容，定住而又没有处所。动作的时候没有迹象可寻，静止的时候没有形体可见。虽存在而如亡，虽活着如同死，任意出入，没有间隔，而能役使鬼神，下沉到深不可以测度的空间，进到没有间隔的境界。在那里，同类的东西只不过是以不同的形象相转化罢了，终始就好像圆的环圈一样，没有办法能够得到它的头绪，这就是精神所以能够上升于道的原因啊！这才是真人所行的呢。

【点评】

这是论真人的。所谓真人，就是指放弃肝胆耳目，心志专于内，而与道相契合。因此他可以视不用目，不学而致，不为而成，入火不热，触冰不寒，雷电不惊，风雨不伤，视珠宝如泥沙，看富贵如平常，观美丑都一样，更进而把死生也看成是一样的。能够达到这种地步，精神必须合道才能够做到。

八、同于自然变化的人明而不惑

　　至于吹嘘呼吸，把体内的浊气吐出来，把新鲜的空气吸入体内，像熊的动摇，像鸟的展翅，像鸭的浴水，像猨（同猨、猿）的跳跃，像鸱鸟举首而视，像猛虎反首顾视，这些都是养形的人，才会导引他的精神，做些屈伸跳踉的动作。但是，这并不是真人之道啊！使精神广大而保持充实，时时刻刻不受贼害而和物共养。这样，就能够合大道而顺时不害于物了。人的形体虽然有所改变，精神是不会损伤的，人的形体虽死，而精神是不会耗减的。患癞病的人形体完备精神俱在，所以趋走不会变态；疯狂的人形体不亏，但是精神散乱，好像精神远离了形体，这样的人，谁又能够知道他要做什么呢？所以形体有所灭，但是精神未曾死的人，能够用不死的精神，来应已死的形体，而已死的形体，变为灰土。灰土日日变化而没有尽头。死后的形体，最后会复归于无形，而不死的精神，可以和天地并生而长存。就像树木的死亡吧，是使树木青青的颜色没有了，所以使树木生长的，难道是树木吗？是天地自然啊！就像充形的是气而不是形体的本身。所以生生不息的道，像天，像气，是从来不死的，但是它所生的万物，就会死了。化物的道，它从来没有变，但是它所化的万物，就时时刻刻在改变了。只有看轻天下的宠势和权势的人，才能使精神不为物所累；只有能把万物看成小事而无所欲求的人，才能够不为物欲所惑；只有能够齐死生的人，他的意志才能够无所畏惧；只有能够同于自然变化的人，才会使自己清明而不眩惑。大家如果认为这是不实在的话，我现在将要列举一些事实来证明。

【点评】

同于自然的人，一定无欲无求，无欲无求的人，自然心思灵明，不为尘垢所蔽，所以能够永明不惑。

九、尧以天下为重负而轻天下

人都愿意做天子，是因为做天子可以使它极尽耳目欲望的要求而使身体能够安适舒服。现在几丈高的台，多层的榭，是大家所赞美的。但是帝尧的台榭，所用的桷檐不加斫削，不加彩饰，不加短柱，简单到了极点。珍贵奇怪异味美食，是大家所喜欢的，但是帝尧却吃粗稷做成的饭，藜菜豆叶所做的羹。有刺绣的衣服、白色的狐裘，是大家都喜欢的衣服，但是帝尧仅用布衣掩盖形体，用鹿皮做的裘来防寒。对帝尧来说，凡是养生的设备，一点都没增加，而给他增加的，却是重大的责任和更多的忧虑。所以他便把天下禅让给舜了，他禅让以后，就好像解除重大的负担一样，他这样做，不仅是为了禅让，实在是因为天下已经太平了，再无可作为了。这就是看轻天下权势荣利的具体证明。

【点评】

在尧的时候，他以天下为己任。自奉节俭，而为民谋福利。因为古代的君主以天下为公，做君主的人，责任重大，牺牲了享受，所以把帝位禅让给舜，因为那时候的君主，都看轻天下的权势和荣利啊！

十、禹小万物而轻天下

夏禹省视四方，渡江的时候，有黄龙背负着舟船，船中的人全都惊惧得脸上颜色不定。夏禹却怡然而笑说：我受命于上天，尽我的力量而为万民忧劳。活着就像寄托在天地之间，死了就像归去一般，怎么能够乱我所往呢？他看龙只不过像一条蜥蜴罢了，脸上颜色毫无改变，非常镇定，于是龙就很听话地转尾逃去。夏禹可以说是把万物看成小事的了。

【点评】

凡事无愧于心，自然无惧于怪，夏禹之不忧龙怪，因为自信为民忧劳，所以他小万物而轻天下。

十一、郑壶子的齐死生

郑国的神巫相壶子林,能够占验骨法吉凶之气,所以见到征应,告诉了列子,列子一边哭泣一边向壶子报告,壶子归本于天地自然,爵位名号不爱于心,币帛货财不在于意,性命的危险不旋踵而至,但他一点都不恐惧,壶子对死与生的看法,可以说是相等的了。

【点评】

壶子能够把死和生看成一样,因他认清了死生。庄子说:"明乎坦途,故生而不悦,死而不祸,知终始之不可故也。"因为生死是自然之道啊!

十二、子求的同变化

楚国的子求年已五十四岁,患了佝偻病,他的脊管高过了他的头,他的胸部的肝,可以迫近于颐,两脾长在上身,肛门向上。爬着到井边,向井里窥视自己的形貌说:太美了!造化人的上天,为我创造了这样的好形貌!这是因为他把一切变化看成是相同的呀。所以看到尧的不重权势，就可以知道轻天下了；看到禹的心志，就可以知道天下小了；由壶子的论点，就可以知道死生如一了。见到子求的行为，就可以知道变化是相同的了。

【点评】

子求身虽畸形，器官位置虽有变化，然视变化如不变，以为天为他创造了美好的形貌。窥井自照，自美形貌，就可以知道变化相同了。

十三、至人无往不遂、无至不通

至人所倚的是不能拔动的柱子，所走的是不能阻塞的道路，所禀赋的精神如不能竭尽的府库，所学习的养生得于不会死亡的老师。没有往而不遂愿的，没有至而不通达的。活着不值得挂心，死了不值得伤神。屈伏伸展，俯仰高下，都抱持着天命而不离。天下的祸福利害，虽然是千变万转，都不足以忧心。像这样的人，心怀素朴，固守精神，像蝉脱壳，像蛇解皮，遨游在太清之境，轻举而独行，忽然进入自然而与自然合一。就是凤凰都不能够和他相偕，何况斥泽中的鷃（yàn）雀，飞不出顷亩之地，更不用说了。那么势位和爵禄，又怎么能够来量至人之志呢？

【点评】

至人依于道,所以能够靠不拔之柱,行不闭之路,有不竭之神,得不死之师。这样的人,能够抱朴守精,与自然合一,绝非势位爵禄可以衡量的。

十四、无为者不为物拘

崔杼弑了齐庄公,和诸侯盟誓说:不唯崔、庆之命是从的人,如此盟。晏子听了以后说:晏婴不仅仅忠于君,凡是有利于社稷的,唯命是从。晏子身临死地,但是不改他的义。杞梁、华周都是齐国的勇士,为他的君主攻伐莒国,莒国人包围了两人,两人将要战死,莒国人称赞他们的勇敢,用重金来贿赂他们,希望他们停止作战,但是杞梁和华周直到战死也没有改变自己的行为。所以,晏子可以用仁来逼迫他,而不可以用武力来胁持他;杞梁、华周可以用义来止他们作战,而不可以用利来诱动他们。君子宁愿为义而牺牲,不会因为富贵而不死;君子为义而做事,不可以用死亡来恐吓他。君子的作为与死,他们仅仅是为义而已,而且还不为物所拘束,无为的人呢,那就更不会为物所拘束了。

【点评】

这是借着晏子的义和华周、杞梁的勇,来说明无为的至人绝不会为物所拘。因为真正知义的人，可以迫于仁，而不可以劫以力；真正勇敢的人，可以止以义，而不可以诱以利。由此推知，无为的至人，自然不会拘于物了。

十五、无累之人不以天下为贵

唐尧不认为有了天下为富贵，所以把帝位禅让给大舜；吴公子季札不认为有了国家便尊显，所以把君位让给别人；宋国的子罕不认为玉为财富，所以他不接受宝物；务光不以求生来害义，所以自己抱石头投于深渊而死。由以上的事情看起来，最贵的是至德的许由、务光，所以不必有爵位，最富的是至德的楚狂接舆，所以不必有钱财。天下是最大的了，而把天下让给别人；身体是最亲的了，而把身体投弃渊底。除此以外，其他的也就不足为利了。这就叫作无累的人。无累的人，是不以天下为贵的。

【点评】

无累的人不以富贵、尊显、珠玉为重。至德的人不以爵位、钱财为贵，更不以天下和身体为贵。天下可让，身体可沉，其他的还有什么舍不得的呢？

十六、明至人之论,天下不足利

　　详细地看看至人的立意,深深地探究道德的宗旨,然后考察一下世俗一般人的作为,就知道实在很惭愧了。所以明白了许由轻天下的意思,周公的《金縢》,太公的《豹韬》也就不必用了。明白了延陵季子不要吴闾的意思,那么像虞芮讼争闲田的人就自然要惭愧了。明白了子罕不以宝玉为利,那么争券契的人就会自愧了。明白了务光不污于世的意思,那么贪利偷生的人,就要自己愤懑了。所以没有见过死君亲之难而尽大义的人,就不知道生是不值得贪求的;没有听过体道无欲的话,就不知道天下是不值得取利的。今天在穷巷的小社里,敲着盆子拍着瓦片,作为配乐来唱歌,自己以为是很好的音乐了。如果为他们改敲竖立着而美丽的建鼓,撞击巨大的洪钟,于是才听到了真正的音乐,然后才知道自己用盆瓴瓦器为音乐的可羞。家藏《诗》《书》,修习文学,但是不能够了解至论的宗旨和意义,这不就如同拊盆叩瓴的人吗?所以,无以天下为的人,才能够和击鼓撞钟为大乐的人相比。人大怒的时候,阴气盛,阴为坚冰,积阴相迫击所以破阴;人大喜的时候,阳气盛,阳气上升,积阳相迫击所以坠阳。大的忧虑使人精神崩溃,大的恐惧使人变得疯狂。除污秽,去烦累,都比不上没有离开宗门的时候,因为这时候才是大通的时候。这时候明目而不用看,静耳而不用听,闭口而不用说,任心而不用思虑,不用聪明智慧而返回太古素朴的境界,休息精神,抛弃巧饰,清醒的时候像睡觉,活着的时候像死去,结束后再回到原始,人在未生的时候,和死生同为一体,因为死生本来就是一体的啊!

【点评】

这是用种种的比喻,说明至人不以天下为利。这是告诉人们要能够放得开,对一切利欲放得开,才能够达到齐死生的地步。

十七、能知至大至贵,无往而不遂

现在服徭役的人,举起斫土的铧,背负装土的笼,身上咸汗交流,气喘冲上喉咙。在这个时候,能够在树荫下休息,舒口气,真是太高兴了。山岩洞穴之间的隐士,就不仅像在树荫下休息。患疵瘕病的人,捧着心口按着肚子,痛得弯腰使膝盖可以碰到头,蜷曲唤叫,整夜不睡。在这个时候,能够痛快地睡一觉,他的亲戚兄弟们都会快乐欢喜的。但是长夜的安宁,并不是睡一个痛快觉的快乐可比的。所以,明了宇宙的广大,就不可以用死生来劫迫;明了正道而不惑,就不可以用天下穷势来移易;明了没有生时的快乐,就不可以用死来吓唬人。明了许由比虞舜可贵,就不会贪求利欲之物。墙竖立起来,不如它倒下,又何况根本就不做墙的呢?不是更好了吗?冰凝结起来,不如它融化掉,更何况根本就不结冰呢?不是更好了吗?从无形到有形,从有形到无形,生死变化,终而复始,没有头绪,死而复生,不知如何发生。内外相通，谁能够没有爱恶的情欲呢？唯有无外之外才是至大的，唯有无内之内才是至贵的，能够明白至大和至贵，就可以无往而不通了。

【点评】

了解什么是至大，什么是至贵，就不会为鄙小所拘，不为鄙小所拘，就不会为物欲所累。如此，自然可以无往而不通了。

十八、违阴阳迫性命，终身可悲

衰世的人趋向于学，不懂得本心归本，但雕琢他自然的天性，拂戾他自然的真情，而与世俗同流合污。所以，眼睛虽希望看，偏要用法度去禁止；心里虽喜欢要，偏要用礼文去节制。趋拱应酬，鞠躬低拜，肉都凝在一起（冷了）而不去吃，酒都变清了（古用浊酒所以可澄）而不去喝，外面束缚了自己的形体，内心愁坏了自己的德行。限制了阴阳的调和，妨害了性命之实，所以终身成为可哀的人。

【点评】

这是说明，人为的事过多，反伤自然之性。礼文过多，有违自然之心。心灵身体都受拘限的人，不是终身可悲吗？

十九、不原于本如决江河而不可阻

　　通达至道的人，就不是这样了。他能够调理情性，修治心术，培养情性心术达到至和之境，保持情性心术达到至适之境。乐道而忘掉卑贱，安德而忘记贫穷。能守虚执持不贪物欲的情性，那么就没有所想要的却不能够得到的。心里不喜欢邪淫之乐，那么就没有正乐而不喜欢的了。对情没有益处的，不以情累德，对性没有好处的，不以性乱和。所以放开形体，舒缓意志，而规模情象就可以作为天下的表率。现在的儒者，不能够正性而寡欲清静，而禁止外在的情欲；不能够本于他所乐的正乐，而禁闭他所乐的邪淫之乐。这样的做法，不是像把江河的水源放开，而用手来遮蔽吗？怎么能够挡得住呢？

【点评】

　　清心寡欲，必须用根本的心去约束，才能够收到效果。如果不能约束心灵，放任而行，最后必至如决江河，势不可阻，那就没有办法收拾了。

二十、违自然不可以终天年

养民治民,和养鸟兽是一样的,不用围墙阻挡它们,使它们自由自在地自然生长,以存它们的野性。如果用绳子系住它们的脚,来禁止它们的行动,而想要长生寿高,怎么能够得到呢?像孔子的弟子颜渊、子路、子夏、冉伯牛,他们几位,可以说是孔子学生里面通达学问的人。但是,颜渊短命夭折了,季路在卫国被杀后剁为肉酱,子夏在西河因丧子而瞎了眼,冉伯牛生了恶疾。这些人都是因为违反本性,不顺自然之情,而不能够得到自然的天和,才会这样的。所以子夏来见曾子,他一会儿瘦了,一会儿又胖了,曾子就问他是什么原因。子夏回答说:出来外面看见了富贵的快乐,心里就想要得到富贵;进来里面看见先王的至道,心里又很喜欢先王之道。对两者的抉择,在心里发生了冲突和交战,所以就瘦了。心里交战的结果,先王之道战胜了,所以又胖了。推求子夏的心志,并不是不能贪富贵的地位,或是不爱侈靡的音乐,而是约束性情,禁制情欲,用义来自强罢了。这样做虽是情绪和心理郁殪不通,形体和本性委屈竭尽,还是在不得已之下以义来勉强自己,所以不能够终他的天年。

【点评】

这纯粹是道家的思想,认为颜渊、子路、子夏、冉伯牛违自然之性而短命。顺自然在理论上是对的，但是行之以礼，约之以德，也不尽为短命。

二十一、至人得自然而不忧

至于至人，按肚量大小吃东西，量身形长短穿衣服，依容身的地方来活动，宜于性情的需要而作为，除此之外，天下虽然富饶，而不贪求天下之富；万物虽为大利，可以委弃万物之利。居住在广大空虚的宇宙，遨游在无边无际的大野中，升于天上，依于天神，把天地玩弄在掌握之中，这样的至人，哪里还为贫贱、富贵、肥胖、瘦小而忧心啊！

【点评】

至人放达，以自然为适，所以不以富贵、贫贱、肥瘦而忧心。

二十二、不随物而动可去大患

儒者不能使人没有情欲，而是能够以义来禁止情欲；不能使人不乐富贵，而是能够以礼来禁止乐富贵。因此，与其说使天下的人因怕刑罚而不敢偷盗，不如能够使天下的人根本不起盗心更好啊！南方的越人，得到大蛇以为是上等的肴馔；居住在中原的人，得到大蛇反而抛弃掉不用它。所以，知道它没有什么用，即使是贪心的人也能够不要它；不知道它没有什么用，即使是廉洁的人也不能够谦让不要。所以国君残害灭亡他的国家，损坏抛弃他的社稷，身死在别人的手里，被天下人所耻笑，何尝不是不应有的欲望所造成的呢？因此，狄国的君主仇由，贪晋国的大钟贿赂，而开路迎接，结果把自己的国家亡了。虞国的君主贪利晋国的垂棘之璧，而让晋国假道于虞以伐虢，结果晋军回来，把虞灭了，把虞君捉去了。晋国的献公，贪恋骊姬的美色，而使晋国接连乱了四代。齐桓公为了吃易牙所做的美味而用了他，结果桓公死了以后，造成诸子争位的局面，竟至不能够按时出葬，而使尸体腐臭生虫。西戎的首领，贪慕秦穆公的女乐而淫乐过度，结果失去了肥美的土地。假如使这五位君主，能够适情地去做，不要求过多的东西，以不求余作为自己的限度，不随着外界物欲的引诱而贪心，难道会有这样的大患吗？

【点评】

这是说明乐与欲不可贪求过分，狄君、虞君、晋献公、齐桓公、西戎胡王，都因为贪求过分的乐欲而亡国乱家，如果不去追求物欲，怎么会灭亡呢？

二十三、知本去患,釜底抽薪

射箭的人,不用箭就不能够射中,但是学射箭的人,并不做箭。驾驭的人,没有辔就不能驾驶,但是学驾驶的人,并不做辔。如果明了冬天的扇子,夏天的皮裘,对自己根本没有用处,那么万物也就变得和尘土一样无用了。所以,用开水扬起来止沸腾,沸腾并不能够停止。如果真的知道如何止沸的方,那么把釜底的柴抽去,才是根本的办法。

【点评】

人想要去利欲,就必须轻万物,弃天下,这才是最根本的解决办法。因为扬汤止沸,不如釜底抽薪啊!

卷第八　　本经训

下篇　《淮南子》精读

一、合道可以开盛世

太清无为开始的三皇时代，和顺天时而不暴弃万物，清净寂寞而不搅扰万民。性真而不变，素朴而守精，无欲而不扰，顺时推移而不守故常。因此，内心所守的是无欲而合自然的大道，身体所行的是不越规矩而合于义。起而行之，便成文章，行而践之，有利于事。他的话简要而顺理，他所行的事平易而顺情。他的心和悦而不虚诈，他做的事实在而不巧饰。所以，不必选择时日的好坏，不必占卜卦兆的吉日。不必计划开始，不必讨论终结，安定就停下，感发就去做，使身体通于天地，使精神合于阴阳，同和于四时，明照和日月一样，和造化的天地相和合。所以天以恩德覆盖天下，地以生息运载万物，四时的春、夏、秋、冬不会错了它的次序，风和雨不会造成灾虐，日和月清净而光明。荧惑、太白、镇星、辰星、岁星五星，顺着轨道运转而不会乱了秩序。在这个时候，天的元气至大而普照，就像盛德的君主仁恩广大可以遍照四海。凤凰麒麟到门，蓍龟卜兆灵验，甘露下降，竹实饱满，美玉出现，瑞草长于庭中。这时候，机巧诈伪都不藏在心中。这就是三皇合道的盛世。

【点评】

古人说："道也者不可须臾离也，可离非道也。"姑不论是仁义之道，或是自然之道，在作为上，都必须合道而行。得道的人，人必附之，天必佑之，物必和之，所以能够契万物而开盛世。三皇之时，因为行合于道，所以成为盛世。

二、不合道就会见灾殃

及至衰世，凿山石以求金玉，刻金玉以成美器，开蚌蜃以求珍珠，消铜铁而铸金钱。万物的力用尽了，所以就不再滋长了。剖刳怀胎的兽，杀死小的麋鹿，所以麒麟不再出现，把鸟巢翻倒，把鸟蛋打破，所以凤凰不来翔集。用木燧或金燧来取火，架木做台，烧森林而田猎，放涸池水来捕鱼，人的器用不够，而府库却非常充实。可是万物却不繁生萌芽，卵不孵胎不生的占了大半。积土成丘而居，施肥于田来种谷，挖地淘井而饮水，疏导河川使它流通，筑城以为防守，捉兽关起来做家畜。这样子就会使阴阳乖错，四时顺序颠倒，雷霆就会毁折树木房屋，冰雹和霰雪为害，雾气和霜雪不停，万物就会早死而不茂盛。草木荒芜，聚满田亩，芟（shān）除野草，禾稼不秀而实。草木始生，含华结实而死掉的，不知道有多少。这就是不自然之道的衰世。

【点评】

自然界的生态必须保持平衡，但是要保持生态平衡，就必须爱护动物和植物，不可滥杀和滥伐，亦不可妨碍动物习性和植物的自然性。不然的话,就要闹灾了。

三、明性审符可以得道

凡是明于本性的,天地不能使他惊恐;明于符验的,怪物不能迷惑他。所以,圣人能够称圣,因为他可以由近而知道远,能够使所有的不同都统一起来。古代的人,和天地同气,委顺于一世。当这个时候,没有庆赏的利益,也没有刑罚的威严。礼、义、廉、耻四维不必张设,毁谤、赞誉、仁爱、鄙薄都不成立,但是天下的百姓,没有互相侵凌、欺骗、残暴、狂虐的。当时的人,都好像处在自然的大道里。

【点评】

本性和符验都是本于自然的,能够了解自然的道体,浑然归一,就不会使善恶对立。没有善恶,就不会各是其是,各非其非。这样,所有的人不都处在自然的大道里了吗?

四、仁义礼乐非通治之本

到了衰世,人多财少,出力多而养身的需用不够,于是就产生了忿争,所以仁就显得尊贵了。因为仁和鄙的不同,所以阿谀的朋党,彼此相结,设诈谋,怀机巧,人人都施展智巧,而淳朴的本性自然就失去了,因此就把义看得尊贵了。但是,凡是阴阳之情,都会有血气的感通,男女群居在一起,彼此杂处而没有分别,所以礼就显得尊贵了。性命的欲望,常因过度而相胁迫,如果不停止就不能和顺,所以就用乐来调和。所以说,仁义礼乐仅可救世风的败坏,但是,并不是达于治道的最好方法。因为仁所救的是争,义所救的是失,礼所救的是淫,乐所救的是忧。此四德不足以达通治的根本。

【点评】

仁义礼乐,本为治世的标准。但是在道家的眼光看来,却认为仁义礼乐,都是出于道丧之后。天下既已失道,则已无本,无本而用末——仁义礼乐,自然不能通治天下。所以说仁义礼乐非通治之本。

五、反初心可以不用仁义礼乐

一个人精神定于天下,而使心回到元始没有情欲纯善的时候,能回到元始没情欲的境界,人性就会表现出他的纯善,人的性表现纯善,天地阴阳从而养之,就会财多而人淡泊。贪鄙忿争就不会产生了。由此看来,仁义是用不着的。道德定于天下,人民就会很淳朴，淳朴的人眼睛不会惑于美色，耳朵不会流连于音乐，坐在俳优之中而听歌谣，散发自在而逍遥，就是有像毛嫱、西施那样的美女，也不会去喜欢，就是有《掉羽》和周武的《武》《象》之乐，也不会去享乐。所以淫泆和男女无别的事就不会产生，由此看来，礼乐是用不着的。所以德衰了，然后仁就产生了；行为败坏了，然后义就建立了；和顺失去了，然后音乐就调和了；礼过分了，然后伪装的面孔就出现了。所以，知道神明的原因，然后就知道道德是不值得做的；知道道德，然后知道仁义是不值得推行的；知道仁义，然后知道礼乐是不值得去学的。现在违反了它的根本，而要求它的枝末；放下它的简要，而只求它的详尽，这是不可以和他谈至德的大道理的。

【点评】

在太古无事的时候，只有自然的道德，而没有人为的仁义礼乐。后来因为世衰，人为的仁义礼乐出现了，但是反而使世界更乱。这并不是仁义礼乐不好，而是说人如果恢复原始的时候，根本就没有巧诈，又何须设仁义礼乐来治民呢？所以说反初心可以不用仁义礼乐，因为不需要啊！

六、修仁义礼乐则德迁而伪

天地的大小，可以用矩度和影表测知；行星和月亮的运行，可以用历术求得；雷霆震发的声音，可以用鼓钟来仿效；风雨的变化，可以用音律预知。所以，凡是大而可见的，就可以量得出来；凡是明显可看到的，就可以遮蔽得住；声音可以听得到的，就可以加以调和，颜色可观察的，就可以详加分别。至于至大，是天地所不能包含的。至小，是神明不能理会的。等到定下了律历，分别了五色，辨清了宫商，品味出了甘苦，那么未成器的木材，就会散而成器了。建立仁义，设置礼乐，那么自然的德，就会移易而成为虚伪的了。等到虚伪产生了，就会装着聪明来唬愚笨的人，运用巧诈来欺骗上级。像这样诈伪并起，天下虽有能用法来治理的，但是却没有能用道来治理的。

【点评】

这就是老子所说的"失道而后德，失德而后仁，失仁而后义……"因为仁义礼乐，会使人失去自然的德，自然的德失，诈伪就会产生。这样的社会，就会陷入强凌弱、众暴寡、智诈愚的状态。这就是过于注重仁义的原因啊：所谓内圣外王，失本而伪生也。

七、大巧不可为

上古的时候，仓颉创造了文字，使人诈伪萌生，抛弃了耕作，专门求取刀锥之利。天知百姓将要受饿，所以，下雨的时候，所下的都是粟米。鬼怕为书契文字所劾，所以在夜里哭泣。伯益发明了凿井的方法来取水，龙知道人将要决川谷，漉陂池，恐怕被害，所以就入云而去，栖神在昆仑山上。人的能耐愈多，德就愈薄。周人铸鼎，把尧时的巧工倕的像著在鼎上，使他自衔他的手指，来戒后人不应该太巧于作为。

【点评】

这是说明人类太崇尚奇巧，就会妨生。以现在的眼光看，这种反对知识的观念，固然是道家欲达到无为而治的方术。但是这种保守而不进步的思想，和现代社会是不能兼容的。

八、至人大盈若虚

至人治天下的方法，是心和神不分离，形和性相调和。静的时候以德自存，动的时候以道自通，顺随着自然的天性，缘着不得已的变化，无形无为，天下自然和谐；恬淡没有欲望，百姓自然朴素；没有吉凶之兆而民不会夭折，大家不忿争而养赡充足。他可以包容整个海内，恩泽可以施于后世。但是海内和后世，都不知道是谁做的。所以活着的时候没有名号，死了以后没有谥号，财货没有聚集，名誉没有建立，施的人不以为恩德，受的人不加以辞让。像这样，所有的德都归于他的一身，而仍然不显得充满。

【点评】

这是说明至人能受,能受的原因,是因为他能虚下,所以众德归之而不盈。

九、瑶光为万物的粮食

德能够总归于一,道不能害它;智慧高的人不能知道的事,善于口辩的人,是不能够辩解的。以不说话的辩论做辩论,以不可说的道为道,如果能够通不言之辩,不道之道,这就叫作天府,天府所藏,取用不会减少,予人不会竭尽,而且不知道是从什么地方来的,这就叫作瑶光,瑶光是北斗杓(biāo)的第七星,就好像是供给万物粮食的天仓一样。

【点评】

这是借着瑶光来喻道,瑶光像天仓,可以供给万物粮食。而道却取之不尽,用之不竭,不也像万物的天仓吗?

十、无灾至和之世,圣贤不能立功德

赈救穷困的人,赡补不足的人,就会有仁名产生。兴办利益,除去灾害,讨伐叛乱,禁止残暴,就能完成武功。但是,如果世上没有灾害,就是神仙也没有办法施他的恩德。如果上下都能和睦相处,就是贤人也没办法建立功绩。从前在黄帝的时候,有一位造历术的容成氏,他能够使道路上的行人长幼有别,把婴儿放在巢上,把余粮放在田头,虎豹不害人,可牵它的尾巴;虺蛇不螫毒人,可以从它身上跨过,当时的人这样做,都认为是当然的,而不知道为什么会这样啊!

【点评】

世界到了至和的时代,可以说功德已经圆满了。根本不需要功德。所以神仙不能施恩泽,圣人不能展功绩。这就像吃饱的人不可加以食,喝足的人不可加以饮是一样的啊!

十一、尧使羿为民除害

到了帝尧的时候,十个太阳一齐出现,把禾苗稼穑晒干枯了,把花草树木都晒死了，百姓没有东西可以吃。这时候猰貐（yà yú）、凿齿、九婴、风伯、大豨（xī）、长蛇，都出来为害于民。尧就派善射的羿，射杀凿齿于畴华之野，杀九婴在凶水上，遮住大风在青丘之泽使风不再为害，把天上的十个太阳射下来（应该是九个），把地上的猰貐杀掉。在洞庭的地方斩断了长蛇，在桑林的地方擒捉了大豨。天下所有的百姓，都非常欢喜，把尧尊奉为天子。到了这个时候，天下的广狭、险易、远近，开始有了明白的距离。

【点评】

这是上古传说的神话，借着神话说明凡是能为民除害的人，都为百姓所拥戴。

十二、舜使禹治平洪水

到了舜的时候，共工引起洪水，使洪水迫近于空桑。这个时候龙门峡还没凿通，吕梁山也没有决开，江水和淮水合流，混茫一片，没有边际，所有的百姓都到丘陵上和树木上避灾。舜就派大禹疏通引导三江和五湖，开辟伊阙以通伊水，导引廛涧使它通流，打通所有的沟洫，使洪水流注到东海，洪水漏光了，九州全部干燥了，天下的百姓都安居乐业了，所以后世的人都称尧舜为圣人。

【点评】

因为尧、舜、禹三人,都对天下百姓有贡献,都以救民为职志,所以被称为圣人。

十三、有圣贤之名必遭乱世之患

到了晚世的时候,出现了暴君夏桀和殷纣。夏桀用璇石做宫室,用瑶石做高台,用象牙饰廊殿,用玉床来安寝;殷纣王积肉成园囿,积酒成深池,撩聚天下的财货,疲苦百姓的力量。把谏正他的比干的心剖出来看,把孕妇将要生产的胞胎解剔出来观,扰乱天下,残虐百姓。所以商汤用革车三百辆,讨伐夏桀于南巢,把夏桀逐放在夏台;周武王用甲卒三千人,大破纣王在牧野,在宣室把纣王杀死。这时候天下宁定,百姓和睦相处。所以大家都称赞汤、武的贤能。由以上的事情看来,凡是有圣贤之名的,一定会遭遇到乱世的祸患。

【点评】

就这段话来看,完全是道家颠倒因果的看法。因为汤、武革命是顺乎天而应乎人的,但是他们却遇到了桀、纣之乱。依道家的理论,如果没有圣贤之名,也就不会有乱世产生了。

十四、取成迹则博学多闻而愈惑

现在的至德之人,生在乱世里,包含至德,怀抱大道,抱无穷的智慧,闭口息说,不说话而死的太多了。但是天下的人,没有人能够知道不言的可贵。所以老子说:至道若是可以用言语说出来,就不是不变的常道;真人的名如果可以用名说出来,就不是不变的常名。(原文:道可道,非常道;名可名,非常名。)圣贤的话著在竹帛上,或刻于金石上,可以传于世人的,只是他们的粗迹而已。五帝的黄帝、颛顼、帝喾、帝尧、帝舜,和三王的夏、商、周,虽然所作所为各有不同,但是他们的目的是一样的。他们所用的方法不同,但是同归于仁义。后世的学者,不知道道是统一的整体,德是凡约的全要,而用过去已成的事迹,高坐空谈,手舞足蹈。所以,号称为博学多闻的人仍然免不了疑惑。《诗经》上说:不敢无兵器来搏虎,不敢无舟楫而渡河。这是说明浅见的人,只知一面,而不知道其他的,就是指的这个啊!

【点评】

因为过去已成之事迹,只在当时有它的效用,过后不一定能够再用。就像前人的鞋子,只有前人可以穿,后人不一定能够穿。既然如此,博学多闻只不过是知道前人的事迹而已,不一定能合于今世之用,不是多而愈惑吗?

十五、帝王霸君各有所法

帝者所法为太一，王者所法为阴阳，霸者所法为四时，君者所用为六律。秉持太一的帝者，可以包括天地，弹山川使出云雨，又可以压而止住云雨。可以包含阴阳，显露阴阳，可以伸引四时，和调四时，使八极正位，六合能合自然之道。天的覆盖和恩泽，照临和引导，是公众而无偏私的。会飞的小动物和会爬的小虫，没有不仰赖太一之德而生的。

【点评】

这是说明一切皆法于自然之神——太一。太一为万物所共赖。其实太一就是道。

十六、阴阳转化其源无穷

阴和阳是承受天地的和气，而表现出了万物不同的形体，含蕴着阴阳之气，变化生成了万物，同时造成了各种形类，长短屈散，入于不可度测的深境。终而复始，虚而再满，互相转化而归于没有穷极的本源。

【点评】

阴阳二气是循环转化没有穷尽的,和自然界的日夜、四时循环是一样的,而且永远不会停止。

十七、四时合序各不相失

四时的节序,春天是萌生,夏天是成长,秋天是收获,冬天是储藏。取用和给予,都有一定的节制,付出和收入都有一定的数量。开闭张合,都不失掉次序,喜欢和愤怒,刚强和柔弱,都不会不合道理。

【点评】

自然界的秩序,是有条不紊的。所以人法自然,合信约,依时作为,自然可以行无所失了。

十八、六律可以治境内

六律所主的是生和杀,赏赐和惩罚,布施和收取,除了用六律之外,没有别的方法。所以,要谨慎权衡使它公平,准绳要合法而直,详审于轻重,就足以治理他的境内了。

【点评】

生杀和赏罚,必须合道。用现在的话说,就是合律。一切都能合律,自然可以治境内了。

十九、体得其宜可以服人心

所以能够效法太一的,就能够明白天地的情况,通达道德的条理,聪明和日月同光,精神和万物相通,动静和阴阳相调,喜怒与四时相和,道德恩泽延于远方,美名声誉后世皆闻。效法阴阳的,德可以和天地相参,明可以和日月相并,精神可以和鬼神相合,顶天立地,抱正守直。就内而言,可以治身立世,就外来说,可以得人欢心,发布号令,天下的人民,没有不随着号令而从化的。效法四时的,柔软而不会断绝,坚刚而不会挫折,宽舒而不缓慢,紧急而不违正。宽舒而顺乎自然,来畜养万物。他的大德,可以包含愚昧,容纳不肖,而且没有一毫的偏爱。以六律为法则的,讨伐叛乱,禁止暴力,进用贤人,退除不好的人,担任拨乱反正的工作,负起化险为夷的责任,拿出正曲为直的精神,明白禁止舍弃、开放关闭的道理,乘着时代,顺着形势,来服人心,天下人的心,就没有不服的了。

【点评】

这是说明法太一、阴阳、四时、六律的效用。如果能如此，可使声名传于后世，万物从化，百物顺生，天下归心。

二十、贵贱不失其体可以治天下

称帝的人效法称王的人所法的阴阳，会被诸夏侵凌；王者如果效法霸者所效的四时，就会为诸夏所侵削；霸者如果效法君者所效的六律，就会遭到侮辱；君主如果失去了准绳，就会被臣下废黜而更立他人。所以，位小而行大政的人，就不能够满密，他的部属就不会亲附他；位大而行小政的人，就显得狭隘，不能够包容他的臣下。一定要贵贱不失他所应该效法的对象，这样天下就可以得到大治了。

【点评】

这是就规模和气度来说的，大材不可小用，小用就会失掉仪型；小材不可大用，大用就不能够满密。必须素其位而行，才能够大小咸宜，行无所失。这样自然可以治天下了。

二十一、闭四关止五遁可称真人

　　天是喜欢光明的,地是喜欢平正的,人是喜欢理智的。天的光明,包括日月星辰雷电风雨。地的平正,包括水火金木土。人的理智包括思虑聪明和喜怒。所以,关闭耳目心口四关,停止金遁、木遁、水遁、火遁、土遁这五遁,使它不能放逸,就可以和道相入了。所以神明藏的地方是无形之处,精神所反归的地方是至身之处。这样虽然是眼睛看得见,而不用它来看;耳朵虽然听得见,而不用它来听;心虽然条达,而不用它来思虑。委顺自然而不作为,和乐处世而不向大。合于性命的自然之情,而智巧不能够杂糅其中。精通到眼睛,就会看得清楚;精在耳朵中,就会听得清楚;精留在口里,说话就会合理;精集在心里,思虑就会通达。所以关闭四关,身体就不会有祸患,百节不会生病。不死不生,不虚不满,永远守常,就叫作真人。

【点评】

　　耳、目、心、口,叫作四关;金遁、木遁、水遁、火遁、土遁,叫作五遁。关闭耳目心口的欲望,停止金、木、水、火、土五遁的放逸,就可以称为真人了。

二十二、放逸产生五遁

一切乱事之所以产生,都是因为放逸的关系。放逸产生的结果有五种。

【点评】

这是说明放逸生乱,以下分出五类放逸的表现。

二十三、放逸于木

连接木材相升架高,兴建宫室,高楼飞阁,复道相通,复屋荧井,内刻雕花。长柱短柱,连接支持。木上巧刻装饰,有曲屈的盘龙,有露出的虎头,雕刻之巧,琢磨之美,奇异的文彩,有如荡动的水波。各种绘化装饰,像水流回转,种种形状,芝采曲抱,美采相接,各种纷乱的装饰,巧妙众多,错杂交互于其间。这是放逸于木的情形。

【点评】

放逸于木的意思,就是用木的奢华和浪费。

二十四、放逸于水

挖凿污池，要求愈深愈好，修筑崖岸，希望愈远愈好，把溪谷的流水引来，整治曲岸的边际。又把玉石运到水边，沿着水边做成修碕（qi），以挡住急流，而使急流激扬出水波。弯弯曲曲，来回转流，来模仿番隅和苍梧两地，被群水环绕的样子。多种植莲藕、菱角，并用来养殖鳖鱼。大雁凤凰，随处可见；稻米粱粟，非常丰富。大大的龙船上，画着鹢（yì）鸟在船头上，船上籁、竽等奏着音乐，作为娱乐。这是放逸于水的情形。

【点评】

放逸于水的意思，就是沉湎于水戏的意思。

二十五、放逸于土

建筑高大的城郭，设立障碍险阻，积土成高台，架木为高榭，开拓苑囿使它广大，来极尽天下的妙观。门阙的高耸，可以上接青云，大厦的材木相架，可以比于昆仑。做长长的墙垣，而用飞阁复道相连接。高处坠落下来的残土，可以使地上积为丘山。道路阻塞的,使它变直,险阻的,把它夷平,可以直接疾行达到远方。整天快速地奔驰,而没有走路蹈踏烦累。这是放逸于土的情形。

【点评】

放逸于土的意思,是指大兴木土奢侈浪费。

二十六、放逸于金

铸造大的钟和鼎,增美国家的重器,上面镂刻种种花木虫鱼,互相缠结。上面有睡着的兕,有卧着的虎,有盘屈的龙,彼此诘屈连接,像组织的文章。光泽明亮,错杂炫目,一片辉煌,曲屈纠结,交互成章,刻画琢磨装饰在杂锡的宝剑和铙文上,上面的文像脂腻不可刷去,像连珠不可拾取,所以忽然暗忽然亮。剑上纹理的美观,使它的瑕疵完全隐没不见,文铁像霜雪一般,都掩身中,剑铙上的邪文,像编的竹席和苇席一样。剑上的纹路相曲连缠绕如绮,经长像锦,像数而疏,文铙的美丽使人目眩,这是放逸于金的情形。

【点评】

放逸于金的意思,是指对金属铸造的奢侈浪费。

二十七、放逸于火

煎熬烧烤，味道调和得非常好，能够极尽吴、楚两地酸咸的滋味和变化。焚烧森林，来猎取动物。燃烧大的木头，用大风箱吹火，来冶炼铜铁，烧熔了煅，煅过了烧，使它愈煅愈坚，这样没有停止的日期，结果山上没有高的树木，树林里没有长的枝条。把木材烧成炭，把火烧成灰，原野上一片白地，被火烧得上可掩盖天光，下破坏光了地上的财物。这是放逸于火的情形。以上五者之中，有一项，就足以造成灭亡了。

【点评】

放逸于火的意思，是指不当的焚烧和冶铸。以上五种放逸，就是所谓的五遁。这五遁是必须停止的，不然，就有亡国败家的危险了。

二十八、明堂之制可免于放逸

所以，古代对明堂的设计，下面的润湿、潮湿不到上面来。上面的雾露，不能够进到里面来。四面的风，不能够吹袭进来。

用土不加文饰，用木不加雕琢，用金不加错镂，衣服没有斜角的减削，冠没有像马目笼相连干的样子，只取它平直。堂的大小，能够升降揖让，办理政事文书就可以了。祭祀的供品，非常清洁干净，能够祭上帝，敬鬼神，以表示百姓知道节俭。五声、五色和五味，以及远方来的珍奇怪物、瑰宝异货和罕见的东西，都能够使人变易心志，动摇精神，引动血气的，像这样的事太多了。所以天地生的财物虽多，不超过金木水火土五行之数，圣人能够接受这五种常行，治理国家就不会荒废放逸了。

【点评】

借明堂的实用，阐明俭约的重要，能够朴实无华，不为金、木、水、火、土五行所逸，则治理天下国家又有何难呢？

二十九、有质乃可以饰文

人在性格表现上，不喜不怒，而又能遂心而不违喜怒，就会得到快乐。快乐就会动，动就要用脚蹈，用脚蹈就会跳动，跳动就唱歌，唱歌就跳舞，歌舞没有节制，就和禽兽跳跃没有区别了。人在性格表现上，心里有忧丧，就会产生悲，悲就会哀伤，哀伤就会愤恨，愤恨就会恼怒，恼怒就会动，动就会使手脚不安。人在性格表现上，被别人侵凌冒犯，就会生气，生气就会气血充盈，气血充盈就会气激，气激就会发怒，发怒就可以解恨了。所以用钟鼓管箫来奏音乐，用干戚羽旄来跳舞，那是表示喜悦；用丧服麻杖，哭泣跳踊，有一定的节制，那是表示悲哀；用兵革羽旄、金鼓斧钺等武器，那是表示威怒。一定要有它的实质，然后才加上文饰。

【点评】

快乐、愤怒和哀伤，是人的情绪表现。但是，如果没有节奏和节制，不是和疯狂了一样吗？所以歌舞哭丧，必须文之以节，使其质文并具，方不会有过逸之病。

三十、圣人之治

古代的时候，圣王们在上位，政治教化平和，仁民爱物非常周洽，在上的君臣和在下的百姓都能够同心协力，君主和大臣都能够和睦。吃的穿的都用不完，家家富足，人人有钱。父亲慈爱，儿子孝顺，兄长良善，弟弟恭顺，活着的人不怨尤，死了的人没遗恨。天下和平周洽，人人能得其愿。众人心里相乐，没有人发出他的恩赐，所以圣人就替他们作音乐来通达、节制他们的情绪。

【点评】

圣人化民，呈现一片和乐的景象。这是用乐使天下的百姓达于致和的关系。

三十一、末世之治

末世的政治和治世不同，种田的人和打鱼的人，都要抽重税，关隘市井，征税繁多，所有的川泽津梁全加禁止，捕鱼的网罟没有人用，耕田的耒耜没有人使，百姓所有的力量，全部用尽在徭役方面，所有的财力，全部用尽在计口所出的赋税上。安居在家的人没有饭吃，出门在外的人没有粮食，年老的人不能供养，死了的人没钱出葬，赁妻子，卖儿女，来供给君上的税敛，这样做仍然还不能够赡足君上的要求。天下的百姓愚夫蠢妇们，都产生了失业流浪之苦，和凄怆伤悼之心。这个时候，开始给他们撞打最大的钟，击敲最响的鼓，吹竽笙那样的管乐，弹琴瑟那样的弦乐，这不完全失去了音乐根本的意义了吗？

【点评】

国家社会到了民不堪命的时候，虽有钟鼓大乐，也没有办法使人民达到至和之境。此时大乐，反增其悲。

三十二、上世君臣父子之情

上古的时候,君主要求百姓的供给少,百姓的财用充足。君主施他的恩德给民众,臣子尽忠心于国君,父亲行他的慈爱,儿子尽他的孝道,君臣父子各尽他们的爱心,而没有遗憾和怨恨。三年的丧期,不是勉强可以达到的,在丧期中,听音乐不快乐,吃好吃的东西不觉得好吃,这是因为思慕亲人的心意,不能够停止啊!

【点评】

因为上古的人少私寡欲,纯洁诚朴,所以社会显现一片和乐安详的景象。而亲情的自然流露,更表现了天伦之乐。

三十三、晚世君臣父子之情

到了晚世的时候,世风流荡失真,习俗败坏不诚,嗜好欲望增多了,礼节义气废除了,君与臣之间互相欺骗,父与子之间互相猜疑,怨尤的心思充满于胸中,忠孝思慕之心全都没有了。身上穿着丧服,头上戴着孝帽,在丧中嬉笑,虽然要他守三年的丧期,但是已经失去守丧的本意了，因为丧的本意是在于哀戚啊！

【点评】

人都失去了真实和诚朴，代之而起的是虚伪，礼义虽存其形，人情日见疏薄。

三十四、古代天子诸侯的责任

古代的时候，天子有方千里的土地作为他的王畿，诸侯有方百里的土地作为他的领地。各自守护自己的疆界，不可以互相侵夺。有不奉行王道的，像暴虐众人百姓、争抢土地侵犯疆界、扰乱政治干犯禁令、召他不肯到来、命令他不肯奉行、禁止他不肯停工、教诲他不肯改变。这样的人，就要举兵去讨伐他，杀掉他的君主，更换他的党羽，封他境内贤人的墓，祭祀他们的社，卜吉日立他的子孙来代替他。

【点评】

天子有安天下的责任，诸侯有治其领地的责任，安天下，治国家，首当建立权威和秩序，然后用权威和秩序来正天下。

三十五、晚世天子诸侯的贪残

晚世的时候,专心于开广土地,侵犯疆界,互相兼并,永不停止。举兵攻伐都是不义的举动,讨伐的国家都是有罪的国家,杀的人民都是无罪的百姓,同时断绝了先圣先王的后裔。大的国家就用兵出攻,小的国家就防御守城,掠夺人民的牛马,囚系百姓的子女,破坏人家的宗庙,运走人家的重器。死伤的人,血液可以流成河,暴露在外的骸骨,抛满原野。这样来满足贪婪君主的欲望,这不是设立军备的原意啊!

【点评】

晚世用兵,全在侵凌,不在禁暴止乱,这就完全失去了设立军备的意义。我们知道,国家建军的目的,在保护善良,维持正义,而不是作为侵略攻占的工具。

三十六、本立道行本伤道废

所以,军队是用来讨伐残暴的,并不是用来制造暴乱的;丧礼是为了要尽哀戚的,并不是用来假做样子的。因此,事奉亲人尽孝道，而以敬爱亲人为第一；朝廷之上众人济济有序，而以礼敬君上为第一；居丧的时候守着丧礼，而以哀戚为第一；用兵是有阴阳虚实的方法的，但是要以合于正义为根本。凡事如果建立了根本，这件事就可以实行了；如果根本被伤害了，这件事就行不通了。

【点评】

凡事都有它根本的意义，如果失去了根本，而只重它外表的形式，那就是伤本废道了。

卷第九　主术训

一、自然为治的方法

做人君的方法,最好是顺自然而办事,顺自然行教化,清静而不多事,统一法度而不改变,守法不变而信任属下,使属下尽责完成任务而不自己劳动。所以,心中虽然知道规矩,仍然需要有老师和辅相来加以导正。口里虽然能够说话,仍然须要有外交官来代表说话。脚虽然可以自己走路,仍然需要有司仪的人引导。耳朵虽然能够听得明白,仍然需要执正的谏官来进言相谏。这样去做,所考虑的事,没有失败的,所举行的事,没有错误的。说出来的话,典雅明白,做出来的事,可做模范,向前退后,都很合时,举动停止,都能顺理。不随便表示美丑好恶,不随便赏罚喜怒。名各自依名而分,类各自依类而别,事事都出于自然,而不出于自己。所以,古代的王者,冕前面有旒(liú)垂下,为了要遮住眼睛。用黈纩(tǒu kuàng)塞住耳朵,为了要挡住耳朵。天子树立垣墙,为了要自己障蔽自己。所以他所管很远,而所在的地方很近。他治理很大,持守很小。所以,眼睛乱看就会好色,耳朵随便听就会迷惑,嘴巴随便说话就会大乱。眼睛、耳朵、嘴巴这三个关,不可以不谨慎地牢守。这是合于自然之道的。假如想要规范自然,就会离开自然;假如想要修饰自然,就会败坏自然。天的阳气为魂,地的阴气为魄,魂魄归还于玄默之房,各别安住在它的宅内,持守而不要失掉。上可以通到太一,太一的精可以通于天道,天道是玄默的,没有容貌，没有法则，大得没有穷尽，深得不可测度。天道这么广大，人的知识怎么能够完全知道呢？

【点评】

自然广大，知不可尽，所以不能够靠耳目聪明，就可以全听全明。既然是视听不能够尽聪明，那就不如不用耳目，而用自然。所以清静无事，无为自得，就可以了。如能依自然而因循任下，责成不劳，那岂不是做君主的最好方术吗？

二、神农治天下的方法

从前神农氏治天下的方法，先使精神安静而不躁动，诚信守在内心，时时刻刻都怀抱着爱人而真实的心。所以好的甘雨依时下降，五谷生长茂盛。春天生芽，夏天成长，秋天收割，冬天储藏。每月省察，时时考察成绩，年终的时候，报上总成绩。按照时令把新熟的五谷荐于明堂尝之，祭祀于明堂。明堂的定制，有盖而没有四方，风雨不能侵袭，寒暑不能够伤害，徜徉于明堂之中，治民以大公。百姓们朴厚勤正，不需要忿争而财用就能充足，不需要劳动形体而事情就能成功，顺着天地所施予的而和他和同。因此，虽然是威武严厉而没有杀戮，虽然有刑罚而措置不用，虽然有法令可省减而不加。所以他的教化像神一般。他的土地，南到交阯，北到幽都，东到旸谷，西到三危，所有的民众没有不服从他的。在这个时候,法令宽大,刑罚不急,监狱是空的,天下的风俗都一样,没有人存着作奸犯科的坏心。

【点评】

这是说明神农氏顺自然而治天下,天下清静没有苛扰,所以四海归心,天下一俗,民皆怀正。

三、多事则事不治

末世的政治就和神农时代不同了,君主喜取用于民而没有节制,一般的人都贪得而不肯相让,百姓们都很贫苦而发生争夺,事情费劳力而没有效果。智伪和巧诈产生了,盗贼愈来愈多了,上下互相怀怨,号令不能推行,执掌政权和主管的官员们不专心一意归于道本,反而矫情诈伪违反根本,专门治理枝末。减削德行,增加刑罚,想要这样达到治天下的目的,这和手里拿着弹弓叫鸟飞来,持着木棒和狗玩有什么差别呢?这样做不是使混乱更加厉害了吗?所以,水浑了鱼就会张口在水面呼吸,政治苛虐了老百姓就会生乱。所以畜养虎豹犀象的人,给它们做了围栏,供给它们的需要,让它们饥饱适中,避免它们吼怒,这样来照顾它们,但是它们不能够终天年,原因是它们的形体受到了拘束和限制。所以说在上的人多巧,在下的人就会多诈,在上的人多事,在下的人就会多花样;在上的人多烦扰,在下的人就会不知所从,在上的人要求多，在下的人就会相争夺。不专务于根本，而空着重于枝末，那不就像播扬土灰来止尘埃，抱着柴薪来救火吗？

【点评】

这是说明以多事为治的害处，多事为治，不但不能治事，反而像扬土止尘、抱薪救火一样，会愈来愈乱呢。

四、圣人的治术

圣人治天下的方法，事情省约而容易治理，要求少而容易满足，不用专施而自然爱人，不用说话而自然合信，不用要求就能得到，不用作为就会成功。安然自得而保真，怀抱道德心推诚实，天下的百姓自然都愿跟着他走，就像音响的应声、影子的随形一样。这是因为他所治的是根本啊！因为刑罚不能够改易风俗，杀戮不能够禁止奸邪，只有自然的为宝贵，至精为最灵。因为大声叫不过听百步之远而已，但是心志所在之处，可以通于千里。像冬天的太阳，夏天阴凉，万物都会依时归附，没有人使其这样做而都自然如此。所以至精的像，不用招请就自己会来，不用指挥就自己会去，深远幽暗，不知道造化作为的是什么人，可是功绩自然就出现了。有智慧的人不能说，会辩论的人没有办法形容。

【点评】

圣人以无事为事，而事皆治，此用自然之功也。贵神化，守至精，可以无为而成。

五、孙叔敖与熊宜辽

从前孙叔敖为楚相，清静无事，每天恬卧养德，使国家安定，敌国不犯，楚人不必举兵出，所以不害兵锋于四方。楚国市南的熊宜辽，白公胜用剑威胁他，他不为所动，心志不惧，手中弄丸不辍，既不帮助白公，亦不把话告诉子西，使白公和子西遭难都不怨他。坚固的皮带，钢铁的铠甲，怒目握拳，这和修德来抵御敌人的兵刃相差太远了。用券契束帛的约束，刑罚斧钺的威胁，比起来守信以解难又不如了。这就像等着眼睛来看，等着话来下命令，靠这样去治天下，那就难了。

【点评】

古人说：攻心为上，攻城为下。这不是和"无事为上，有事为下"一样吗？恬卧可以却敌，何必用兵？弄丸可以无怨，何必杀人？无为而成，何必有为？

六、以不治为治

　　卫国的大夫蘧伯玉做相,端木子贡去看他,问他说:你用什么方法治理国家?蘧伯玉回答说:我以"不治"作为治理国家的方法。赵简子计划要攻伐卫国,派史黯去看虚实。史黯回来报告说:蘧伯玉做卫国的相,不可以派兵攻打卫国。像这种情形,就算有坚固的要塞,险阻的形势,又怎么能够胜过国家有贤人呢?

【点评】

　　这是说明以不治为治的效用。所谓的以不治为治,是指贤人在位,德高民服,敌不敢侵。事实上是国家已治了。

七、不治为治的例子

　　皋陶(yáo)因为喉疾不能说话,但是他却担任断狱的大理之官,使天下没有暴虐的酷刑,这不是胜过了能说话的人吗?师旷因眼睛看不见,但是他担任太宰之官,使晋国没有乱政,这不是胜过了眼睛看得见的人吗?皋陶喑而行不言之令,师旷瞽而行不见之教,结果都能大治天下。这也就是伏羲和神农所以用为法则的原因啊！因此，百姓的服从教化，不是服从他所说的话，而是服从他的好行为。所以，齐庄公喜欢勇力，但却不许臣下斗争，结果使得国家增多了混乱，慢慢地竟演变成崔杼弑庄公的大乱。楚国的顷襄王爱好女色，又不许臣下讽谏议论，结果使百姓发生昏乱，积至最后竟演变成楚大夫昭奇的祸乱。所以，至精所感动的，就像春气主生，秋气主杀一样，就是用快传急送，也没有这么迅速啊！

【点评】

以不治为治，必须有好的榜样，作为百姓效法的对象。否则，是不足以率民的。如齐庄公和楚顷襄王，就是其身不正虽令不从的最好例子。

八、诚心不施不可以移风易俗

做人君的，不就同射箭的人一样吗？在这里差一点，到那里就差多了，所以一定要谨慎小心开始的动作。像荣启期一弹琴，而孔子听了快乐三天，因为他被至和之气所感动了；邹忌鼓琴循弦一挥，齐威王听了整个晚上都悲哀，因为他被忧愁的气氛所传染了。弹在琴瑟上，发出了声，就能够使人产生悲哀或欢乐。但是高悬着法令，布告出奖赏，却不能够移风易俗，这是因为他的诚心没有用到啊！宁戚悲歌在车下，齐桓公喟然之间就感悟了，至精感人是很深切的。所以说：听音乐的声音，就知道他们的风俗，看到他们的风俗，就知道他们的教化。孔子学弹琴于师襄，而能够了解文王的心志，可以说是看见微就能够知道著了。吴国的延陵季子听了鲁国的音乐，就能够了解殷代和夏代的风俗，这是听到近的，就能够了解远的啊！这些作于上古，施于千岁之后，而文章不会磨灭，何况是与时并存而化民呢？

【点评】

凡事一定要慎于开始，而且要有诚心，不然就会差之毫厘，谬以千里了。唯有至精至诚的人，可以移风易俗而显功于世。

九、为治任诚不任术

商汤的时候，有七年的旱灾，商汤王亲身祈祷于桑林之间，于是四方的云都集中过来了，千里之外的雨也到了。抱着真实的心，表达了真诚的意，感动了天地，精神感通了远方，发号施令，立刻可以推行，法令禁绝的，立刻可以停止，难道会做不好吗？古代的圣王，把至精存在内心，把好恶忘于形外，说出来的话合情，发出来的号令明白，用礼乐陈列作为教化，用歌谣表演以观风俗，事业贯通万世而不塞，横满四方而无穷，禽兽昆虫都和他一起陶冶化育，更何况执法施令呢？所以，最上等的方法是用神化，其次是使他们不能够做坏事，再其次就是取用贤人而惩罚虐乱。权衡于左右，不私自定轻重，所以可以称得上公平。法用于内外，不私自定曲直，所以可以称得上公正。君主对于用法，不存有个人的私心的好恶，所以可以作为命令。称轻重纤微不差，正曲直针锋不失，直施正邪，不自避险。奸人不能曲，逸邪不能乱。德没有办法看见，怨没有办法藏起，这是任术的人开释人心的方法，真正为治的人是不取的。

【点评】

任诚为治的君主，可以不言而教，不令而行；任术为治的君主，虽至公至平，然有智穷之时。所以治在道而不在智，任在诚而不在术。

十、得其宗者应物无穷

船浮行于水上，车转行于陆地，这是自然的情势。车撞上木头会使车轴断折，船遇到水面险恶曲折会使船破损，但是不怨恨木石而怪罪驾车操船的人技术的好坏，那是因为木石没有巧诈的缘故啊！所以说：道有了智就会生感，德生了心就会变险。心里有了成见就会迷于物。兵器最利的都比不上心，像镆铘那样的利剑，反而为下了；兵没有比阴阳再大的了，像枹鼓那样的战具，反而为小了。现在所说的权衡规矩，都有一定的标准而不可加以更改，更不会为秦、楚改变节度，也不会为胡、越改变容量，永远一致而没有偏差,永远通行而没有变化,一旦定了标准,万世都可以相传。以无为作有为,所以国家有灭亡的君主,而世上没废除的大道。人有困穷的时候,而大道没有不通的时候。由以上看来,无为是道的宗主。如果能够得到道的宗主,就可以应物无穷了。

【点评】

世事纷扰,经纬万端,如果不能秉道执要,就永远不能得到头绪。所以得到道的宗主,才可以应物无穷。

十一、垂拱而治胜于有为

做人君的方法,就像天田星的祭主,庄严而不说话,能够吉祥受福。所以得道的人,不会为丑陋而文饰美丽,也不会假作伪善骗人。一个人破他不显大,万人蒙他而不显小。所以难为恩惠,亦难为暴虐,那么治道就可以通顺了。为恩惠的人喜欢布施,那么没有功劳的人而加以重赏,没有出力的人而封他高位。这样,守职的人就会对公事懈怠,而那些游居的闲人就会汲汲乎前进了。为暴虐的人随便杀人,没有罪的人而使他死亡,行为正直的人使他受刑,这样,修身的人就会不自勉励,而那些作为邪恶的人就会轻刑而犯上了。所以说为恩惠就会产生奸邪,为暴乱就会产生混乱,奸邪暴乱的习俗,就是亡国的风化。所以英明的君主治理国家，国家有诛杀的刑罚发生，依法而行，而君主不必发怒。朝廷上有赏赐的事发生，因功行赏，君主不必赞美。这样，受诛的人不怨恨君主，因为他是罪有应得啊！受赏的人不感激君主，因为他是功该受赏啊！天下的百姓，都知道惩罚和奖赏，全是由于自己的作为，因此就会专心去建功立业，而不受赐于君主。所以朝廷之上，荒芜而没有人迹。可是，田野里面却全部开辟了而没有芜草。太古的上世，下智的人，都能有这样的治术。现在的君主，像桥直植立而不动，使下民俯仰取法；人主静漠而不浮躁，百官自然能够各安其职了。就像军中持令旗的人一样，如果乱指挥就要失去秩序了。因为小的恩惠不能够使国家大安，小的聪明不能够转危为安。与其说赞美唐尧而毁谤夏桀，反而不如掩盖聪明而修自然的大道。能够清静无为，天就会给他良时，清廉俭省而守节制，地就会替他生财。君主处于拙位而行德，圣贤的大臣就会替他谋划一切。所以能下物的人，万物都归附他，能虚心的人，天下的人都和他在一起。所以君主治理天下，清明而不暗昧，虚心而施柔术，群臣就会全体努力，不分愚笨、聪明，贤或不肖，没有不尽他的能力去做的，这样国家还怕治不好吗？

【点评】

君主只要能够清静无为，百事皆可任于臣下，自然能够达到垂拱而治的目标，何必自己劳神苦思，代替百司的职役呢？

十二、恩泽不同所报亦异

从前豫让是晋国大夫中行文子荀寅的臣子,智伯攻伐中行氏,并吞了中行氏的土地,豫让背离了他的主人中行氏,而归顺为智伯的臣子。后来智伯和赵襄子大战于晋阳城下,结果战败,身死被杀,晋国分成了韩、魏、赵三国。豫让要替智伯报仇来杀赵襄子,漆自己的身体装作癞病,吞吃木炭使自己声音变哑,拔掉自己的牙齿使自己的容貌变样。仅是一个人的心,而侍奉两个主人,一个是背离他而去,一个是为他殉身而死,这难道是豫让的行为有取舍厚薄的不同吗?这是人主的恩泽不同,而使他这样的啊!

【点评】

人主待下,施恩多者,报必重,施恩寡者,报必轻。何况于无恩呢?见豫让之报智伯和中行氏的不同,就可以深会于心了。

十三、德加于民则令行

殷纣王兼有天下,使诸侯来朝,人迹能到的地方,船只所通的地方,没有不宾服的。可是,周武王用了甲卒三千人,在牧野擒捉殷纣王。这难道是周的百姓愿意死节，殷的百姓喜欢背叛吗？这是因为周武的德义厚加给百姓，号令能够推行的缘故啊！

【点评】

老子说：将欲取之，必先予之。想要百姓听命，必先施德于民，民受其德，自然思报君恩，这就是周武王战胜殷纣王的原因了。

十四、无恩而用民如无雨而求稼

风吹得劲疾，波浪就会兴起；树木长得茂盛，飞鸟就会聚集，这是因为有相生的气在啊！所以，臣下不能够在君主那里得到他的欲望，君主也不能够从他臣下那里得到所求的事。君臣之间所施的，是相报答的一种情势。所以，做臣子的，尽力死节来替君主出力，做君主的，就计算他的功劳把爵位赏给臣下。君主不能赏没有功劳的臣子，臣子也不能替无德的君主死难。君主的恩不能够下及于百姓，而想要用百姓，不就像鞭打绊脚的马吗？不是像没有下雨而就要求稼熟吗？这是一定不能够做到的啊！

【点评】

欲相为用，必须以恩相结。否则，将会徒劳而无功。

十五、人君必须日月之明

做君主的人,他的态度,就像日月那么明亮,天下的人,大家都侧目而看他,倾耳而听他,伸着脖子、踮起脚跟而看他。所以做君主的人,不是淡漠无欲,就不能够明他的德行。不是安定清静,就不能够负重致远。不是以宽大为怀,就不能够覆盖天地。不是慈悲厚道,就不能够怀柔百姓。不是公平正直,就不能够统御决断。

【点评】

做君主必须淡漠以明德,宁静以致远,宽大以兼覆,慈厚以怀众,平正以判断。这五点可以说是做君主的必具条件。

十六、贤君用人之法

贤君用人的方法,就像巧工裁锯木料一样,大的木材可以做舟船柱梁,小的可以做楔楔,长的可以做屋檐,短的可以做柱上横木。不分大小长短,都能得到合适的使用。而规矩方圆,各有所用。天下的东西,没有比鸡毒再凶的了,但是好的医生用囊橐把它装起来收藏，虽然是毒物，但是它是有用的。林莽中的材料，还没有可以抛弃的，况且是人呢？现在朝廷所以不举荐他，乡里之中所以不称赞他，并不是这个人不好，是因给他的官和他的职务不合。就像鹿上山的时候，獐都赶不上它，等到它下山的时候，牧童小孩都能追上它。这就说明才能是有长短的啊！所以有雄才大略的人，不可以责求他快巧，有小聪明的人，不可以交付给他大责任。人有他一定的才华，物有一定的形态。有的人做一项工作而认为太重，有的人担任众事而觉得还轻。所以详察毫厘之数的人，一定会失去天下的大数。不会不计小事选择人，对于举大事，一定会迷惑。譬如说，狸猫不可以使它去抓牛，而猛虎也不可以使它去抓老鼠。

【点评】

人的才能有大小偏全的差别，贤君取才，必须看才能的大小，任事的能力，而决定赋予职务。如此，就能够各尽所能，展其所学，事功自然而成。反之，错用其才，就会所在皆失了。

十七、人宜尽其才

现在有一个人，他的才干，或许能够平定九州，兼并九州以外的地方，使危亡的国家存续，使将要断绝的世代延续。心里存着使道直而不枉，使邪正而不僻，解决烦苛，理出杂乱。可是在这个时候，却要求他闺阁中的细微礼节，深室之中的态度。或是有谄佞巧诈的小才干，以谄媚求进，以愉悦取容，随从着乡里的习俗和同流俗，用卑下的方法瞒过众人的耳目。可是，反而把任天下的大权交给他，治乱之机全由他决定。这不是像用斧来剪毛发，用刀来砍树木吗？全部失去了合适而恰当的方法啊！

【点评】

才能不可错用，错用才能，不但浪费个人的能力，同时也会使国家受到大的损失。因此，有大才者不可苛求其小疵，为小具者不可任之以大事，两皆不宜也。

十八、是非分别不在贵贱

做人君的，用天下人的眼睛看，用天下人的耳朵听，用天下人的智慧虑，用天下人的力量争。这样号令能够下得彻底，而臣下的实情能够上达于君主。百官做事顺利，群臣归依君主。君主喜欢的时候不随便赏赐，发怒的时候不随便加罪。所以威武严厉的权威建立而不失，聪明显示在先而不会被遮蔽，法令明察而不过分苛求，耳朵眼睛通达而不蔽塞。善恶的情况，天天陈列在前面，而不起反感。这样，贤能的人自然尽他的智力，不贤的人也会尽他的力量。君主的道德恩泽遍施于群臣而没有偏差，群臣们也会勉力于自己的事务而不怠惰。居近的百姓，使他们安居乐业，远方的人民,让他们怀来归之德。君主能够做到这样的地步,是什么原因呢?这是因为他得到了用人的方法,而不是专靠自己的才能。所以懂得假借车马来代步的人,脚不用劳动,就可以远达千里。懂得用舟船来代行的人,可以横渡江河。君主的心意,没有不希望总集海内的智慧,尽天下人的力量的。可是,群臣希望达到效忠的,很少没有不危害他的生命的。假使他说得对,就是地位低贱的人,也不可抛弃他的话;假如他说得不对,就是贵为卿相人君,出计谋在朝廷之上的人,也不一定可以采用。是非是应该有标准的,不可以因为贵贱的不同而妄加改变啊!

【点评】

君主不仅要安近抚远,更要明辨是非,而是非之别,在于真理,而不在人之贵贱高下。卑者所言是,不因其卑而非之;贵者所言非,不因其贵而是之。如此,天下就有善言可听了。

十九、亲佞疏忠不可以保天下

一位英明的君主,信任他的群臣,只要他们的计划可以用,而不论他们的地位高低。只要他们的话可以实行,而不责求他们的话是否是美辞。不明的君主就不是这样了,他喜爱熟悉而亲近的人,虽然是邪曲不正的人,他也不能发现。和他疏远而地位低贱的人,就是竭尽心力,忠心耿耿,他也没有办法了解。有建言的人，禁止他不让他说，有谏诤的人，就用罪名诛罚他。这样的君主，想要光照海内，保存天下，不是像塞住耳朵来分辨宫、商的清浊，掩住眼睛来看青、黄的颜色吗？这样的君主，离聪明可以说太远了。

【点评】

明君能辨忠奸善恶，暗主但知爱私疏贤。二者的差别，明君可以治国安民，暗主足以亡国败家。

二十、法之所禁不分贵贱

法律是天下的度量，是君主行事的标准，悬设法律的目的，是希望有法律的禁止而不用法律；设奖赏的目的，是希望借着奖赏来奖赏应该奖赏的人。法律规定了以后，合规矩的就赏，不合法的就罚。同时在赏罚的时候，对尊贵的人不会因为他的地位高而减轻他的罪；对卑贱的人不会因为他的地位低而加重他的刑。只要是犯法的人，虽然是贤人，一定要罚；守法的人，虽然是坏人，一定没有罪。这样就能够使公道通行，而使邪行阻塞了。

【点评】

法律是讲平等的，所以在法律之前，是不分贵贱的。如果人君能够守此原则,就一定能够行公杜邪。

二十一、禁胜于身,令行于民

　　古代设置理官主管法律,是为了禁止人民,使他们不可以任意放恣作为。立君主,是为了裁制理官,使他不可以任意擅行。法典和礼义的作用,可以禁止君主,使他不可以擅自专断。人不能够任意放恣,就会使道胜,道胜了,理自然就通了,所以能够回到无为的阶段。无为的意思,并不是说让大家停下来没有任何动作,而是说各种政令不必由自己亲手去做而已。寸是由秒产生的,秒是由日产生的,日是由形产生的,形是由景产生的,这是量度的根本原理。乐是由音而产生的,音是由律而产生的,律是由风而产生的,这是声产生的根本原则。法产生于义,义产生于众适,众适是能够合乎大家的心意,这是治理国家的简单道理。所以,能够通达根本的人,不会为枝末所乱,能够了解要点的人,不会被繁多所迷惑。法并不是天上掉下来的,也不是地上生出来的,而是产生在人间,人用它作为恢复自正的法则。所以,自己有聪明才智的人,对没有聪明才智的人不加以诽毁批评;自己没有聪明才智的人,也不妄加责求而加罪于人。君主为人民所立的法律禁令,自己也要遵守。禁止百姓的法律,君主也不可以触犯。

　　古代所说的亡国,并不是没有君主,而是没有法律。变法的,并不是没有法,而是有法不用。有法不用,不是和没有法一样吗?所以君主立法,先要约束自己,使自己做一个标准的模范,所以可以使法令贯彻通行于天下。孔子曾经说过：做君主的人自己行为端正，不必下令就能够使百姓跟着去做；君主如果自己行为不端正，虽然是用命令强迫也不能使百姓跟着去做。所以，凡是不敢亲身触犯法令的君主，那么法令就可以贯彻施行到民众身上了。

【点评】

　　法以平等为贵，所以必须上下共守。如果失去这个原则，法就不能贯彻了。法不能贯彻，不就等于无法吗？无法的国家，乱必可知了。

卷第十

缪称训

一、治国如治心

道，以它的高来说，它是至高无上的，以它的深来说，它是至深无下的。它的平超过水平，它的直超过绳墨，它的圆超过圆规，它的方超过方矩。它涵盖了天地，而分不出表里。它会通天地，而没有任何的牵阻。所以能领会大道的人，不悲哀，不欢乐，不喜悦，不愤怒。坐的时候没有忧虑，睡的时候没有噩梦。对象出现了就给它一个名称，事情发生了就赶快去办理。就像君主，他是一个国家的中心，心治理好了，所有的各项事务也都能够安定了；如果心被扰乱了，所有的各项事务也都要混乱了。所以，一个人他的心治理好了，四肢百体都可以不必管它了；一个国家治理好了，君主臣下都可以无事了。

【点评】

心为人的主宰，就像道是自然的主宰一样。心治好了，四肢身体，自然就会听命于心。君主是国家的主宰，君主好了，臣民百姓，自然都会听命于君。能够如此，天下自然就可以有条不紊了。这不就是说明守道最贵吗？

二、诚而不欺可以得人

　　黄帝说：自然表现出一片纯厚，顺着天道，和开始的元同气。所以至德的人，所说的话见识相同，所处理的事归趋一样，上下一条心，没有分歧的意见，阻止邪恶，引导向善。这样，天下的百姓就会走向正道了。所以《易经》同人卦上说：在广大的郊野上和人同道，大家同心协力，自然可以渡过大难。道是引导万物的，德是扶持性情的，仁是积恩的见证，义是就自己的心和别人的心相比，而能够适当地合乎大众的心。所以，道消失了，就要用德了，德衰败了，仁义就产生了。因此，最好的上古之世是崇道而不用德的，其次的中世是守德而不败坏的，到了最下的末世，小心谨慎，唯恐失去了仁义。因为君子没有仁义就不能生存，失去了仁义，就等于失去了生命；小人没有欲望就不能活，失去了欲望，就等于失去了性命，所以君子所怕的是失去仁义，小人所怕的是失去利益。看他们所怕的，就知道各不相同了。所以《易经》屯卦六三说：就鹿而猎，不要欺它是微物，就像欺骗百姓一样，空入于林中，终不如舍弃这种做法，因为继续做，就要走向鄙吝了。凡是施舍多的，回报就会好。凡是怨恨大的，祸患就会深。施舍得非常少，而希望回报多，积怨非常大，而希望没有祸患，这是古今所从来没有的。

【点评】

这段话有两层意思,第一,要用淳朴的心和人合作。严守大道。第二,不欺骗百姓,那么,百姓的回报自然就厚。

三、有认辨之能可以别善恶

凡人都以他自己所喜欢的为最好,而以得到喜欢的为快乐。世上的人,没有不举贤的,举贤的结果,有的治,有的乱,并不是自欺,而是要求别人和自己相同。自己不一定贤能,但是,要求和自己相同的人,想要得到贤人,恐怕是不能够的吧!使唐尧测度虞舜是可以的,使夏桀来测度唐尧,那不就像用升来量石吗?就如现在说狐狸,一定不知道什么是狐,什么是狸。为什么呢?不是没有见过狐,一定就是没有见过狸。因为狐、狸没有大的差别,而且又是同类。所以合起来称为狐狸,反而不清楚什么是狐、什么是狸了。所以,说不肖的人是贤能,那他一定不知道什么是贤能;说贤能的人不肖,那他一定不知道什么是不肖。圣人在上位,天下的民众都会喜欢他的治绩;在下位,天下的民众都会羡慕他的心意。小人在上位的话,天下的百姓就会像睡在关上难受,就会像晒茧那样不定,没有一会儿可以安宁。所以《易经》上说:乘马班如难进,所以就产生了泣血之忧。这是说明小人处在他不应该处的地位,怎么能够长久呢?

【点评】

是非善恶，必须详察，然后可分。但是，如果没有认辨的能力，又怎么去分呢？所以，要有知之能，才能够辨之确。

四、善用物则物尽其用

凡是物品没有无用的。像天雄乌喙（也叫乌头），是药物里面凶狠而有毒性的东西。可是良医可以用它来治病使人活下来。矮小的侏儒，瞎眼的瞽师，是人里面困窘的人，但是君主可以用他们取乐。所以圣人制定人才的等级，没有不能用的。勇士高声一呼，三军全都避退，因为他出声是真的。所以，只倡而不应，只怒而不叹，那么他心中一定有不合的地方。虞舜不降座席，能够王天下，是因为他凡事先求之于自己。所以在上的君主多事，在下的百姓就会多施巧诈。因为身体弯曲的人，想要他的影子正直，那是从来没有听说过的。用话形容，不能达到具体的境地，用容貌就可以达到具体的境界，用容貌不能达到具体了解的境界，用同心相感可以达到具体了解的境界。因为感通于心，明之于智，心智发动而成为一个具体的形象，这是至精的了。到了至精的地步，只可以用形势相接，而不可以加以告诫。戎、翟之地所产的马匹，都可以驰驱奔跑。但是，跑得远或是跑得近，只有造父的善御，才能够尽马的力量。三苗地方的人民，都可以使他们忠信。但是，有的贤能有的不肖，只有唐、虞的善于治理，才能够使贤能和不肖一样地变好。这种方法，是心教的微妙，不可用话言传的。

【点评】

凡事应求简单，不可过繁，过繁则无法握其要。用物必尽其能，尽物之能，则物力可逞。唯得道的人，能够善恶并用，贤与不肖齐美。

五、得众人之力非为求报

晋国的大臣中行缪伯，力量能够搏杀猛虎，但是道德不能服人。这是他的力量大而能力不足的原因。所以用百人的能力，就能够得百人的力量，做千人所爱的事情，就能够得到千人的忠心。这就像砍伐树木而拔它的根，上面所有的千枝万叶，没有不跟着它动的。慈爱的父亲爱他的儿子，并不是为了报答，可是不能够使内心懈怠下来；圣人爱护百姓，并不是求他们为用，可是爱百姓的心不能自已。这种情形，就像火的本质是热的，冰的本质是寒的一样，又何需去修习呢？等到要靠他的力量，依赖他的功绩的时候，就像船上失了火一样，全船的人，都同心救火，并不觉得谁有恩于谁。所以君子见到开始就知道终了。

【点评】

父母爱子女，圣人爱百姓，都不是为了求回报，也不必求回报。但是，到了该回报的时候，就像船上失火，大家齐力救火一样，不是谁有恩于谁，或谁感恩于谁，大家自然会同心协力地把力量发挥出来。

六、以德服人，不言而人服

虞舜不下座席，而使天下太平；夏桀不下阶陛，而使天下大乱。由此可知，虽然叫呼说大话，反而不如心真行直的好。自己没有仁让的道德，而要求别人有仁让的道德，从古到今，还没有听说过呢。同样的话而百姓相信，这是因为信用已立在言前了，同样的命令而百姓从化，这是因为诚信已著于令外了。圣人在上位，百姓能够迁善变好，这是因为真情流露在先了。发动于上，而在下的不相应，这是因为实情和命令不同啊！所以《易经》上说：高高在上的人君，动极了就会产生后悔。三个月的婴儿，不知道利害，但是慈爱的母亲喜欢他，他是了解的，这是自然的真情。所以用话来教导，虽明而小；用不言之教，那就广大深远了。身体力行君子之言，就是信；合乎君子之意去做，就是忠。忠信形于内心，感动应于外界，这是自然的道理。所以夏禹手拿着干戚，在两阶之间跳舞，而能使远方的三苗臣服，这样就像鹰飞翔在川上、鱼鳖恐惧而潜藏、鸟见鹰而远远飞逃一样。因为它们一定要远离于害啊!

【点评】

服人以德,感人以心。以德服人,不必言语教导而人谕;以心感人,不需言语而意自明。因为这都是自然的现象,也是道的力量。

七、人心自中而出,非由外入

儿子为父而死,臣子为君而死,世上有人这样做的。但是他们并不是用死来求得名誉的,而是因为恩情藏于心中,不能够避开危难啊!所以,人之乐意为父而死,为君而死,并非是他的自愿,但是又自愿而往,君子的悲惨忉怛(dāo dá),并非是为了外表的形式。这样就可以明白人心不是从外而入,而是自心中而发。所以,义比君尊,仁比父亲。君主对于臣,能够使他生,使他死,而不能使他做苟合易行之义;父亲对于儿子,能够使他创造产生,而不能使他不长大有仁念。所以,义胜过君主的尊,仁胜过父亲的爱,就会使得君尊而臣忠,父慈而子孝。圣人在上位,化育天下如神。太上皇德之君说:我以自然为性。其次的五帝说:百姓如此,我治理如彼。所以《诗经》上说:执辔的时候,像拿着柔软的丝一样容易操纵。《周易》上说:内含刚正之美,可说是正直了。动于近处成文于远处,就是这个意思。所以详察夜行,周公惭于影子，因此君子必慎独处的时候。

【点评】

　　仁义发于自然，虽然亲如父子，近如君臣，而不能阻其生仁义之念。虽有义过君尊，才能使君更尊；仁过父爱，才能使父更爱。仁义行于天下，父慈子孝，君尊臣忠，才能够行得彻底。所以，凡事皆由心中而发，非由外入。

八、同实异事

　　听善言很容易，用善言来正身就难了。孔子看禾由粟而变苗，由苗而变穗，由穗而复粟，那么盛多，他就说：狐死了头向着山丘，我应该效法禾穗垂首向根，不要忘记根本。所以君子见到好的，就痛心自己不能为善。假如自己身正了，使远方的人来归，就很容易了。所以《诗经》上说：凡事不亲自去做，天下的百姓就不相信你。小人做一件事，只要求成功就可以了；君子做一件事，只要求合于义就可以了。所求的相同，而所期望的却不一样。系船在水里，鱼就会沉渊，鸟就会高飞，同样听到相同的声音，而举动各不相同，但是其情却是一样的。

【点评】

天下的事情，常常由一个举动而产生了不同的结果，结果虽然不一样，但是，它的意义并没有差别。如听到声音，鱼沉鸟飞，虽有飞高潜下的不同，可是鱼鸟受惊却是一样的。

九、得道而名利随之

从前曹国的僖负羁，在晋重耳（文公）出走过曹的时候，负羁送给重耳一壶餐。后来重耳返国伐曹，命令所有的军队都不可进入僖负羁所居住的闾里。晋国的卿赵宣孟，用束脯（一束肉干）救活了灵辄，后来竟然因此而免于灵辄之难。礼虽然不隆重，而恩德却是有余。爱人之心的感动，忧伤痛苦之心便生，所以入人之心亦深。同样的是叫呼，如果出于家老，就是恩厚的表现；如果是出于讨债人的口中，就会产生争斗的事情。所以说：兵没有比意志惨切更惨的了，镆铘利剑伤人就算不得什么了，最可怕的寇盗，是阴阳不调，枹鼓反而不值一提了。圣人做善事，并不是为了求名。但是，名自然会跟着他来。名本来不是希望得到利，可是，利自然会随着名而归附他。所以人的忧伤喜悦，并不是为了冀幸而得，但是往而就生利意。所以，至道的人不伪饰容貌，就像眯了眼一定要用手去抚扪一样。这是自然的举动，并不是为了客观，就像跌倒了据地而起。圣人治天下的方法，静悄悄的，看不出有什么好处，到了最后，才了解他是伟大的，就像太阳的行走，用骐骥样的千里马是不能和它争远的，因为日行是人所看不见的呀！

【点评】

自然是无限的，人为是有限的，所以自然为大，人为为小。以自然无限，所以人为不能与之争。正如骐骥不能与日争速争远是一样的，所以人为之小，不可违自然之大。

十、美根本始茂枝叶

性是受于自然的，命是受世事支配的。有特殊的材具，而不能遇到适用的世代，这是天命如此。姜太公有何功力？比干有何罪过？都顺着性去做，有的遇害，有的逢利，求之都能合道，得到得不到，都在于命运了。所以君子能够做善事，但是不能够一定得福；不忍心去做坏事，但是不能够一定免祸。国君是根本，臣子是枝叶，根本不好，枝叶能够茂盛的，从来没有听说过。

【点评】

凡事可求，未必可得。君子为善，未必得福；不忍为恶，未必免祸。但是，守道可以致美。因为道为根本，根本强国，则枝叶自茂，则为自然之理。

十一、乐而为之必能超群

有道的时代,把善人给国家;无道的时代,把国家送给坏人。唐尧称王于天下,心里的忧愁不能解除,把天下传授给虞舜,忧愁就消除了。忧心守着帝位,而很快乐地传给贤者,最后都不以天下为私利。凡是万物有所施为的,没有小而不可用的,如果不知道它的作用,就是碧玉也和粪土一样。人的性情,陷入祸害中的时候,都争着取最小的;遇到利的时候,都争着要最大的。所以同味而喜欢厚切的肉,一定是他爱吃的关系,同一位老师而能够超过大家,一定是他喜欢学的关系。假如不是喜欢吃、喜欢学,而能够立刻表现出来,这是从来没有听说过的。

【点评】

凡事能够甘之乐之,就能够有良好的成就。亦唯有甘之乐之,则万物皆可为用。

十二、赏罚宜则功立

君子合时就前进,得到的非常合宜,又有什么值得庆幸的呢？不合时就退隐，辞让得非常合宜，又有什么可说是不幸的呢？所以，伯夷饿死在首阳山下，还不自己后悔，那是因为他抛弃了所贱的不义，而得到了他所贵的仁啊！福的萌芽开始是很微弱的，祸的生成开始是很细小的，祸福开始生成的时候，非常微细，所以百姓们都轻视而不注意。只有圣人，能够察见它的开始，明白它的结果。所以《传》上有"鲁酒薄，而邯郸围"的话。因为鲁、赵都献酒于楚，鲁国的酒薄，赵国的酒厚。楚国的酒吏向赵取酒，赵人不给他，他就把鲁国的薄酒更换赵的厚酒献给楚王，楚王认为赵国酒薄，所以派兵包围了邯郸。又有"羊羹不斟而宋国危"的话。因为宋国的大将华元和郑国作战，杀羊慰劳军士们，而没有给他的御者吃，等到作战的时候，他的御者就把车子驾驶驰入了郑军，结果华元被擒捉了。所以明主的赏罚，并不是为了自己，而是为了国家。虽然合于自己的心意，但是没有功劳于国家的，不加赏赐。虽然违反了自己的意思，但是方便于国家的，也不加处罚。所以，楚庄王对他的臣下共雍说：有德的人受我的爵禄之赏，有功劳的人受我的田宅之赐。这两方面，你没有一样可以得到的，我不赏赐给你，可以说是不越于理了。因此遣去了共雍，因为他不知自勉啊。

【点评】

赏赐代表一种荣誉，处罚代表一种警诫。因此，赏罚必须严明。赏罚不严明，就会产生意想不到的不良后果。像华元的食士不及御者，竟然造成被擒的后果，这都是赏罚不慎所造成的。

十三、知微知著知名知实

从前纣王做象箸，箕子见他将要奢而亡国，因此就哀伤得啼哭起来。鲁国人用人偶殉葬，孔子见它像人而用之，因此就不以为然地叹息起来。因为箕子和孔子，见到开始，就知道后果啊！所以，水出于山，但是却流于海；禾稼生于野外，却储藏于仓库，圣人看到它所生的地方，就知道它的归处。水如果混浊，鱼就会张口向上呼吸；政令如果苛暴，民众就会大乱。城直立陡峭，一定会崩倒；岸直立陡峭，一定会堕落。所以商鞅立法过严，而自己遭到肢解；吴起立法刻削，而遭到车裂。治理国家，就像张开琴瑟，大弦急小弦就会断。所以，扣紧辔头一直打马的人，并不是好的御者（驾驶）。有声的声音，传远不会过百里。无声之声，可以传到四海。所以受禄超过了他的功劳的，就会受损，名声超过实际的，就会生蔽。实际和行为相合，名声就会跟着相副。这样的话，祸福就不会虚来。

【点评】

凡事之起，起于微，起于渐；知微知渐，始能防微杜渐。凡名之立，必据于实，知实始可以立名。然凡事宜顺自然，合大道，如果刻意而为，灾必及身。商鞅之肢解，吴起之车裂，皆缘立法太过，终至于祸。

十四、善恶毁誉非一时而成

　　一个遇恶事的人，恶事胜不过正行；国家有妖祥，妖祥胜不过善政。所以，前面有车马、冠冕的赏赐，不可以无功而取。后面有斧钺的禁止，不可以无罪而蒙受，平常行为端正的人，不会离开道的。君子不会说小善不值得做而就不做，因为小善积聚起来，就会成为大善。也不会说小的不善没有多大妨碍而就去做，因为小的不善积聚多了，就会成为大的不善。所以说积羽可以使船沉没，很多轻的东西加在车上，可以使车轴断折。所以君子做事，禁止于细微的地方。做一件善事不能够成为善，但是积累很多善事便可以成德；一个恨不能够成为非，但是积恨可以成怨。所以夏、商、周三代的善，那是千年以来积誉造成的；桀、纣的被毁谤，那是千年以来积毁所造成的。

【点评】

　　人的善、恶、毁、誉，都不是一时所造成的。小善积而大善成，小恶聚而大恶彰，千年积誉，是因为他行善久，千年受谤，是因为他积恶多。所谓"积羽沉舟""群轻折轴"，就是告诉我们要注意细微之处。因为祸灾之生，多始于轻微不注意的地方。

十五、四时四用

　　天有春、夏、秋、冬四时，人有眼、耳、口、心四用。什么叫作四用呢？看见它的形状，没有比眼睛更清楚的了。听到它的声音，没有比耳朵更详细的了。重重地闭起来，没有比口更坚固的了。深深地含藏在内，没有比心更深的了。眼睛看到它的形状，耳朵听到它的声音，口里表达它的诚意，而心里达到它的精微，那么万物的变化，都有它的极致了。土地因德而增广，君主以德而尊，这是最上等的。土地因义而增广，君主以义而尊，这是次一等的了。土地因强大而增广，君主以强而尊，这是最下等的了。所以德最纯粹的是王，驳杂的是霸，一无所有的就灭亡。从前伏羲、神农二皇，凤凰飞到庭中，夏、商、周三代飞到门中，周室的时候飞到泽中。德愈粗，所到的就愈远；德愈近，所到的就愈近。君子真的有广德，施恩亦有仁德，不施恩亦有仁德。小人真的没有仁德，施恩亦没有仁德，不施恩亦没有仁德。善是由我而发，与我为善则由人，就像仁德的盛大一样。所以情胜过欲的就昌盛，欲胜过情的就灭亡。想要了解天道，一定要详知律历之数；想要了解地理，一定要知五土之宜种何种植物；想要了解人道，一定要知君子小人的欲望追求。不要惊慌，不要害怕，万物将会自然而理；不要阻挠它，不要围绕它，万物将会自然而清。详察一事的人，不可以和他谈自然的变化，只详审一时的人，不可以和他谈大道。这就像太阳不知道夜晚，月亮不知道白天。日月虽然都可以为明，但是二者不可以兼昼夜，只有天地能把二者包容起来。能够包天地的，说起来，只有无形之大了。骄傲自满的君主，得不到忠臣，嘴巴很会说话的人，不一定有信用。互相拱抱的树木，没有成握的树枝；八尺丈六的小水沟，没有可以吞舟的大鱼。根浅的树，枝末就短，根本受伤的树，枝叶就枯萎。福是由于无为而产生的，祸患是由于多欲而产生的，害是由于没有防备而产生的，污秽是由不耨而产生的。圣人做善事，常常恐怕来不及，防备灾祸，常常恐惧不能免除。就像蒙上尘土而想要不眯眼，徒步涉水而想要不沾湿，那是不能够的。

【点评】

顺时而行，就是合乎自然。唯有得到根本，守着根本，则那些祸患就会自去。所谓"无为生福，多欲生患"，就充分说明了得道顺自然的重要。

十六、圣人可以制物而用之

了解自己的人，不怨恨别人；了解命运的人，不怨恨上天，福是由己发生的，祸是由自己制造的。圣人不求名誉，不躲避诽谤。正身直行，所有的邪恶自然止息。可是，现在放弃正道而追求邪曲，违反正道而附和众人。这是和俗并行，而内心没有正直的绳墨。所以圣人凡是违反正身直行的事,都不去做。道如果是有篇章形体兆朕的,就不是至道。品尝它而没有味道,观看它而没有形体,不可以传之于人。就像大戟可以去水,葶苈(tíng lì)可以治肿,用它们不加节制,反而会成病。有很多东西都相似而非,唯有圣人能够知道细微之处。善于驾车的人,不忘记他的马。善于射箭的人,不忘记他的弓弩。善于为人上的人,不忘记他的属下。真的能够爱而利之,天下的人都可以顺从他,如果不爱不利,就是亲儿子,他会背叛他的父亲。天下有至贵的东西,但不是势位。有至富的宝贝,但不是金玉。有最长的寿命,但不是千岁。使本心反于真性,那就是至贵了。能够适情知足,那就是至富了。明白死生是当然之分,那就是至寿了。说话没有一定的尺度,行为没有一定的合宜,这是小人。只能够明白一件事,通达一种技能,这是中人。能够兼而覆之,并而有之,量度能力,裁度长短而使用他们的,这是圣人啊!

【点评】

用物用人,都须知其性,量其能,才可以用之。如果不知其性,不量其能,不但无功,反而有害。就像大戟可以去水,葶苈可以愈肿,但是用时不加节制,反而会加重其病。只有得道的圣人,能兼有并覆,度才量能而使之,使人、物都各得其用。如果以此方法治天下,天下没有不治的了。

卷第十一　齐俗训

一、道德可以救末世

依循着自然的本性而行就叫作道,得到自然的天性就叫作德。失去了自然的天性,然后不得已才贵重人为的仁;失去了自然的大道,然后不得已才贵重义。所以仁义的名目建立了,但是道德也失去了。礼义文饰加多了,淳朴真实也就散失了。是非分辨清楚了,百姓也就更加迷惑了。珠玉看得贵重了,天下的纷争也就增多了。以上所说的四项,都是到了衰世才产生的,也可以说是末世治天下的方法。

【点评】

治天下最要紧的,就是根本的道德。因为道德是治世的根本,如果失去了道德,而用末世的仁义和礼来治天下,那不是说明天下已经乱了吗?所以,只有道德才可以救末世。

二、礼义生伪愿之儒

礼的作用,在于分别尊卑,辨出贵贱。义的作用,在于使君臣、父子、兄弟、夫妇、朋友之间都能相处得宜。但是现在行礼的人，外表恭敬而心存忮害；行义的人，布施于人而在求得。所以，君臣常常因此而相非责，骨肉因此而生怨恨。这就失去了礼义的根本了。所以现在的人，多以权势相交，等到权尽而交疏的时候，反而产生了责怨。因为水积多了，就会产生相互吞食的鱼；土积多了，就会产生自己掏洞的兽；礼义文饰增多了，就会产生虚伪邪恶的儒者。就好像吹灰的人，要想不眯眼睛，涉水过河的人，要想不湿衣服，那是不可能的。

【点评】

礼义本身没有不好的地方，为什么会生虚伪邪恶之儒呢？因为用礼义文饰，就失去了礼义的根本意义，那不就像用礼义来作假吗？道家之所以不用礼义，因为老子认为礼义为忠信之薄而乱之首。那是因为没有注意根本所生的弊端啊！

三、不通物情不能与言化

古代的百姓，没有知识，就像幼小的童蒙一样，不知道东西的价值，脸上没有羡慕物欲的颜色，所说的话，也不会超过他的行为。他的衣服温暖朴实而不华丽，他的武器钝圆而不锋利，他的歌声和音乐简单而不婉转，他的哭泣悲哀而没有声音。凿井而饮，耕田而食，在这样淳朴的社会里，没有办法来施展他的美巧，也不求有所获得。亲戚们彼此不相诽谤和称美，朋友们彼此不相怨恨和感德。等到后来礼义产生了，货财尊贵了，接着奸诈虚伪也跟着产生兴起了。诽毁和赞美相纷乱，怨恨和感德一起来。于是就产生了曾参孝亲的美名，也产生了盗跖那样邪恶的大盗。所以有了大路的天子之车，画有龙的旗帜，以翠羽为饰的车盖，以垂緌（ruí）为冠饰，出门的时候车水马龙，相连不断，一定也会产生穿窬翻墙、摇动门楗的偷盗，和挖掘坟墓、专跳后墙的贼。有穿奇怪的花纹，精工的刺绣和精致的细布，美丽的绸缎衣服的人，一定会有穿草鞋，徒步而大布之衣都不能够完整的人。所以高和下会相倾侧，长和短会相比较，这也是很可以了解的。像蛤蟆变为鹑，水虿（chài）变为蜻蛉，全部都不是同类的东西，只有圣人懂得它们的变化。胡人见到麻，不知道麻可以做布；越人见到细毛，不知道毛可以做旃。所以，凡是不通于物理的人，是不能和他谈变化的。

【点评】

在太古淳朴的时候，因为无所欲求，所以不施美巧，一切的毁誉德怨自然就不会产生。后世因为有了礼义尊卑贵贱，所以价值观念就产生了，因为价值观念的产生，所以高下贵贱就有了分别。而不知道分别事物的人，就不懂得变化，所以一般人不通于物理，怎么能够和他谈变化呢？

四、明者通于理

　　从前姜太公吕望和周公姬旦，受到封爵以后两人相见，太公望就问周公道：用什么方法治理鲁国？周公回答说：尊敬尊长，亲爱亲人。太公对周公说，鲁国从今以后将要日渐积弱了。周公问太公说：用什么方法治理齐国？太公说：举用贤人，崇尚功劳。周公对太公说：齐国的后世一定会出现劫杀的君主。到后来齐国一天一天地强大，至于称霸天下。经过二十四代，而齐国的权臣田氏，夺了齐国君主的君位而代之。鲁国一天一天地削弱，经过三十二代而灭亡。所以《周易》坤卦说：走路踏到霜，就知道坚冰就要凝结了。唯有圣人能够看得出终始，理解精微的话。所以，箕子见纣王用象箸，而知道他将为长夜之饮而积糟成丘。庖人进羹于纣王，纣玉嫌热，因而用热升杀了庖人，炮烙的酷刑就是由此而起。子路把溺水的人救起，而接受主人送牛的谢礼，孔子说：今后鲁国人一定喜欢救人于患难之中。子赣从别的国家把人赎出来，但是他不接受官府的金钱，孔子说：今后鲁国的人不再到外国去赎人了。子路受谢有奖励道德的作用，子赣让金有止善的后果。而孔子了解的明于事理，能够由小处而知大要，能够由近处而知广远，可以说是通于理的人了。

【点评】

凡事都是由细微的地方所引起的。所以防微杜渐，是明智的人所必行的道理。但是，必须像孔子那样的圣人，才可以见小知大、由近知远，因为圣人能够通于事理啊！

五、适性者安，违性者危

由以上的事情来看，廉洁是要用在适当的地方的，是不可以通用的。所以，行为合乎风俗，是可以跟着做的，事情准备周到，是很容易做成功的。用夸大虚伪来迷惑世人，以傲慢的行为表现与众不同，圣人不会用这个作为人民的风俗。高耸的大厦，广大的屋宇，连门通户，是人所乐于安居的地方，但是鸟飞进来反而担忧；高大险阻的山中，深邃的丛林里，是虎豹所喜欢的地方，人来到这里就会害怕。大川深谷，通流之原，以及积水深泉，这是鼋鼍最方便的地方，人掉在里面就会淹死。黄帝之乐《咸池》《承云》，舜之乐《九韶》、帝颛顼之乐《六英》，是人所喜欢的，但是鸟兽听了反而会受惊。深溪峭壁，高木长枝，是猴猿所喜欢的，人到上面就会发抖。形体不同，性情相异，有的是快乐受到喜欢的，有的反以为是难过而不受到喜欢的。有的认为是安全的，就不同形体、性情相异者而言，反而是危险的。

【点评】

风俗不同，好恶各异，我所喜欢的，正是别人所讨厌的；我所讨厌的，正是别人所喜欢的。我以为是安全的，别人以为是危险的，反过来也是如此。所以，凡事的推行，都必须合宜，必须和风俗相合，才可以得到安逸。

六、万物齐一，各有所长

至于天所覆盖，地所运载，日月的照耀和告诫，使万物能够各便于它的性情，安于它的居处，处在适当的地位，发挥它的才能。所以，虽然愚笨的人也有所长，就是聪明的人也会有所不足。就像柱子，可以支撑，但是不可以剔牙齿，小簪可以剔牙齿，不可以支屋子。马不可以负重，牛不可以跑快。铅不可以做利刀，铜不可以做弓弩。铁不可以做船（古代说法，因为铁沉木浮），木不可以做锅。所以万物必须分别用在它适当的地方，施在适合的时间。也就是万物相等，没有说哪种东西胜过哪种东西。就像镜子吧，它所方便的地方是照见形象，至于装盛饭食，它比不上箪来得合用；牺牲用的牛，毛色非常纯粹，适合于宗庙做祭品，至于求天下雨，它比不上黑蜥神蛇。由此看来，物没有什么贵贱之分。因它一时之贵而说它贵，那么万物就无所不贵了；因它一时之贱而说它贱，那么万物就无所不贱了。因此，玉璞愈厚愈好，角愈薄愈好。漆是愈黑愈好，粉是愈白愈好。这四种东西，都是彼此相反的，但是到急需的时候都是一样重要，它的作用也就相等了。举例来说吧！现在皮裘和蓑衣哪一样最重要？下雨的时候，皮裘就用不着了；升堂行礼的时候，就不会穿蓑衣。这就是更相见长的呀。譬如行水以船为便，行陆以车为便，沙地以肆为便，泥地以楯为便，草野以穷庐为便。因为各种东西都有它一定的用途啊！

【点评】

物无贵贱的分别，而在于适用不适用。当某种东西适用的时候，自然就增高了它的价值；当某种东西不适用的时候，它的价值再高，也是没有用的。所以，物是没有贵贱的，当用的就是贵，不当用的就是贱。物既各有所用，自然就没有贵贱之分了。

七、不分贤愚、上下各适其用

所以老子说不崇尚贤人的原因，是说明不把鱼放到树上，不把鸟沉在深渊。所以唐尧治理天下，舜做司徒，契做司马，禹做司空，后稷做大田，奚仲做工师。他们教导百姓住在水边的打鱼，住在山中的采樵，住在山谷中的畜牧，住在平野上的耕农。地方适合于事业，事业有适合的器械，器械有适合的用途，器械的功用又能适合于各人。在泽岸旁的就结网，在陵坡的就种田，用生产所有的来换所没有的，用自己精良的产品，供应产生拙劣的。所以，离叛的人少，而听从的人多，就像把棋丸撒在地上，圆的滚向低的地方，方的停在高的地方，圆的方的，都会停在它要停的地方。又有什么上下呢？就像风遇到了箫孔，忽然之间动它，各孔都会以清浊相应了。

【点评】

世界上无论是人、地、器、物，都要各因它所处环境而善加运用，而不必有上下高低之分。这种消除高低上下的界限分别，就更能发挥人力和物用了。

八、性芜秽不清者堁（kè）蒙蔽

凡是以物治物的，不以物治物，而以睦治物。凡是治睦的，不以睦治睦，而以人治睦。凡是治人的，不以人治人，而以君治人。凡是治君的，不以君治君，而以欲治君。凡是治欲的，不以欲治欲，而以性治欲。凡是治性的，不以性治性，而以德治性。凡是治德的，不以德治德，而以道治德。追究起来，人性所以芜秽而不能够聪明的原因，就像物品蒙上了一层尘垢一样。东边的羌人，南边的氐人，西边的僰人，北边的翟人，婴儿刚出生时，声音都一样。等到他们长大以后，就是用通译官，也不能互通他们的言语，这是因为他们的教化风俗不相同啊！现在把生下三个月的婴儿，迁徙到别的国家去，他就不能够知道他本国的旧俗。由以上的例证看来，衣服和礼俗，并不是人的本性，是从外面接受而来的。

就像竹子的材质是可漂浮的，但是把它劈成竹片，捆在一块投到水里，就会沉底。金的性质是下沉的，但是载在船上，就会跟着浮上来，这是因为它被有浮势的船所支撑的关系。素丝的质地本来是白的，用涅染它就会变黑；缣的质地本来是黄的，用丹红染它就会变赤；人的质性本是无邪的，和世俗浮沉久了就会改变，改变了就会忘掉根本。改变了就会使本性合乎他性，久了以后，不自觉的他性自然就像本性了。所以日月想照耀光明，浮云会遮盖它；河水想要清澄，沙石会搅混它；人性希望平和，嗜好欲望会妨害他。只有圣人能够放弃物欲而复返本然。

【点评】

凡事都有根本，能够知道根本，掌握根本，就可以用本治末了，所以道可以治德，德可以治性，性可以治欲，欲可以治君，君可以治人，人可以治睦，睦可以治物。如能各得其本，自然天下不乱了。

九、付性者不惑

乘船的人迷失了方向，就辨别不出东西来，看到斗星北极，就会忽然觉悟了，性的特质，也就像人的斗星北极，能够时时刻刻自己看到它，就不会丧失事的真情，不能够时时刻刻看到它，就会举措而迷惑。就好像陇西一段的河水，流得愈湍急，愈容易沉船。孔子对颜回说：我服你的忘行，但是你服我也是忘行，虽然你能够忘行于我，仍然有不忘的存在。孔子可以说是明白根本的圣人了。

【点评】

凡是得性的人，他能够时时刻刻心智灵明，保持理性。这样的话，自然就不会为外物所蒙，当然也就不惑了。

十、气和神清可以致正

放纵欲望而失去本性，举动没有合乎正道的，用来治身，就会发生危险，用来治国，就会产生变乱，用到军事上，就会失败。所以说：没有听说过道的，不能够复反本性。因此，古代的圣王，都能够反性复本，得于自己，所以发出了号令，就能够推行，发出了禁令，就能够停止。名誉传留于后代，恩德布施到四海。所以，凡是将要办事的时候，一定要使心平气和，精神清明，心平气和，事才可以正而不失。就像印按印泥来盖印，印放得正，盖的封就正；印放得斜，盖的封就不正。所以尧举舜自代，决定于自己的看法，齐桓公重用宁戚，决定于自己的耳朵所听而已。凡是放弃方法，而只凭耳目的所闻和所见，发生混乱就会更多。凡是凭耳闻目见而可以决定的事，因为他能够归本于情性。凭听闻会有诽谤和赞誉的缺失，凭眼观会发生过分迷彩色的错误。在这种情形之下，想要使事情正确，那太难了。因此，心里充满悲哀的人，听到歌声都会哭泣，心里充满快乐的人，见到哭的人也会发笑。见悲哀可以快乐的人，见欢乐而生哀戚的人，是由心里的哀乐而定的。所以人贵虚无，心里没有哀乐。所以水被阻挡，波浪就会兴起，精神迷乱，聪明就被蒙蔽。聪明被蒙蔽了，就不可以为政；水有波浪了，就不能够平静。所以古代的圣王，坚守一道而不丧失，万物之情就可以全知了。四方的诸侯和九州的百姓，也会全部服化了。

【点评】

凡事各有其道，不依道而行，就不能成功。但是道根于心，心气平和，才能有条不紊，行而不乱。所以，守道不失，就可以知万物之情，服天下之化，安天下之民了。

十一、一为天下之至贵

一是至贵的，天下的东西，没有能够和它相当的，圣人托于至贵的一，所以百姓的命运，都系于此了。行仁要以哀乐来论定，行义要以取予来明示。因为眼所看到的，不过十里而已，想要把海内百姓的哀乐全看清楚，那是办不到的。因为没有天下所积的财货，想要把天下的百姓都加以赡养，那是不够用的。而且，喜、怒、哀、乐，是因为外界的刺激而产生的自然反应。所以哭声由口而发，泪水从眼流出，这都是由于心中的悲哀和愤怒，发泄而流露出来的。这就像水性向下流，烟性向上升一样，是很自然的，难道有人推它吗？所以勉强哭的人，就是哭出病来也没有悲哀，勉强和人亲近的人，就是带着笑脸也不能与人相和。因为情是要从内心发出，声音表现到外面的啊！所以，僖负羁给重耳的壶浆餐饭，胜过晋献公的垂棘之璧；赵宣孟给灵辄的一束干肉，胜过智伯的大钟。所以礼厚并不表示真敬，但是诚心可以使远人感恩。所以公西华奉养双亲，就好像和朋友相处一般，和睦而少敬；曾参奉养双亲，就好像侍奉严酷的君主一般，多敬而少睦。但是就养而言，都是一样的。就以盟约来说吧，北边的少数民族把酒放在人头骨中相饮来发誓，越人把臂刻出血来相盟约，中原人则以杀牲歃血来结盟，所用的方法都不一样，可是就信约的意义来说，都是一样的。三苗民族，都用臬来束发，羌人把头发编结在一起，中原人用帽子和箕笄来整发，越人把头发剪断。他们的方法不同，对于作用来说是一样的。帝颛顼规定，妇女在路上不躲避男子的话，就把她放逐在四达的衢路上示众，现在的国都之中，男女脚相挤踏，肩膀相摩擦，一同在路上行走，虽然规定不同，对风俗的统一来说都是一样的。

【点评】

一就是道，就是根本。世界上的事情，虽然有很多的不同，但是，它的道理有很多是相同的。就像盟誓和信约，虽然因地区、国家的不同，而所用的方法各异，但是意义上并没有差别。因此，守一可以知多；执一可以御多。这样看来，一是天下之至贵，那是没有错的了。我们了解这一点以后,还能不贵本、贵道吗?

十二、礼俗不同所致则一

　　四方诸侯的礼节不同,但是都尊贵他们的君主,爱护他们的亲人,恭敬他们的兄长。而北方部族猃狁(xiǎn yǔn)的风俗,却和这个相反,都慈爱他们的儿子,尊敬他们的君长。鸟飞在天空的时候排成行列,兽相处的时候结队成群,有谁教过它们呢?都是自然形成的啊!所以鲁国人用儒者的礼,行孔子的道,土地日益减削,威名日益下降,不能够使近的人亲密,不能使远方的人来归。而越王勾践,断发文身,没有皮弁的爵冠,没有佩纷(líng)佩玉的衣服,没有圆方周旋的礼节,但是却能够战胜夫差于五湖,君南面而称霸天下。泗水以上十二个诸侯,都率领九夷去朝拜他。胡、貉、匈奴的部族,放体散发,伸足而坐,说话没有信用,但是没有灭亡,不一定是无礼的关系。楚庄王穿着大襟的衣服,宽的袍子,命令能够施行于天下,并且霸了诸侯。晋文君穿着粗布的衣服,母山羊的皮袭,用皮韦来带剑,声威建立在天下,难道说一定要用邹、鲁缙绅的礼节才能叫作礼吗?

【点评】

　　礼的不同,各因其俗。因此,治天下不一定要用特定的礼法,而是要用适合于百姓的礼法。这样才能够各得其便、各显其功。礼法不同，其用则一。

十三、入境随俗则天下可行

所以，每到一个国家，一定要顺从那个国家的风俗。每到一个家族里，一定要避开那个家族的忌讳。到一个国家不违犯禁忌，往哪里去都不会和这个国家的风俗冲突，这样子就是去少数民族居住的地方，连接车轨的到更远的地方，也不会有什么困难了。

【点评】

所谓"入境问俗"是很有道理的。因为风俗不同，各有禁忌。如果能够入境随俗，不违禁忌，那么行之所至，无遇而不通，既然所遇皆通，自然可以行于天下了。

十四、礼与仁用宜则天下治

礼是对实的文饰，仁是恩泽的效果。所以礼顺着人情，而给它加上节制和文饰，但是仁却表现于颜色而显露在容貌上。礼文不能超过实际，仁爱不可超过恩泽，这就是治世的方法。

【点评】

礼与仁，虽然都是道德的字眼，但是在用礼、仁的时候，一定要适当。也就是礼不可以过实际，仁不可以过恩泽。礼、仁得中，就是治理天下的最好方法了。如果过于中道，就不足以治国了，何况天下呢？

十五、悲哀合情性则诽誉不生

儒家的礼节守三年的丧期，这是勉强人所做不到的事，因此就用外表伪装来饰情。墨家的三月丧期，这是断绝人不能停止的悲切的天性。儒者和墨者，不能够了解人情终始的本性，而专门要实行和性情相反的制度，遵守三年、期年、九月、五月、三月的五服。其实人的悲哀要合于情，葬埋要和养亲相等。不要勉强人所不能做到的事，也不要断绝人所不能自己停止的事。凡事的长短大小，不失掉它的合理性，诽谤和赞誉也就不会产生了。

【点评】

礼俗要合乎自然，丧期过长，流于形式；全无丧期，有失人情。因此，悲哀合乎情性，则悲哀当而情真，真情流露，而相合于礼俗，则诽谤和赞誉自然不会产生了。

十六、侈奢宜合度

古代的时候,并不是不知道增减升降上下前进后退的礼节,也不是不知道《采齐》《肆夏》的音乐和舞蹈。因为这样的礼乐,浪费时间,烦劳百姓,而没有任何的用处。所以制礼足以佐实让大家明白礼的宗旨而已。古代的时候,并不是不能够陈列钟鼓、盛张管箫之乐,也不是不会跳举干戚和奋羽毛的舞蹈,因为这样的乐舞,浪费钱财,扰乱政事。所以制乐能够让大家共同欢乐来宣泄郁抑的心意而已。古代的时候,并不是不能够竭尽国力费尽民力,把府库用空把钱财用光,口内含珠,身下藉玉,以絮为组,节缚于身,来追送死去的人。因为这样做,使百姓贫穷而失去工作,反而对死去的人的枯骨腐肉没有益处。所以,葬埋能够收敛尸体,盖藏棺木就行了。从前大舜死了,葬在苍梧的时候,市面上的买卖都没有停止;夏禹死了,葬在会稽山的时候,农人在田里照常耕作。明白了生死的定分,就能通达奢侈和俭省怎样才算适合的方法了。

【点评】

音乐、舞蹈,旨在宣泄抑郁。但是,不可以浪费金钱和时间。埋葬送死,旨在表示哀戚纪念,而不在过分的花费,以遏民财。古时,舜死不罢市,禹死不废耕,就充分地证明,侈俭必须合度,以安天下之民。

十七、礼烦乐淫，是以圣人不用礼乐

混乱的国家就不是这样了，他们的说法和做法相反，实情和外表不同，礼的节文假而烦多，乐的柔靡逸而过分，重死而害活着的人，久居丧礼而求美行，所以，世上的风俗一天比一天混浊，而朝廷上的诽谤和赞誉也天天产生。这就是圣人废除礼乐而不用的原因。

【点评】

因为礼烦乐靡，重死轻生，所以使世俗混浊，毁誉日生。如果没有这些礼乐，就不会产生这些问题。所以道家的圣人主张废除礼乐而不用。

十八、用一法而反众俗则不通

义是顺着道理而做得很恰当，礼是根据实情而加以节文的。义，就是合宜的意思，礼，就是得法的意思。从前有扈氏为了义而灭亡，是只知道义，而不知道什么是合宜。鲁国用礼为治而国家削弱，是只知道礼，而不知道什么是法式。有虞氏的祭祀，他们是封土作社，祭祀土神，埋葬人在田亩，所用的音乐有《咸池》《承云》《九韶》，他的衣服以黄色为尚。夏后氏用松作社，春祭先祭户神，埋葬的方法是用墙围起来，并置衣棺服饰，所用的音乐为《夏籥》《九成》《六佾》《六列》《六英》，他的衣服以青色为尚。殷人的礼节，用石作为社主，秋祭的时候先祭门神，埋葬的地方种植松树，所用的音乐为《大濩》《晨露》，他的衣服以白色为尚。周人的礼节，用栗作为社主，夏祭的时候先祭灶神，埋葬的地方种植柏树，所用的音乐为《大武》《三象》《棘下》，他的衣服以赤色为尚。礼节音乐互不相同，服色制度彼此相反，但是都没有失去亲疏的恩情，也没有失去上下的伦次。现在根据一个君主的法籍，来反对历代的风俗，不就像胶柱来调琴瑟一样行不通吗？

【点评】

历代的礼乐制度都不一样，但是都同样能够达到平治天下的目的。所以用一种方法，而反对历代所有的方法，是行不通的；反过来说，用前代的方法，强行于今世，也是行不通的。因为时代不同，各有所便，所以，不能够用一法而反众俗。

十九、合道则视听言行真

所说的明，并不是说他能够看清楚外界，不过是看清楚自己罢了；所说的聪，并不是说他能够听清楚外界，不过是自己听得清楚罢了；所说的通达，并不是说他能够了解清楚外界，不过是了解自己罢了。所以，身体是道所寄托的地方，身体得到了，道也就得到了。道得到了，用它来看就清楚，用它来听就明白，用它来说就公正，用它来做就顺从。

【点评】

道者事之本，得道而视，则视可以大明；得道而听，则听可以大聪；得道而言，则言可以公正；得道而行，则行可以成功。所以，凡是合道的视、听、言、行，才是真实可靠的。

二十、得道者可以全事

圣人处理事情，就像工匠们对木材的斫削凿孔，也像宰夫庖厨们对肉体的切割分别，能够尽到恰好的地方，而不会使木料和肉体有所损伤。笨拙的工匠就不是这样了，大了就塞不进去，小了就又宽而不密。心里所想的和手里所做的不但不一样，而且愈加显得丑陋。

【点评】

得道的人，做任何事情，都能够得心应手。因为他可以心和手应,手与意合。这就是知道方法和不知道方法的工匠的最大差别。

二十一、当时者贵,已用则贱

世上明于事的人,大多数都离开了道德的根本。他们认为礼义就可以治理天下了。这些人是不可以和他们谈道术的。因为他们所说的礼义,只不过是五帝三王的法典和图籍,风气和习俗一代的事迹而已,并不能代表他们的全部。就像束刍做成的狗,和用土做成的龙一样,当刚做成的时候,画上青黄的颜色,系以绮绣,缠上红丝,尸祝穿着纯服和墨斋衣,大夫戴着冠,来送迎刍狗和土龙。等到刍狗和土龙用过以后,土龙变成了土壤,刍狗变成了草芥,就一点价值也没有了,还有谁来宝贵它呢?

【点评】

刍狗、土龙,用时甚为尊贵,用过之后,成为土芥。推之于自然推之于人,莫不如此。所谓"明日黄花,过时之物",当用的时候,人人爱之,用过之后,人人弃之。知道了这个道理,就可以了解不用的宝贵了。

二十二、圣人因应时变而行恰当的措施

当虞舜的时候，有苗不服于虞舜，于是大舜就修明政治，停止战争，执干戚而跳舞。夏禹的时候，天下到处都是大雨，夏禹就使百姓们把土堆在一起，把薪柴积在一块，选择高处的丘陵来居住。武王伐纣，用车子载着文王的尸而行，因为天下还没有平定，所以不守三年的丧礼是从武王开始的。夏禹遭到洪水的祸患，治水蓄池，所以早晨死了，晚上就埋葬。这些都是圣人因应时代的需要，配合变化的要求，见到实际的情况而行恰当的措施。

【点评】

凡事不可泥古，应当因事制宜，才能事事恰当。像以上所举的圣王，都是因应不同的时代和环境，而行的各种措施。如果泥古而不化，不因时而变，就不能成大功、立大业而称为圣王了。

二十三、不法成法而法所以为法

现在的人修干戚之舞而笑农夫的挖土斫草，只知道守三年之

丧而非贬一日之悲,这不是喜欢牛就说马不好,自己喜欢徵音而笑羽声吗?用这样的方法来应付世事的变化,和弹一根弦来合《棘下》之乐的不能成乐有什么区别呢?所以用一世的变化,想要合乎每个时代的变化来应付变时,那就像冬天穿着夏布的衣服而夏天却穿着皮袭一样不合时宜。所以射一百支箭因为远近不同,不可以用一个标准;一件衣服因为寒暑的不同,不可以一年都穿。标准要合乎高下的需要,衣服要合乎寒暑的不同。世代不同,事情就要跟着变化,时代变迁了,风俗就应该跟着改变。所以圣人论世代的需要如何而立定法度,随着时代的需要而兴办事务。上古的帝王,封于泰山和禅于梁父的,有七十余位圣王,但是他们的法度都不一样,并不是他们专是为了做相反的事,是因为时代和世事都不一样啊!所以后世有见识的人,绝对不效法前人已成的法度,而是要效法前人所以为法的原因。所以为法的原因,才是能够和大化转易的主要力量,能够和大化转易的力量,才是至贵所在。

【点评】

因为成法是固定的,只能切合一时的需要。所以法,是法之意,法之意可以因时而用,随时变化以适用。

二十四、可贵者不可以随观听形

狐梁的歌是可以随着他学唱的,但是他的歌之所以唱得那么好的原因，不是别人可以做到的；圣人所立的法度是可以看到的，但是他之所以立法度的原因，不是别人可以探究的；辩士们的言论是可以听到的，但是他们之所以那么会说话的原因，不是别人可以形容的；淳均那样锋利的宝剑并不可爱，但是欧冶子铸剑的巧妙技术，却是很可贵的。

【点评】

知其然易，知其所以然难。其然者，只不过一道而已。所以然者，乃其全也。狐梁之歌，圣人之法，辩士之言，虽可习可见，但是其所以然之原因，则不可习不可见。就像欧冶子之铸剑，得其剑不足为贵，得其法乃为可贵。

二十五、仿其貌者不得其神

现在就王乔和赤松子来说吧！王乔和赤松子吹吐呼吸，把腹内的旧空气吐出来，把新空气吸进去，放弃形体，抛去智慧，抱持素朴，反归真元，游心于玄妙之中，上通于云天之上。现在如果想要学王乔和赤松子的道术，而得不到他们的养气安神的方法，只是模仿他们的吐气吸气和何时诎曲、何时伸张，这样的做法，不能够登云上天，那是很明显的了。

【点评】

这是说明道要得其真，若仅得外形，就不能算得道了。尤其是修道的人，对养气安神的方法，不能深入领会，而仅习其外貌，那是无法达到王乔和赤松子那种境界的。

二十六、失其神得其貌不能治天下

五帝三王，看轻天下，不重万物，齐一死生，同一变化，怀抱着大圣的心怀，来明照万物的情状，上可以和神明做朋友，下可以和造化造人类。现在想要学习五帝三王的大道，但是得不到五帝三王的清明玄圣，而仅只是看守着五帝三王的法籍宪令，这样子只得到了五帝三王的外表所遗留的糟粕，而得不到五帝三王真正的精髓。如此去做，不能够治理天下，那是可以明白的了。

【点评】

后人仅知五帝三王之为圣，而不知其所以为圣。因此，见五帝三王的法籍宪令，就以为是圣人治民之真迹了。其实，这不过是圣人偶然合时而用的外表，并不是他们的真迹。外表只不过像糟粕而已，用圣人之糟粕，自然不能治天下了。

二十七、识慧小者不可以论至道

所以，得到十把锋利的宝剑，比不上得到欧冶子的冶剑巧技，得到一百匹千里马，比不上得到伯乐的相马良法。朴的至大，大到没有形状，道的至小，小到没有度量。所以，天是圆的，但是不能用圆规来衡量它；地是方的，但是不能用方矩来测度它。过去的古代，来临的现在，合起来就叫宙，东西南北四方和上下就叫作宇。而道就在宇宙之间，只是不知道它的定处而已。所以，一个人如果见识不宏远，就不可以和他论大道，一个人如果智慧不远大，就不可以和他论至德。

【点评】

懂至道至德的人，重视所以然的根本方法，而不重视其然的结果。因为所以然的根本方法，可以造成无数的结果，而所得到的结果，只是有限的获得而已。识慧小的人，不能深会此意，又不知道德之至要，只见目前，不知宏远，所以不能和他论至道。

二十八、所为虽异，得道则一

从前的冯夷因为得道而成为水仙，所以能够潜游大川；钳且因为得道而成为山仙，所以能够升居昆仑；扁鹊因为得道而成为医仙，所以能够替人治病；造父因得道善驭马而成了驭马仙；羿因为得道善射而成了射神；倕因为得道巧于工而成了工匠仙。他们的工作都不一样，他们的得道却全是相同的。

【点评】

得道可以成仙，这是神道家早期的说法。《淮南子》之所以有神仙之气，即在于此。

二十九、法多而道同

凡是得道而通于事理的人，都不会彼此互相批评。就好像同一个陂塘来灌溉田地，田地所得到的水是一样的。现在宰杀了牛而烹调牛肉，或者是烹调为酸味，或者是烹调为甘味，煎、炸、烧、烤，调味的方法不可胜数，但是就根本来说，牛肉只是从一只牛身上切下来的；砍伐梗楠豫樟等树木，而将这些木料加以判解分离，或是做成棺椁，或是作为柱梁，把它解断，顺着木纹分开，做成器具的方法不可胜数，但是就根本而论，只不过是一根原木而已。所以百家的言论说法和陈奏虽然相反，但是它们都合于道却是一体的，就像丝竹金石虽然不同，但是在一起能够合成音乐却是相同的。至于它的曲，虽然各家相异，但是不失它的根本。伯乐、韩风、秦牙、管青他们相马的方法虽然不同，但是他们能够知道千里马却完全是一样的。所以三皇五帝的法籍虽然各不相同，但是他们能够得到民心却是完全一样的。

【点评】

　　世界上的事，虽然万异万殊，但是归本则一。本就是道。如果了解了这个道理，就可以执道来御万方了。

三十、得中理者不伤器

　　商汤在夏而行夏法，周武王在殷而行殷礼。夏桀、殷纣他们之所以灭亡，商汤、周武王他们之所以平治天下，各视他们的巧妙运用罢了。所以曲刀、削刀、锯子等摆在那里，没有巧妙的良工，就不能制木成器。炉子、风箱、埵坊、土模都准备好了，没有精于冶金的人，就不能把金属做成器具。齐国的大屠名叫屠牛吐，一个早晨可以分解九只牛，但是他的屠刀锋利得可以截断毛发。齐国的屠伯庖丁，他的屠刀用了十九年，完美得就像新制新磨的一样。这是什么原因呢？因为他们用刀剖切都合乎肌理，所以久用而不损。

【点评】

用器用物，都要顺性而为，才不会有所损伤。做事如果据理而行，也一定顺利而不会有所损伤。

三十一、不传的才是精意

至于规矩钩绳做圆方曲直的工具，这些都是巧具，但是并不是所以巧的本身。所以琴瑟没有弦，就是乐师也不能够成曲，只有弦就不能够悲，所以弦是悲的器具，而不是所以为悲的本体。就像工匠作镞（jī）发相通，独闭则不明而相错。进入空远之妙境，神和到了极点。心手相合，非常从容，这种神境，不能够与事相接，所以父亲都不能传授给儿子；瞽师的逐意来相物，描绘神奇的胜舞，用弦意把它表达出来，这种得意的功夫，就是哥哥也不能传授给弟弟。现在能够作平的为准，能够成直的是绳，至于不在于绳准里面而可以造成平直的，这可以说不是共通的方术。所以敲宫声而宫声应，弹角调而角音动，这是同音彼此相应的啊！至于说和五音不相关联，但是二十五弦全部相应，这就是不传的方法了。

【点评】

凡事有本末内外，而可知的往往为末为外，不可知的是本是内。外末为粗，本内为精。粗可以传，精不可以传。精意所以不可传，是因为它无迹的缘故。

三十二、是非不曲于一隅

深静为形体的主宰，寂寞为声音的主宰。天下的是非没有一定，世上的人，都各是自己认为是的，而非自己认为非的，所说的是和非各不相同，都是以自己为是，而以别人为不是。从以上看来，事情有合于自己的，未必都是对的，有反于心的，未必都是不对的。所以求是的人，并不是求是的道理，而是求合于自己的要求，去非的人，并不是批评别人的邪曲，而是反对不合自己的心意。因为不合我的心意，未必不合别人的心意，合于我的心意，不一定不被世俗所反对。至是的是，没有非；至非的非，没有是。这才是真的是非。至于说那些在此为是，而在彼为非，或是在此为非，而在彼为是的，这就叫作一是一非。一个是一个非都是一隅的曲见，如果以一个是一个非作为宇宙，而现在我要选择是来居留，选择非来抛弃。这样不知道世之所说的是非，究竟是谁是谁非。

【点评】

是非是相对的，而非绝对的。在彼为是，在我为非。在我为是，在彼为非。在古为是，在今为非；在今为是，在后为非。是是非非，皆由己而定，如此则偏于一隅，而非真的是非了。真的是非，是不曲于一隅。

三十三、一件事情两种看法

晋平公说话不适当，师旷就举琴来击他，琴越过了平公的衣襟而撞上了宫壁，宫壁坏了，左右的人要把坏壁涂饰起来。晋平公说：不用涂了，就用这个作为我有过失的标志吧！孔子听了以后说：晋平公并不是不爱护自己的身体，而是希望借此能够招来直言相谏的人；韩公子非听了以后说：众臣失去礼节而不加以诛罚，这是放纵了有过失的人。晋平公不能够霸诸侯，是有原因的了。

【点评】

晋平公的举措，孔子认为是对的，韩非子认为是错的。一件事有两种看法，就可以证明，是非是由彼此的观点而自定的。同时也因为凡事都有两面，执一而论，往往不能成为全知。

三十四、看法不同结果相异

宓子贱的客人在宓子贱的家里见客人,客人走了。宓子贱说:你的客人乃有三个过错。望着我而笑是傲慢,说话言谈不赞美老师是叛师,交情不够而说深入的话是悖乱。宓子贱的客人说:望着你笑是无私的表现,说话言谈不赞美老师是通达的表现,交情不够而能谈深入的话是忠诚的表现。所以,就以上的事情可以看出来,客人的容貌态度同是一种,有的就认为他是君子,有的就认为他是小人。这就是因为自己的看法和别人不同啊!

【点评】

这是说明看法的不同,所做的解释亦各相异。我们由宓子贱和他的客人的观点来看,他们各有各的观点,各有各的主观成分,所以同对一个人,而有不同的结论。

三十五、事本于一而自窥致异

人与人之间趣舍相合的,就说是忠诚而更加亲近。人与人之间互相疏远的,就是设想得很对反而会彼此相疑。亲生的母亲替他的儿子治头上的疮，头疮隆起的部分破了，血流到耳朵上去，看见这种情况的人，都认为这位母亲爱他的儿子爱到了极点。假使这件事发生在继母的身上，过路的人看见，一定以为继母在虐待儿子。事情的实况是一样的，但是看到的人不一样。从城墙上看牛像羊，看羊像猪，是因为所站的地方太高了。照脸在盘水里面就是圆形，照脸在杯水里面就是长形，脸是一样的，是因为自照的镜子不同。

【点评】

自己的影像，本是一致的，但是由于镜子的不同，而会产生相异的影像。同样的一个人，所照的镜子不同，而影像亦异。这就说明了，事情本来是一种，由于自己的自窥，反而相异。

三十六、不通于道，终身不定

所以通于道的就像车轴，不转于本身，而和车毂运转可以远致千里以外，这是因为转动没有穷尽啊！不通于道的就像迷惑的人，告诉他东西南北，像是意思明白了，但是仅守一隅走向狭小邪僻，没有办法马上通晓，所以就又迷惑了。这样才会终身隶属于别人，就好像候风羽毛一般，没有一会儿的时间能够静止下来。所以圣人体道而恢复本朴，以不变待变，以无为待有为，就可以近于免世难了。

【点评】

得道的人，可以应用而不穷。就像车轴的运转，连续不停，可以远至于千里之外。如果是不通于道的人，他就终身不定，没有固定的方向，更谈不上远至千里了。所以必须以不变待变，以无为待有为，才能够免世难。

三十七、人尽其才，事得其宜

太平治世的职务是容易守住的，事情是容易做到的，礼制是容易实行的，债务是容易清偿的。所以人各一官，官各一事。士、农、工、商所居的地方，各有特定的位置，分别居住。所以，农人和农人谈力田的事，士和士谈行为节操的标准。工人和工人谈制作的技巧，商人和商人谈经营的方法。这样子，读书的士人没有行为上的缺点，力田的农人没有废耕的时间，制作的工人没有难做的工作，经营的商人不会消折了财货。各行各业都能安生，互不干犯。所以伊尹兴建水土工程，长脚的人使他以镬取土，强脊背的人使他背土，目不正的人使他看标准，伛偻的人使他涂地面，各有各人所适合做的事，人的本能全部发挥出来了。

【点评】

因材而用，就形使作，这是很合乎自然和科学的。因为人各有所长，亦各有所短。用其所长，舍其所短，则人力的发挥，必更充分。所以人能尽其才，则事事都能得宜。这里所说的士、农、工、商，各研其技，各精其工，乃科学分工的实例。

三十八、治世用常而不用变

北方的游牧民族善于骑马，南方的越人善于操舟，不同的形体不同的类别。所以事情不但改换而且相反，失去他的地位就低贱，得到势位就尊贵。圣人能够不分异形殊类全部用之，他的方法只有一道啊！有先知远见的人，他的看法远大，这种人才非常崇高，但是治世不求于在下的民众全都如此；见闻广博记忆高强，嘴巴善辩词意巧妙，这种人是有智慧的美才，但是英明的君主，不要求他的属下全部如此。傲慢世人轻于物态，不为世俗所污，这是士人的高行，但是治世不用他来作为改变百姓的标准。

【点评】

治世的风俗，用常态而不用变态。因为治世守常，可以有一定的标准，有了一定的标准，大家才能够有所遵循。治世用常，更可以达到治国安民的目的。

卷第十二　道应训

下篇 《淮南子》精读

一、不知道者为精

　　太清问无穷："你了解道吗？"无穷回答说："我不知道。"太清又问无为："你了解道吗？"无为回答说："我知道什么是道。"太清问："你知道什么是道，也有方法吗？"无为说："我知道什么是道也有方法。"太清说："你知道的方法是如何呢？"无为回答说："我知道'道'它可以弱，它可以强；它可以柔，它可以刚；它可以阴，它可以阳；它可以暗，它可以明；它可以包裹天地，它可以响应对待所有的一切。这就是我所以了解道的方法了。"太清又问无始："前时我问道于无穷，无穷说：'我不知道什么是道。'又问于无为，无为说：'我知道什么是道。'我又问他：'你知道什么是道有方法吗？'无为说：'我了解道有方法。'我又问说：'你知道的方法如何呢？'无为说：'我知道它可以弱，它可以强；它可以柔，它可以刚；它可以阴，它可以阳；它可以暗，它可以明；它可以包裹天地，它可以响应对待所有的一切。这就是我所以了解道的方法了。'像这样，则无为的知道什么是道，和无穷的不知道什么是道，谁对谁错呢？"无始回答说："说不知道的知深，而说知道的知浅；说不知道的知内，而说知道的知外；说不知道的知精，而说知道的知粗。"太清听了以后，仰天叹息说："那么不知就是知啊！知就是不知啊！但是，谁知道知是不知呢？谁知道不知是知呢？无始说：道不可闻，可闻就不是道了；道不可见，可见就不是道了；道不可说，可说就不是道了。有谁了解真的形象的呢？所以老子说：天下的人都知善就是善，这样善反而成不善了。所以真知的人不说，说的人反而不知。"

【点评】

老子说："道可道，非常道；名可名，非常名。"凡是可说的道，可名的名，都是粗而外的；而不可道的道，不可名的名，都是精而内的。真知道的人，因为道不可说，所以说不知道。而不知道的人，强为道说，其实辞费而已。因为道以不说为精，说之为粗，所以无始以无穷为深精内，以无为是浅粗外。

二、至言不言

白公向孔子说：人可以微言。孔子知道白公有阴谋，所以不回答。白公说：如果以石头投水中怎么样？孔子回答说：吴、越善于没于水中的人，能够把它取出来。白公说：如果以水投水怎么分别？孔子说：菑水和渑水合在一起，齐国的易牙，尝一尝就知道了。白公说：那么人就不可以和他谈细密的话吗？孔子回答说：怎么说不可以呢？谁是知言的人呢？凡是说他是知言的人，不以言来说明。争鱼的人一定濡湿，追逐野兽的人一定疾赶，这是一定的道理，并不是他们喜欢这样。所以，至言的人，去言而不言；至为的人，去为而无为。凡是浅知的人所争的，是拔末白公不懂这个道理，所以死在浴室之地。所以老子说：言有宗旨，事有主意，只有无知，所以没有人能够知道我。这就是指的白公啊！

【点评】

白公既有志于楚国，自当以不言。不言之言其意深，言之而言其意浅。无为而为其为大，有为而为其为小。白公不知去言无为之理，所以浅而失也。

三、法令滋彰盗贼多有

惠施替梁惠王制国法，已经完成之后，给许多先辈的先生们看，先生们都称赞他。因此，他上奏了梁惠王，梁惠王非常喜欢他的法，并给翟煎看，翟煎说：好！梁惠王说：好！可以施行吗？翟煎回答说：不可以！梁惠王说：你既然说好，而又说不可施行，这是什么原因呢？翟煎回答：现在搬运大木的人，前面呼叫邪许的声音而助气，后面的人就跟着相应。这是举重劝大家勉力的歌，难道说郑、卫没有高昂的歌曲吗？但是不用郑、卫的音乐，而用邪许之声，那是因为举重的时候，比不上用邪许来得适宜呀！治理国家有节，而不在于文饰巧辩。所以老子说，法令愈多愈彰明，盗贼也愈增加。就是这个道理啊！

【点评】

事有繁简，当繁者不可简，当简者不可繁。法令在于简明易行。法虽善，烦而扰民，则不如简法易施也。且法有宜不宜之时，也有宜不宜之用。不宜时不宜用之法，虽多无益，宜时宜用之法，虽少增效。这就是老子不欲多法的原因。

四、万事万物皆不及道

齐国的田骈用道术来游说齐王，齐王回应他说：寡人所有的齐国，用道术很难除去祸患。希望能够听听国家的政治。田骈回答说：臣所说的无政，就可以说是为政了。打个比方来说吧，就像林木没有木材，但是却可以生材。希望王能够详细体察我所说的话。自己取齐国的政就可以了，虽然不能除去它的患害，但是天地之间，六合之内，是可以陶冶变化的。齐国的政治，又有什么值得问的呢？这就是老子所说的无形状的形状，无物象的物象啊！像王所问的是齐国，田骈所说的是材啊！材比不上林，林比不上雨，雨比不上阴阳，阴阳比不上和气，和气比不上道。

【点评】

道是伟大的，所以万物均不及道，道可以生和气、产阴阳、降雨泽、茂林木、出资材，以供人用。所以无政之政，乃为大政。

此亦就道之大用而说。

五、锐必折

白公胜得到了楚国，不能够把府库之财分散给众人。七天之后，白公的同党石乙进去见白公说：府库之财，是由不义而得到，现在又不能够布施分散给大众，祸患一定会产生的。你不能够分给大家，不如就把它们烧了吧！不要因为这些东西而使别人害我们。可是白公不听他的劝告。第九天的时候，楚国大夫叶子高，自方城之外进来要杀白公，大开府库中的财货，来分给众人，把高库里的武器分给百姓，因而用这些财货武器来攻白公，十九天之后，就擒杀了白公。国家本非他所有的，而想要得到，可以说是最贪心的了。不能够把府库之财分人，又不能够为自己，可以说是最愚笨的了。以白公的吝啬来比方，和枭鸟爱它的幼枭有什么差别呢，因为幼枭长大是要吃掉母枭的呀！所以老子说：要保持满盈，反不如适可而止，要削得尖锐，就不能永保尖锐。

【点评】

持盈的人，要知道保泰。古语说：财散则民聚，财聚则民散。以财分人，则人愿意为他所用。如欲以财自守，恐将祸及于身，白公就是如此。老子对此再三致意，实在是很有道理的。

六、知雄守雌可以胜天下

赵简子立赵襄子为继承人,董阏于说:无恤(赵襄子的名字)是庶子,地位微贱。现在立他为继承人,是什么原因呢?简子回答说:无恤为人,能为国家社稷忍受耻辱。过了一些日子,知伯和赵襄子喝酒,知伯拍打赵襄子的头。赵襄子的大夫请命杀掉知伯。襄子说:先君立我的时候,说我能够为国家社稷忍受耻辱,岂是说我能够刺杀人吗?过了十个月,知伯用军队围襄子于晋阳。赵襄子分列军队而痛击知伯,结果把知伯打得大败,将他的头打破作为饮器。所以老子说:知道什么是雄健,而守着雌柔,要做天下最低的溪谷。

【点评】

忍辱才可以负重,守柔才可以克刚。赵襄子可以说是能够忍辱、守柔的人了。他能够击败骄悍强大的知伯,就是能够了解知雄守雌的道理。

七、神来德附的方法

唐尧时代的老人啮缺向老人被衣问道,被衣说:正你的形体,专一你的视力,天和就会到来。统摄你的智慧,正你的法度,神就会来住你身上,德将会附在你身上。如此美好,道将会为你停留。傻傻的像新生的小牛犊,而不求任何的原因。话还没有说完,啮缺继续看着他不再说话。被衣一边唱歌一边就走了,他的歌是:形体像枯槁的骸骨,心像熄灭的死灰,直朴而没有知识,以此自守,沉默而宽广,没有心计可以和他共谋,那是什么人啊!所以老子说:明白通达四方,能够不要用知识吗?

【点评】

要想神来德附,唯一的方法,就是能够守静,而且不可用知,如此则可以神来德附了。

八、冲虚必能成功

赵襄子的使者,攻伐翟人而胜利了,并取下翟人的尤人、终人两个城邑。使者来谒见赵襄子,赵襄子正要吃饭,而表现出忧愁的脸色。他左右的人说：一天之内两座城池被攻下，这是人人都欢喜的事情，现在你脸上表现出忧色，是什么原因呢？襄子说：江、河虽然广大，不过三天而减，飘雨和暴雨，不终日而结束。现在赵氏的德行一无所积，而今天一朝攻下两城，灭亡恐怕要轮到我身上了。孔子听了以后说：赵氏将要昌盛了啊！因为忧愁就是昌盛的原因啊！欢喜却是灭亡的先兆！胜利并不是难事，而贤明的君主，以这种态度来处理胜利，所以他的福祉会留给他的后世。齐、楚、吴、越全部都曾胜利过，可是到了最后得到灭亡，那是因为他们都不懂得怎么处理胜利的态度。孔子强而有力，可以引国门之关，但是他不肯以自己有力而让大家知道。墨子做攻守之具，而使公输般佩服，但是墨子不肯以善用兵而让大家知道他。善于保持胜利的，常常以强为弱。所以老子说：道，要从冲虚的方面去运用它，而使它不致满盈。

【点评】

志不可满，志满必有所失。赵襄子胜而有忧色，足见他胜而不骄。孔子劲而不以力闻，墨子善守攻而不以兵闻，都是冲虚的表现。古代圣贤所以过人的地方，均在于此，这是我们所宜深思的地方。

九、大勇不言勇

惠盎进见宋康王，宋康王蹈足声欬，大声说：寡人所喜欢的，是勇而有力的人，不喜欢专门说行仁义的人。您将怎么来指教我呢？惠盎回答说：我有这样的本领，人虽然勇敢，刺我刺不中，虽然巧而有力，打我不能打中。大王对这方面难道没有兴趣吗？宋康王说：好！这是我所希望听到的。惠盎说：刺而刺不中，打而打不中，这还是一种耻辱。臣有一种道术在这里，使人虽然有勇而不敢刺，虽然有力气而不敢击。有勇不敢刺，有力不敢打，并不是他没有刺打的意思。臣有一种道术在这里，使人根本就没有刺击别人的意思。因为本无刺人击人的意思，所以没有爱利的心。臣有道术在这里，使天下的丈夫女子，无不欣喜地产生爱利之心，这比勇而有力好得多了。凡此四事，皆累于世，而男女没有不欢然为上的。大王对此难道意不在此吗？宋康王说：这正是寡人想要得到的。惠盎回答说：孔子、墨翟就是如此的。孔丘和墨翟，没有土地而为君，没有官位而为长。天下的男男女女，没有不伸长着脖子，踮起脚跟，希望得到安和乐利的。现在大王您是万乘之国的君主，真的有这样的志气，那么国家四境之中，都会得到你的利益了。这胜过孔子、墨翟太多了。宋康王竟然无话可以回答。惠盎退出以后，宋康王和他的左右说：真是好的辩士啊！客人用他的理论胜过了我。所以老子说：勇到了不敢的地步，就可以得活了。由这个地方看起来，大勇反而变成不勇了。

【点评】

勇有大勇、小勇之分，小勇示人以力，大勇示人以无。以力胜人的人，不能服人，以德胜人的人，使人心悦诚服。所以，大勇不见其勇，也就是大勇无勇。若孔丘、墨翟的"无地而为君，无官而为长"，天下之民仰之，才是真的大勇。

十、不必代大匠斫

从前辅佐唐尧的有九人，辅佐虞舜的有七人，辅佐武王的有五人。唐尧、虞舜、周武王对九、七、五人的辅佐者，不能做他们中任何人的工作。但是尧、舜、武王却能够垂拱而治，安享成功，这是因为他们善用别人的才能。所以，使人和骐骥竞走，人胜不了骐骥。但是人托于车上，骐骥就胜不了人。北方有一种兽，它的名叫蹶，前足像鼠，后足像兔，趋的时候会顿跌，走的时候会颠倒。它常常为前足长后足短的蛩蛩駏驉（jù xū），取甘草来给它，因此，蹶有了患害的时候，蛩蛩钜驉一定背负着蹶逃走。这是用它的所能，来托其所不能。所以，老子说：拙工代替巧匠去斫木头，很少有不斫伤自己的手的。

【点评】

人各有巧，不必相代，代而反变为拙。就像尧、舜、武王一样，辅佐他们的人，都比他们能干，但是尧、舜、武王并不代他们做事，而是任他们做事，就是所说的"托于车上，则骥不能胜人"的道理了。

十一、全大道可以小用

薄疑用王术游说卫嗣君。卫嗣君说：我所有的只是千乘之国，愿以此而受教导。薄疑回答说：乌获是位大力士，他可以举千钧之重，又何况是一斤呢？杜赫用安天下的方法，游说周昭文君，文君对杜赫说：我愿意学怎么样能够安周就可以了。杜赫回答说：我所说的话如果不可以用，就不能够安周，我所说的话可以用，那么，周自然也就安了。这就是所说的不安而能安啊！所以老子说：大制不可分割，致数舆反而无舆了。

【点评】

凡事能够得全的，一定可以分用，凡事已经能大用的，一定可以小用。人能举百斤，则一斤之举，必甚容易。能安天下的人，自然可以安国。能行百里的人，则一里之程，当可立至。不必以为求小而大不可以行。

十二、廉不可以破良法

鲁国的法律，鲁国人做人的仆妾于诸侯的，有能够把仆妾赎回来的，可以向公府取钱。子贡把鲁国人从诸侯那里赎回来，而辞谢了官府的钱不受。孔子说：赐啊！你这样做就不对了。因为圣人办事，是可以移风易俗的，而教化顺行，可以施于后世，不仅是适用于当时就可以了。现在国家有钱的人少，贫穷的人多，赎人接受钱，就是不廉洁，不接受钱，就没有再赎人的了。自今以后，鲁国人不再有赎人于诸侯的了。孔子也可以说是知礼的了。所以老子说：见小曰明。

【点评】

法是永远的，廉是一时的，不可以以一时的廉洁，而破坏了永远的良法。因子贡的一时不受府金，而使鲁人以后不再赎人于诸侯，其失可以说大了。

十三、功成名就，遂身退天之道

魏武侯问李克说：吴国灭亡的原因是什么呢？李克回答说，

是因为吴国屡战屡胜。魏武侯说：屡战屡胜，这是国家之福，吴国独因此而亡，这是什么原因呢？李克回答说：屡次作战，百姓就会疲困；屡次战胜，君主就会骄傲。以骄傲的君主，驱使疲困的百姓，而使国家不亡的，天下少有啊！骄傲就会放恣，放恣就会极欲；疲困就会怨恨，怨恨就会极虑，上下俱极，吴国的灭亡可以说太晚了。这就是吴王夫差自杀干遂的原因啊！所以老子说：功成名就以后，就应该身退归隐，这才是自然的道理啊！

【点评】

屡战屡胜，所以亡国者，乃因君骄而民疲。所以道家诫人，持虚而戒满，因为知足才可以不殆。祸莫大于不知足。因为人在功成名遂之后，往往不能自止，结果走向败亡的道路。如果了解了"功成名遂身退，天之道"的道理，就能够永保其功名。

十四、用长勿求全

宁戚想求用于齐桓公，因他很穷没有办法见齐桓公。于是他做了商旅，载着车子，到齐国经商，晚上住宿在郭门外。齐桓公到郊外迎接客人，夜开城门，君载于车，火炬很盛，随从的人很多。这时候宁戚正在车下喂牛，望见齐桓公而悲伤，敲击牛角非常快，并唱商声的悲歌。齐桓公听了，抚住他的驾驶的手说：奇怪啊！这个唱歌的人，他不是一位普通的人啊！命令后车把他载回去。

桓公回去，随从的人向桓公请示。桓公赐给他衣冠而和他见面。宁戚向桓公说治理天下的方法，桓公大喜，要重用他。群臣都论这件事说：宁戚是卫国人，卫国离齐国并不远，君不如派人到卫国去查问一下，如果是真的贤者，再用他不晚。桓公说：不可以这样，查问他恐怕他有小的过错，假如因为他的小过错，而忘了他的大美的地方，这就是做人君的失去天下之士的原因了。凡是听信人一定要有征验，一听信之后就不必再问，以合我听知之意。而且人是不能够十全十美的，只能权衡轻重用他的长处罢了。对于这种举用，齐桓公可以说是得道了。所以老子说：天大，地大，道大，王亦大。域中有这四种大，而王处其一，这是说他能够包裹宇内的人才啊！

【点评】

任人当任其长，不可记其小恶，古人所谓"不以寸朽弃连抱之材"，就是这个道理。因为人既不能十全十美，必定会有小恶，如果因小恶而忘大美，那将失去天下之士了，岂不可惜，这是用人者所宜深思的。

十五、重身爱躯可以托天下

太王亶（dǎn）父原居住在邠（bīn）地，翟人攻夺之。太王以皮帛珠玉事翟人，翟人不接受，而且说：翟人所求的是土地，而不是为了财物。太王亶父说：和别人的哥哥居住，而杀他的弟弟，和别人的父亲相处，而杀他的儿子，这种事我是不能做的。你们都勉力住在这里吧！做我的臣子和做翟人的臣子有什么差别呢？而且我听说：不应该以其所养的来害其养。于是就拿着手杖走了。人民接连着跟在他后面，随他而去，于是在岐山之下成立了国家，太王亶父可以说善于保生了。虽然是富贵，但是不以养来伤身；虽然贫贱，但是不以利来累形。现在接受他先人的爵禄，就一定会失掉它，这件事可以说从来已久了。如果轻轻地把它失掉，其不迷惑吗？所以老子说：能够珍贵身躯为天下的人，才可以把天下托靠给他；能够爱惜身躯为着天下的人，才可以把天下寄付给他。

【点评】

古人有贵身之说，但是贵身不是为了自己，而是为了天下，那么贵身才有价值。唯有贵身、爱身的人，才可以寄托天下。不知道贵身、爱身的人，就不足以把天下托付给他了。

十六、重生轻利以复光明

中山公子牟对詹子说：身在江海之上，心存于魏阙之下，应该怎么办呢？詹子说：重生，因为重生就会轻利。中山公子牟说：虽然知道这个道理，但还是不能克制自己。詹子说：不能克制自己，就应该放纵自己，纵心意则神不会怨恨。不能够克制自己，而勉强忍欲不加放纵的人，这就叫作重伤。重伤的人，是不能得高寿的。所以老子说：知和叫作常，知常叫作明，益生叫作样，心使气的叫作强。所以用它的光，是为了要复归它的明啊！

【点评】

人应该要有克制情欲的能力，如果不能克制情欲，则当率性而为。不然则身伤，身伤就不能全寿了。所以必须重生轻利以复光明，才可以全生而制欲。

十七、身为国之本

楚庄王问詹何：怎样治国家？詹何回答说：我明白治身，而不明白治国家。楚庄王说：寡人得立为主，宗庙和社稷，希望能够守得住。詹何回答说：我没有听说过身治好了而国家乱的，也没有听说过身乱而国家治的。所以，根本在于身，我不敢以枝末的问题来回答你。楚庄王说：好！所以老子说：修养他的身体，他的道德才真实。

【点评】

这是说明，身为国本。本治而末乱的，自古没有发生过。因此，治身就可以治国。

十八、圣人遗书乃其糟粕

齐桓公在堂上读书，轮人在堂下斫轮，放下他的锥子和凿子，而问齐桓公：君主所读的是什么书呀？齐桓公说：我读的是圣人之书。轮扁问道：作书的圣人，现在在什么地方呢？桓公说：已经死了。轮扁说：那么你现在读的书，只不过是圣人所遗留下来的糟粕而已。桓公听了忽然变色而发怒道：寡人读书，做工的人怎么可以随便讥笑呢？现在你给我解释清楚，说不清楚就是死罪。轮扁回答说：是！我有说明。我就用我斫轮的事来告诉你。太快了因为心急就不能斫入，太慢了因为意缓而不能牢固。如果不急不缓，就能够应于手，得于心，而可以达到至妙的境界，到了这种境界，我不能教我的儿子，我的儿子也不能得之于我。所以，我现在行将六十岁了，年老而仍然为轮人。现在圣人所说的话，亦是存了他实际的知能，穷困而死，所遗留下来的，只有糟粕存在了。所以老子说：道如果是可以说的，就不是常道，名如果是可以称的，就不是常名。

【点评】

　　圣人遗书，为他一时一事的措施，不能代表圣人的全部。因为时代的变易，其精不存，其用已失，不合时代的需要，不就像取酒以后，所留下的糟粕一样吗？

卷第十三　泛论训

一、上古重德轻文

古代的君王，不知道制衣冠，只是包着头，裹着脖子，依然能够王于天下。因为他们的恩德可以给人民谋生，而不加害于百姓；施与百姓，而不向人民夺取。天下的百姓，都不批评非议他们的服装，而都共同感戴他们的恩德。在这个时候，阴阳调和，风雨得时，万物都生长得非常茂盛。鸟巢都筑在很低的树枝上，禽兽可以牵着和人一同走。难道说一定要穿着大袖圆领的衣裳，拖着阔的带子，戴着委貌章甫的冠，才能算得君主吗？

【点评】

王天下的君主，在于德而不在于文。因为德为质，文为表。质可以泽民而福物，文不足增德而加惠。所以，古人重德而不重文。因为德为本，文为末，得本自然可以舍末。

二、适时为用先王之法可更

古代的时候，人民居住在水草地上或是山洞里面。冬天的时候，受不住霜雪雾露的寒冷；夏天的时候，受不了暑气燠热和蚊

淮南子：自然之道与和谐之治

虮吸咬。圣人出来之后，替他们筑土架木，建造房子，上面有栋梁，下面有椽子，可以遮蔽风雨，躲避寒暑，天下的百姓都得到了安乐。伯余开始创制衣服的时候，仅只劈开麻皮，搓成麻线，用双手把直线和横线编织起来，这种布做成以后，就像捕鱼的网和捉鸟的罗一样。后代的人，制造了织布机和织布梭，很适合人民的使用，人民因此而能够遮蔽身体，防御寒冷。古代的时候，拿削尖的耜来耕田，用磨薄的蚌壳来耘草，用带钩杈的树枝打柴，抱着瓦罐子汲水，人民劳苦而获利菲薄。后代的人，就造成了耒耜耰锄等各种农具，用斧头砍柴，用桔槔汲水，人民可以很安逸地得到许多利益。古代的时候，被大河深谷横断了道路，不能够相互往来，就把整棵的大树干挖空，后来又把木板并在一起，造成了船只，才能够在水面航行。古代的时候，运输各地的货物，互相接济有无，但是只能把货物挑在肩上，驮在背上，穿着皮靴或草鞋，走几千里远的路，辛苦到了极点。因此，后来的人，用木条弯成圆轮，造成车子，把牛马训练得非常驯服，使它们驮着货和拉着车子走，人们才能够不费力地把货物运送到遥远的地方。因为凶猛的禽兽经常害人，没有办法防御，所以就煅炼铜铁，制成了刀枪，才不会再受到凶猛禽兽的伤害。所以，人民如果被困难所逼迫，就会寻求便利的方法；受了祸患的痛苦，就会发明完备的器具。每个人都凭着自己的知识避免祸患，寻找利益，不能够死守着常法和陈规，不能沿用破旧的器具。这样看起来，先王的法度是可以改变的。

【点评】

时代的不同,需要也就不一样。如果墨守成规,不能因时而变,就跟不上时代。所以,这段说明,都是前代如何的不合后代的需要,而后代又如何的因应时代的需要而加以创造发明。这是一种很进步的思想,也是告诉我们应如何去因应世变的一种方法。

三、礼乐制度可因时而变

古代的制度,婚礼举行的时候,新郎不可以自己做主人,须由父母长辈主持。虞舜娶妻,没有告知父母,是不合乎礼的。君主立嗣,必须用嫡长子继承,周文王不立伯邑考,而立武王,是不合于规矩制度的。按照礼的规定,男子到了三十岁才可以结婚,文王十五岁就生了儿子武王,按规定是不合法的。夏朝的时候,殡殓死人,在正堂东首的阶上,殷朝在正堂上东西两柱的中间,周朝在正堂西首的阶上,这是殡礼的不同。至于所用的棺木,虞舜时期所用的是陶制的瓦棺;夏代的时候用二尺阔四尺长的瓦叠起来遮蔽尸体,叫作堲(jí)周;殷代的时候,用的是木椁;周朝的时候,用的是棺,而在外面还加上椁,并且插羽扇作为装饰。这是葬礼的不同。祭天的时候,夏代半夜在屋里祭,殷代天亮在堂上祭,周代太阳出来以后在庭中祭。这是祭礼的不同。至于音乐,唐尧用的是《大章》,虞舜用的是《九韶》,夏禹用的是《大夏》,商汤用的是《大濩》,周武王用的是《武象》。这是音乐的不同。五帝所行的道虽然不同，他们的恩德都可以泽被天下，三王所做的事各不相同，他们的美名都能够流传于后代。这都是随着时代的变迁而制作礼乐的，就好比师旷转动琴瑟的柱，他推移高低上下没有一定的尺寸度数，但是没有不合音节的。所以，通晓明白礼之实的人，才能够制礼作乐，因为心中先有了一定的主张，才能够知道怎么样才合乎规矩和法度。鲁昭公的庶母死了，昭公为了报答庶母的恩情，穿了十三个月的孝服，后来就定下给慈母戴孝的丧礼。阳侯在国君的宴会上，看见蓼侯的夫人美丽，竟然杀了蓼侯，而把他的夫人抢走，自此以后，诸侯的宴会上，废除了夫人参加的礼节。先王的制度，不合时宜的，就应该废除它；后世的事情，如果是好的，就著明通行。由这些地方看来，礼乐的规定，从来都是没有一定的。所以，圣人可以制礼作乐，而不被礼乐所束缚和限制。

【点评】

这是说明礼乐制度，都没有固定的常规，也不是永远不变的。因为代有因革，需要不同。前人所欲的，未必是今人所喜的。前人所宜的，未必是今人所需的。所以，必须因时为宜，以应时代的需要，不可墨守成规。

四、三代之兴不沿旧法

治国固然有一定的常规，但是要以利民为本，政教固然有定法，但是要以令行为最要紧。假使对人民有利，不一定要效法古人；倘使对事情方便，不一定要遵守旧章。夏、商两代的衰微，没有变更旧法而灭亡；夏禹、商汤、周武王的兴起，都没有沿袭旧法，而都称王于天下。所以圣人的法度，随着时代而更改，圣人的礼制，跟着风俗而变化。衣服和器械，应该便利各方面的用途，法度和体制，要适合各时代的需要。所以变更古法未必都是不对，顺从习惯不一定全对。百川的发源地虽然各不相同，然而全都归于大海；百家的学说虽然互有差别，然而目的都在于治好国家。王道残缺以后，才有《诗经》产生；周朝衰败和礼乐破坏以后，才有《春秋》创作。《诗经》和《春秋》，是学术上很有价值的著作。但是，都是乱世的作品。儒者们用这些书教导世人，怎么能够比得上三代的盛世呢？把《诗经》和《春秋》当作古道而宝贵它，但是又有没有作《诗经》《春秋》的更古时代。讲残缺的道，不如讲完全的道，读先王的书，不如亲自听到先王的话，听到先王的话，不如知道先王为什么说这话的道理；因为先王说话的道理，并不是用话可以说得清楚的。所以老子说：可以说得出来的道，就不是永久不变的道。

【点评】

在一般人看来,具体的事物,才是完整的、真正的。但是,就道家来说,凡是具体的事物,完整的东西,是可以说出来的。可以说出来的,就不是永久不变的,不是永久不变的,当然就不能把它当作道。依此类推,前人所遗留下来的礼乐法制,就不能视为不变的准则。如果那样,就不能因应时代了。

五、法制礼仪仅为治国之具

从前周公侍奉文王的时候,行事不敢自专,做事不敢自己决定;经常俯着身体,好像穿不动衣服,闭着嘴巴,好像说不出话来;捧着东西送给文王,战战兢兢的,好像拿不动的样子,唯恐丢掉,可以说很会做儿子了。武王死了,成王还小,周公继承了文王的基业,站立在天子的地位上,处理天下的政务,平定了少数民族的混乱,诛戮了助禄父作乱的管叔和蔡叔,背着屏南面在王位上接见来朝的诸侯,赏罚决定,全由自己的主意,而不必问及别人,这时候他的威望震动天地,名声慑服天下,可以说是很威武了。后来成王长大以后,周公就把全部政权归还成王,立在臣子的地位上,北面低头服侍成王,什么事情都要请示了才敢去做,得到成王的允许才敢行动,没有一点专擅放肆的意思,没有一点骄傲夸功的神色,可以说很会做臣子了。同是一个人,前后变了三个样子,这就是为了适应时势啊!何况是一个君主屡次变更年代,一个国家屡次更换君主？每个人都要凭自己的权位，来达到他的好恶，假借威势，来满足他的欲望。在这种情形之下，想要用一成不变的古礼，一定不易的旧法，去应付时势，适合于变化，这样做不能够合乎时宜，那是非常明显的。所以，圣人遵循的叫作道，所作为的叫作事。道像乐器里的钟盘，制成以后一经调和了音节，就不再有变动；事像乐器里的琴瑟，弦的松紧和柱的上下，必须在弹奏的时候经常调整。因此，法制礼义只是治理国家所用的工具，绝不能依靠法制礼义就达到治理天下的目的。所以把仁作为常道，把义作为纲目，是万世不变的。至于要考察每一个人的才能，要应付每个时间的状况，即使每天换一个法，也没有什么不可以的。天下难道有一定的常法吗？只要实际上能够行得通，多数人都赞成，不违反天地，不得罪于鬼神，就可以把所有的事办好了。

【点评】

法治礼仪，仅仅是治国的器具，既然是器具，就必须因时用而加以变更。为什么呢？因为天下本无一定的常法，只要合于时代，为人所喜，顺于天地，应于鬼神，自然就可以用以为治了。

六、不验之言圣王不听

古代的时候，男人都非常忠厚，工人都施展技巧，而且做器坚固，商人做生意规矩，从不施展诈伪，妇女都很稳重。所以政

淮南子：自然之道与和谐之治

治和教育容易使人感化，不好的风俗容易转移。到了现在，人民的道德愈加衰落，风俗更加败坏，想要用古代宽厚的法制，来治理疲顽的百姓，那就像驾驭凶悍而没有勒口、络头和鞭子的马一样。从前神农氏没有法令制度，而百姓自然服从。到了唐尧、虞舜的时候，有了法令制度，但是没有刑罚。夏朝的时候，人说话都守信用。到了殷商的时代，就需要发誓。到了周代，更需要歃血为盟了。到了现在的世界，挨骂能忍受，受辱也不在乎，贪图财利而不知羞耻。在这样的情况下，想要用神农氏时代的方法去治理人民，那一定会产生大乱的。从前的伯成子高辞去了诸侯的高位，而去做一个农夫，天下的人都崇敬他。现在的人，如果辞去了官职而隐居起来，就会被乡里中的人看不起。古今有别，怎么可以相比呢？古代的兵器，只用弓和剑而已，树干削成的尖枪，没有镶上铁，树枝制成的长叉，也没有尖锐的锋。现代的兵器，用高大的冲车来冲城，用深堑防箭牌来守城，射击敌人用接续不断的连珠箭，杀伤敌人用按机关飞出刀去的销车。古代攻伐敌国，不杀害小孩子，不掳掠老人。这样的规矩，在古代认为是正义，在现在认为是可笑。古代认为辞去诸侯为农是光荣的事，现在认为辞去官职退隐是可耻的事。古代认为可以为治的，现在认为是为乱了。古代的神农和伏羲不用赏罚，但是所有的百姓都不做坏事。可是现在的当政者，要治理百姓就不能够废除法律。虞舜只用一队舞队，在阶前拿了盾和斧跳舞，就可以使有苗归服，可是现在负责征伐的军事家，要平定暴乱绝不能废弃甲兵。这样看起来，法度一定要按照百姓的风俗习惯，定出先后缓急的程度，器械一定要随着古今时代的变迁，注意配合用途的改进。圣人制定了法度，一般人就会被法度所束缚；贤人制定了礼节，一般人就会受礼节的拘限。被法度束缚的人，不会想到长远的规划；受礼节拘限的人，不能够应付随时的变化。一个人如果耳朵辨不出清音和浊音的差别，就不能叫他去调和音乐，心里不明白国家治乱的根源，就不能叫他去制定法度；一定要有特别灵敏的耳朵、特别明亮的眼光，才能够执掌大道，一切都行得通。三代的礼制不同，殷朝改变了夏朝的礼制，周朝改变了殷朝的礼制，春秋时代又改变了周朝的礼制。既然各代不同，为什么要依照古代呢？长辈创制了法度，让后生小辈去遵守，但是必须知道法度政治最初为什么要这样，才能够随着时代改变；如果不知道法度政治的根源，即使完全遵从古代，结果一定糟糕。现在的典籍，是随着时代变动的，礼义是跟风俗转移的，一般的学者，只知道遵循古人，继承先人的事业，根据古书，拘守旧训，认为非如此不可，那不就像把方榫头硬要敲进圆的榫眼里去吗？要想配合得密切，就太难了。现在的儒家和墨家，嘴里常常赞美三代，实际却不去做，这就是只说他们不能做的事，他们反对现在的一般人，自己却不肯改，这就是只做他们所反对的事。嘴里说的，是他们认为是对的事，而所做的，是他们认为是不对的事，所以浪费了光阴，用尽了心机，却对于国家没有一点益处；辛苦了身体，消耗了精神，却对君主没有一点补益。只看现在那些画匠，专爱画鬼怪，而怕画狗马，这是为什么呢？因为鬼怪从来没有人见到过，而狗马是大家每天都看到的。要转危为安，变乱为治，只有贤智的人才能做得到；至于称美先王，谈论古代，就是愚蠢的人，也会觉得十分容易。所以不合实用的办法，圣人绝对不会采纳；没有证据的空论，明主绝对不肯听从。

【点评】

空谈虚论,容易动听,而不能够实用;证实的事情,因为具体,而不能虚构。得道的明君,不采纳不合实用的办法,不听从无据不实的空论,那是当然的了。因为这些都无益于国家啊!

七、御人必以术

天地间的气,没有比和气再伟大的了。和气可以使阴阳调协,日夜分开,而且生长万物。万物在春天的时候生长,到秋天的时候成熟,生长和成熟,一定要得到和的精气。所以圣人的道,宽大而谨敬,严格而温和,柔软而正直,威猛而仁爱。太刚强了就会折断,太柔软了就会卷起来。而圣人正好处在刚柔之间,所以能够得道的本源。积阴过重就会下沉,积阳太多就会飞升。阴阳能够上下相交,才能够成为和气,以绳墨做量度,可以卷而起来怀藏,把它拉开伸长,可以使直线看到。所以,圣人亲身行之,凡是长而不横的,短而不尽的,正直而不刚强的,永久而不遗忘的,恐怕只有绳墨了。所以恩德推移就会懦弱,懦弱就不会威严。严格推移就会威猛,威猛就不能生和气。爱心推移就会放纵,放纵就不能行令。刑罚推移就会暴虐,暴虐就会没有人亲近。从前齐简公放下他的国家的大权,专门任用他的大臣,将相们专摄威柄,擅取势力,私门互相结成党羽,而公道反而不能推行,所以使陈成常(田常)和鸱夷子皮构成了弑杀简公的祸难,使得吕氏绝了祭祀,使陈氏得到国家,这都是柔弱懦怯所产生的后果。郑国的相名叫子阳,他的性情刚毅而喜欢处罚人,他对于受罚的人,捉到就不会赦免。他的舍人,有把弓折断的,怕犯罪受到诛罚,就借着有疯狗之惊而杀死了子阳。这是因为刚猛所造成的不良后果。今天不了解道的人,看见柔软懦弱的人受到侵犯,就专心一意地去做刚毅的人;见到刚强有毅力的人招致败亡,就专门去做柔弱的人。像这样的人,根本心中就没有主见,仅凭见闻去做,只能舛驰于外了。所以,他终身都没有一定的归向。就像不懂音乐的人唱歌,用浊音就湮没无声,用清音就悴而不和。要是轮到韩娥、秦青、薛谈这些善于讴的人,侯同、曼声这样善于唱歌的人,愤于心志,积气于内,充满了然后发音,就没有不近于音律,而且和于人心的。这是什么原因呢?内心本来有一定的观念,来定清浊,不会受外界的影响,而由他自己订立了标准。就像现在的瞎子,行走在路上,人叫他向左,他就向左,人叫他向右,他就向右;遇到君子就容易行走,遇到小人就会陷落沟壑,这是什么原因呢?因为他眼睛看不到啊!所以,魏国的文侯起用楼翟、吴起,而失去了西河之地,齐国的愍王专任用淖齿,而身死在东庙。这是因为他们没有方法来统御这些人啊!周文王同时用吕望、召公奭,而能够王天下;楚庄王专门任用孙叔敖,而称霸诸侯,这是因为他们有办法统御这些人啊!

【点评】

御人有术,人才能够得其用。如果用人不以术,就是善才之人，也不能够得其功。这个术必须合乎中道，怎样才能合乎中道呢？必须宽严得中，刚柔相济，合乎人用，始为有功。

八、器各异用不能相废

敲打钟鼓，弹奏琴瑟，唱歌跳舞那样的音乐，打躬作揖，来回打圈那样的礼节，父母死了用衣衾殡殓，用棺椁埋葬，死后服丧三年那种丧礼，是孔子所制定的，可是墨子却反对他。普爱所有的人，敬重贤能的人，信仰鬼神，反对命运，这是墨子的主张，可是杨子却反对他。保全性命，葆养真神，不让身体受到外物的伤害，这是杨子的主张，可是孟子却反对他。一个人要这一个，不要那一个，另外一个人又要那一个，不要这一个，因为人各有各的见解。怎么样对，怎么样不对，各人有各人的环境，并没有一定。同环境相合的，就什么都对，同环境不相合的，就什么都不对。像丹穴、太蒙、反踵、空同、大夏、北户、奇肱、修股的黎民，是非各不相同，习惯风俗也不一样，君臣上下、夫妇父子之间，都各有各人使用的礼节，这里认为是对的，那里就认为是不对的，这里认为是不对的，那里认为又是对的，此是非彼是，此非非彼非，就像木匠所用的斧头、铁锥、锯子、凿子，用处各不相同。

【点评】

　　凡是工具，都有它的用途。不可以因为它的用途不同而有所偏废。人才不同，各人有各人的能力，不能因为能力不同而有所偏废。各家有各家的学说，不可以因各家的学说不同而有所偏废。所以，凡是能够达于治道的学说，都应该重视它，而不可以用此非彼，或是用彼非此。这样才能够达于治道。

九、能全观者可以通万方

　　夏禹的时候，用宫、商、角、徵、羽五音来听政，悬挂起来钟、鼓、磬、铎，把鼗（táo）放在大堂上，等待各地的人来，并且公告说：用道德来教导我的请打鼓，用义理来指示我的请敲钟，告诉我事务的请摇金口木舌的铎，要告诉我心事的请击磬，有诉讼的请摇动鼗。在这个时候，他吃一顿饭要起来十几次，洗一次头要扎起三次头发，为天下的百姓们辛劳担忧。在这样的情况下，如果还有人不能表达善意，贡献忠诚，那就是因为他的才能不够了。到了秦始皇的时候，建造高的楼台，开辟大的花园，修筑几千里长的驿路，铸造了许多高大的铜像，派遣无数远征的士兵，征收喂马的草料，加重人头赋税，所收的税捐，要用畚箕倒进他的库房。所征用的男子壮丁，西边远到临洮和狄道，东边远至会稽和浮石，南边到豫章和桂林，北边到飞狐和阳原。死在道路上的人填满了沟渠，死人的数目，只能拿沟

淮南子：自然之道与和谐之治

来计算。在这个时候，要进言忠谏的便是恶人，要陈说道德的便被当作疯子。等到了我们高皇帝的时候，把已亡的国家保存，已灭的国家重兴，首先倡立大义，亲自卷起袖子，拿起兵器，替天下的老百姓请命于上天。在这个时候，天下的英俊豪杰，都露宿在江湖原野上，向前蒙受箭射飞石的袭击，向后退有掉进山谷里的危险，经历了万死一生，来争夺天下的权柄，发扬威武，激励忠诚，要在一日之间决出成败。当这个时候，如果还有人穿着宽大的衣裳，拖着宽长的带子，来讲儒、墨的仁义道德，解说先圣先王的遗教，就会被人当作痴呆。等到暴乱平定了以后，四海之内都安定了，高皇帝继承了周文王的事业，立下了周武王的功绩，站在天子的位置，创造刘氏的礼冠，召集鲁国、邹国研究儒墨学说的学者，讲论古圣先贤传下来的遗言旧训；出门摆开銮驾，竖立起大纛（dào），在宫中撞钟击鼓，奏黄帝创制的《咸池》乐，舞虞舜用过的干戚舞。如果有人敢在这个时候提起出兵打仗的话，就会有造反的嫌疑。在同一位皇帝的时代里，有的时间重武轻文，有的时间重文轻武，那是因为文和武的用途，本来是随着时代变动的。现在讲武的人就反对文，讲文的人又反对讲武，文和武互相反对，却不知道各时代文武的用处。这就像只看见屋里的一个小角落，却不知道宇宙的广大。所以向东望的人，看不见西边的墙壁，向南望的人，看不见北方。因此，唯有不偏向一方的人，才能够无所不通。

【点评】

人世间的事，各有所宜，各有所用。但是，要看用的时候合宜不合宜。在同一个时候，同一个人，用者为贵，已用则贱，得用为是，不用为非。可是，贵贱是非，并非一定。因此，不能以一隅之见而非全世。必须能够全观而不偏，才可以通万方。

十、国家存亡不在大小

　　国家之所以能够存在，是道德化民的关系，国家之所以灭亡，是因为道行不通的关系。唐尧没有一百户的城郭，虞舜没有可以立锥的地方，但是都得到了天下。夏禹没有十人的群众，商汤没有七里的分野，但是，都做了诸侯的盟主。周文王住在岐周之间的时候，地方不过百里，最后竟然立为天子，因为他有王道啊！夏桀和殷纣王兴盛的时候，人迹所到的地方，船车所通的区域，没有不成为郡县的。可是，他二人都身死在别人手里，为天下的人所耻笑，因为他们的不仁，早已显露出灭亡的形迹来了。所以，圣人见到教化，来看他的成败，德的盛衰，气象就会先表现出来。所以，得到王道的，虽然国家小，一定能够一天一天地大；有灭亡形迹的，虽然成功，终究会失败。当夏朝将要灭亡的时候，夏的太史令终古预先逃亡到商汤那里，经过三年以后，夏桀就灭亡了。殷纣王将要失败的时候，殷的太史令向艺预先归顺了周文王，一年之后，殷纣王就灭亡了。所以圣人能够预先见到存亡的痕迹以及成败的分际，并不需要等到汤伐夏擒夏桀于鸣条之野的时候，也不需要到甲子日武王诛纣那一天，而是可以预知的。现在所说的强者胜，就算他的土地大小，兵众多少；富者利，就计算他的

淮南子：自然之道与和谐之治

粟米有多少，金钱有多少。如果用这样的标准，那么千辆兵车的君主，没有能够称为霸王的。而万辆兵车的大国，就没有败亡的了。如果说存亡的道理，像这样容易明白，那么一般的愚夫愚妇，都能够谈论了。但是，赵襄子仅有晋阳一城而称霸诸侯。智伯有三晋之地的广大竟然被擒。齐愍王以大齐而亡，田单以即墨一城而复齐。所以，国家的灭亡，虽然大也不可靠。如果是行王道，虽然小也不可轻视它。由这些地方看起来，国家的存在，在于得道，而并不在于国大；国家的灭亡，在于失道，而不在于国小。《诗经》上说：上天很关心地看着西方，认为这里可以安居。这是说明他要离开殷朝迁到周朝来了。所以乱国的君主，只用心在扩张土地方面，不肯用心在施行仁义方面，那就是一心要造成灭亡，放弃保存自己的办法。因此夏桀被拘禁在焦门的时候，不知道自己作为的错误，却后悔以前在夏台捉住了商汤王没有把他杀掉；殷纣王被拘禁在宣室的时候，也不肯承认自己的错误，却后悔以前在羑里拘获了周文王没有把他杀掉。夏桀、殷纣，如果在强大得势的时候，能够施行仁义，殷汤和周武王竭力想避免刑罚还来不及，哪里敢企图夺取他们的政权呢？他们上面遮住了日月星辰的光明，下面违反了百姓的期望，即使没有殷汤和周武王，难道没有别的人会来夺取吗？现在他们不去检讨自己，反而推在这两人身上。他们不知道天下并不是只有一个商汤和周武王，杀掉一个，另外一个还是会起来的。而且商汤和周武王能够从弱小取得政权，由于他们知道：夏桀和殷纣虽然强大，最后终于被夺，是由于他们的无道。现在不肯去走别人所取得政权的道路，反而加强了自己所以被夺的手段，这是走向灭亡的死路啊！周武王战胜殷朝以后，要在太行山建筑宫殿。周公说：不行，太行山这个地方，四面多山，形势险要，可以坚守。如果我们后代的君主，能够把恩德普施到天下，那么，来进贡朝见的诸侯，要绕许多远路，太不方便了。如果我们的行为暴乱，别国不容易来进攻，就要杀伤更多的人。这就是周朝能够传到三十六代君主而政权不被夺取的原因。像周公这样，真可以说是最善于保持强大的了。

【点评】

国家的存亡，不在于大小，而在于是不是合道。如果能够合道，虽然国小，必能兴起，如果不能够合道，就是强大，也会灭亡。在中国的历史上，这类的证明，可以说多得不可胜数，而这段文字把这个道理说得非常清楚，使我们读了以后，对存亡的道理，认识就更深了。

十一、唯圣人能够知权

从前《周书》上说：上等的话，有时候只能做下等的用处，下等的话，有时也能做上等的用途。上等的话，是不变的真理，下等的话，是变通的权宜。这是关系着存亡的道理的。唯有圣人才能够知道权。说话一定要诚信，和别人约定的事一定要守信，这是天下人认为最崇高的行为。直躬的父亲偷了人家的羊，他竟然去做证人；尾生和一个女子在桥边约会，河水涨上来了他不肯走，竟然被淹死了。诚实到去证明父亲做贼，守信用情愿为女子淹死，这样的诚实和守信，有什么可贵呢？军事上假传上级的命令，那是犯大法的。秦穆公派兵去攻打郑国，经过东周向东的时候，郑国的商人弦高将要到西周去贩卖牛，在路上和秦国的军队相遇在周和郑国的交界处，于是就假传郑伯的命令，用十二头牛去慰劳秦军，使秦国的军队因此而撤退，竟然保全了郑国。所以，事情到了特殊的境地，诚信反而会犯错误，虚诳反而可立大功。

【点评】

人处在常境常态之下，当然应该守信。但是，信必须近于义，如果是愚信，或是不当的信，就不如从权了。这段文章里所说的，"直而证父，信而溺死，虽有直信，孰能贵之"，就是告诉我们愚直、愚信是一无可取的。

十二、智者必须因时用权

怎么才叫作失了礼而却有大功呢？从前楚恭王战于阴陵，被晋国的吕锜射中了眼睛，把他俘虏去了，又被潘尪、养由基、黄衰微、公孙丙四位大将抢了回来。恭王受了惊吓，晕倒在地上立不起来，黄衰微用脚踢他的身体，恭王醒来以后，恨黄衰微踢他而没有礼貌，一动气就跳起身来，他们四个大夫才扶他登车回去。从前有一名叫苍吾绕的人，娶了一个妻子，十分美丽，他竟然把妻子让给了他哥哥，这就是所说的不可行的忠爱啊！所以圣人要讲求事情的是非，根据是非来伸缩进退。没有死板的规矩，该伸的时候就要伸，该缩的时候就要缩。柔软得像蒲草熟皮，并不是胆子小；威武刚强，气魄冲天，并不是骄傲夸大，这都是为了把握时机、适应环境变化的缘故。臣子见君主，屈着两膝跪拜，表示对君主的尊敬，是礼节应该如此了；可是到了受患难所逼的时候，就举起脚来踢他的身子，谁也不能说他是错的。所以，只要确是出于忠心，就不能用平常的礼节来责备他。孝子侍奉父亲，平常总是和颜悦色，低身屈体，恭恭敬敬地把带子鞋子捧上去；但是遇到父亲落下水去的时候，就抓住他的头发，把他救起来，这不是胆敢侮辱父亲，是为了要救他的性命。所以，父亲要淹死的时候，可以抓他的头发，祷告鬼神的时候，可以直呼君上的名字，都是实际上不能不如此，这就是所谓权。所以孔子说：可以和他共同学习，未必可以和他共同走上正道；可以和他共同走上正道，未必可以使他有所自立；可以使他自立，未必可以和他权量轻重。权是只有圣人才能掌握的。所以做一件事情，虽然违反常规，做了却不能符合实际，就叫作不知道权量。不知道权量的人，好事反而会变成坏事。所以礼是真实的表面，虚伪的装饰，在紧急穷迫的时候，就毫无用处了。圣人在平常跟人交际的时候，要用礼做装饰；到了适应实际变化的时候，就不能不从真实性出发，绝对不会被硬性的常规所束缚，呆板得不知变化，因为这样，所以做事可以经常成功，很少失败，发出来的号令，可以通行天下，没有人会说是不对的。

【点评】

　　一个有智慧和能力的人,处理事务,绝对不会一成不变,尤其是在紧急的状况之下,如果仍然不知权衡变化,那失败就会跟着而来。所以孟子说:男女授受不亲,礼也;嫂溺援之以手者,权也。由此我们更了解了权衡变化的重要性。

卷第十四　诠言训

一、贵贱而贱贵可与言至论

　　无形的天地，混沌朴拙而未分，没有经过造作而自然成物，叫作总万物的太一之神。一切都同出于一，而所发展的则各不相同。有鸟类、有鱼类、有兽类，叫作分物。物以种类分别，以同群而分。因为性命的不同，都呈现于有的世界，彼此相隔不通，分别形成万殊，不能够反其本宗。所以动而谓之生，死而谓之穷，都变成了物。并不是不是物而变成物，而是造成万物的物，亡于万物之中的啊！当太初天地开始的时候，人生于无形，形成于有，有形而为物所制。能够反其所生，如未有形的时候，就叫作真人，真人是没有开始和太一分离的时候。那时候，圣人不做名主，不做谋府，不担任事，不出智慧，隐藏于无形，行动不见痕迹，出游不见朕兆。不为福而争先，不为祸而开始，保于虚无之中，动于不得已之际。想要得福的或变为祸，想要得利的或许遭害。所以，无为而能够得到安宁的，失去它所以安宁的道理，就会产生危险；无事而能够治平的，失去它所以治的道理，就会产生混乱。星辰罗列在天上而光明，所以人就指着它；义气列在道德而可以看见，所以人就看着它。人所指的星辰，运转都有一定的章法，人所见的道德，行动都有轨迹。运转有章法，人就评论它，行动有轨迹，人就议论它。所以圣人掩盖住明使它不显露出来，隐藏行迹于无为使它不表现出来。王子庆忌，死在要离的剑下；善射的羿，死在大桃木杖下；子路好勇，死在卫国，被菹成肉酱；善游说的苏秦，死在齐国。人没有不对自己的长处看重的，没有不对自己的短处轻视的。可是人都陷溺在他所看重的方面，而终老在他所轻视的方面。因为所贵的是有形，所贱的没有征兆啊！所以，虎豹因为凶猛强壮，会引来被射杀的大祸；猿狖（yòu）因为敏捷快速，会招来被追捉的命运。人如果能够尊贵他所贱的，而贱他所尊贵的，就可以和他谈论至论的道理了。

【点评】

人所贵的是富贵名位，而富贵名位，每每成为害身的祸源。但是一般人很难脱出这个樊笼，常常心怀追逐名位富贵之心，同时也以得到名位富贵来骄世。殊不知这正和虎豹之强引来射杀之祸、猿狖之捷招来追捕之灾是一样的。如果一个人能够以贱为贵，以贵为贱，那他就是了解至论的人了。

二、德必求于己

自信的人，是不会因为诽谤或赞誉而改变自己的主意的；知足的人，是不可用威势或利害来引诱他的。所以，通达天性实情的人，不专务人性的无以为；通达性命实情的人，不忧愁命运的无奈何；通于道的人，不能够乱他的天和。詹何曾经说过：未曾听说身治而国家乱的，也未曾听说身乱而国家能治的。就像矩不正，就不可以做成方形；规不正，就不可以做成圆形一样。

身就是事的规矩,也没有听说过自己枉曲的人,而能够正人的。本于天命,整治心术,分理好恶,调适情性,那么治道就通了。本于天命,就不会为祸福所惑;整治心术,就不会妄生喜怒;分别好恶,就不会贪求无用;调适情性,欲望就不会超过节制。不惑于祸福,就会动静顺理;不任意喜怒,就会赏罚不随便;不贪求无用,就不会以欲望害理性;欲望不超过节制,就能够养性知足。凡以上四种,不求于外,也不假于他人,反求于自己就可以得到了。

【点评】

想要正人,必先正己。正如矩不正不可以为方、规不正不可以为圆一样。而正己必以原天命、治心术、理好憎、适情性为准则。这些条件,都是不假外求的,求之于己就可以了。

三、为治之本在于安民

天下不可以靠聪明来治理,不可以靠智慧来认识,不可以靠办事来整理,不可以靠仁爱使人归附,不可以靠强大求胜利。这五者都是属于人的才干,如果德行不大,就不能成功。德行建立了,五者就不会有危险。如果五德都出现了,德行即使无位也可以建立了。所以得道的,就是愚笨的人也会有余;失道的,就是聪明的人也会不足。要渡过水域而没有游泳的技巧,即使强壮，也一定会沉溺；如果会游泳的技巧，即使瘦弱，也一定能成功。又何况是借舟船之上航行呢？为治的根本，在于安定百姓；安定百姓的根本，在于令其足用；足用的根本，在于不要夺取农工、商人工作的时间；不夺取工作时间的根本，在于省事；省事的根本，在于节制欲望；节制欲望的根本，在于恢复本性；恢复本性的根本，在于去浮华而存无；去浮华而存无，就会得到虚；得到虚就能够平，平是道的本质，虚是道的居处。能够坐拥天下的人，一定不会失去他的国家；能够保有国家的，一定不会丧失他的家庭；能够治理家庭的，一定不会丧失他的身体；能够修养身体的，一定不会忘掉他的心；能够本于他的心的，一定不会亏负他的本性；能够保全他的本性的，一定不会迷惑于道。所以广成子说：谨慎地守着你的内心，周闭着你的外体，凡是多用聪明的一定失败，不要以看为明，以听为聪，抱持精神求安静，形体自然就会正。如果不得于自己，而能够知道对方的，那是从来没有的。所以，《周易》上说：要像袋子系住了口，人不说话，这样就可以无咎无誉了。

【点评】

这是强调根本的重要，根本就是得道。如果能够得到自然的道，不需要恃聪明，凭耳目，就可以治民安天下了。

四、圣人以柔胜

能够成为霸王的,一定是能够得胜的人;能够战胜敌人的人,一定是强者;能够成为强者的人,一定是要用人力的人;能够用人力的人,一定是能够得到人心的人;能够得到人心的人,一定是能够自得的人;能够自得的人,一定是柔弱的人。强力可以胜过不如自己的人,至于别人的力量和自己的相同,想要胜他,就要发动战争了。以柔弱胜过高出自己之上的,他的力量是不可以测的。所以能够以众不胜,而成为大胜的,只有圣人能够这样。

【点评】

道家主张柔弱胜刚强,因为柔弱者多不胜,正因为他多不胜,所以时时求大胜。这就是集不胜为大胜的原因了。

五、顺势而为,不为物累

善于游泳的人,不学撑船,便会用船;筋力强劲的人,不学习骑马,遇到马就会骑;轻天下的人,身体不为物所累,所以能够安然处之。从前太王亶父居住在邠地,狄人攻打他,他用皮币珠玉供奉狄人，狄人仍然不停止骚扰。于是，太王就辞谢了当地的耆老，而迁徙到岐周去。百姓携幼扶老都跟随着太王，因此而变成了一个国家。推想这个意思，四代以后，而得到天下，不也是应该的吗？

【点评】

能通于理的，必能旁通于事。不为物累的人，自然能够安然处之。太王能够去邠至岐周而成国，皆出于自然的成功，而非强力的作用。由此推之，文王、武王之得天下，也是应该的。

六、不治而为大治

不以天下为治的人，一定能够治理天下。自然界飞霜下雪，降雨坠露，生长万物，杀灭万物，天并没有专门去作为，但是仍然还尊天。持文劳法，来治官理民的，是专管各部门的有司。君主是无事可做的，但是仍然尊崇君主。开辟土地，垦除草莱的人是后稷；开河流，疏导江水的人是大禹；审理诉狱，判决公平的人是皋陶。但是，有圣人之名的，却是唐尧。所以得道而治天下的人，他自己虽然没有能力，却能使有能力的人全为他所用。如果不能得道而治天下的人，他的技艺本领即使多，也一点用处都没有。

【点评】

以不治为治的人，是懂得大治的人。尧治天下，就是以不治为治。他本身无为，而所有的能者均为他所用。所以，得道的人，无能而可以治天下；不得道的人，有力而无法为用。

七、怀虚者无訾议

当船要渡江的时候，有一只空船从另一面撞来，碰在一起船翻了，虽然产生嫉害之心，但是并没有怨恨之色。如果有一个人在船上，一个叫离岸远些，一个叫离岸近些，再三地呼叫而不响应，凶恶的骂声一定会跟着出口。从前不生气而现在生气，是因为从前船中无人而现在船中有人啊！人如果能够虚心，优游于世上，谁能够訾议他、批评他呢？

【点评】

凡是怀虚的人，就不会被訾议和批评，因为他没有可以批评和訾议的地方啊！

八、循自然可近于道

放弃了道术而专任聪明的人,一定会遭遇危险。放弃了数术而专门用才的人,一定会遭遇到困难。世上只见到因为欲多而灭亡的,没有见到因为无欲而产生危险的。有用私欲治天下而乱的,没有见到因为守常道而有所失的。所以聪明智慧不能够免祸患,愚笨不至于失去安宁。如果守着本分,顺着天理,失去不会忧愁,得到不会高兴。所以,成功的人,并不是靠作为;得到的人,并不是靠贪求。进来的有接受而没有强取,出去的有授给而没有强予。顺着春天而生,随着秋天而杀。所生的不感他的德,所杀的不对他怨恨。这样就近于道了。

【点评】

凡是顺从自然的,就可以无欲。无欲的人,就不会专靠聪明,因为聪明不足以免祸。无欲的人,能够守常,守常的人,反而一无所失。所以,人如果能够守本分,顺天理,就可以无忧无喜了。无忧无喜,那是人生最高的境界啊!

九、祸福不在于己

圣人不去做会引起非议的行为，但并不憎恨别人对自己的非议；圣人修养足以使人称誉的道德，但并不要求别人来称誉自己；圣人不能够使祸患不到来，但他相信自己不会故意去迎接祸患；圣人不能够使福祉一定到来，但他相信自己不会故意去攘除福祉。祸患的到来，并不是他所求而来，所以遭遇穷困而不忧愁；福祉的降临，并不是他所要求而成，所以就是通显也不自夸功劳。这是因为他知道祸福的到来，并不在于自己，所以他能够闲居而快乐，无为而天下治。圣人保持他所原有的，而不要求他所没有得到的。如果求他所未得的，那么，所有的反而会失掉。修治他所有的，所希望达到的就会到来。所以，用兵的人，先做不可胜的准备，然后待敌而得到可胜的效果。治理国家的人，先做不可夺的准备，然后待敌而得到可夺的效果。

【点评】

凡事必须从本身做起，能够自制的人，才能够制人。所以，道家主张凡事都要先自胜，然后才能够胜于天下。自胜必先自无欲始，古人说：无欲则刚。因为无欲的人，心无所累，形无所拘，顺自然而行，反能有大的成功。

十、福在无祸，利在不丧

　　虞舜修养自己于历山，而海内所有的人，都顺从他的教化；周文王修养自己在岐周，而天下所有的人，都跟着他改变了风气。假使让虞舜趋天下的大利，而忘了修养自己的大道，自身都不能够保全，又怎么能够有尺寸之地呢？所以，治理天下还没有坚固的时候，就要治而不乱，这样从事于治道的，一定会遭危险。修身行为尚没有坚固的时候，就要是而无非，这样急求名声的人，一定会受挫折。最大的福就是无祸，最美的利就是无丧。所以，动有所为，对物来说，不是损害就是增益，不是完成就是毁伤，不是有利就是灾祸，这些都是危险而不可行的。所以，秦战胜了西戎，而被晋大败在殽；楚国战胜了诸夏，而被吴国打败在柏举。所以，道是不可以劝人去就利的，而可以劝人安宁去避害。所以能够常保无祸，不能常保有福。能够常保无罪，不能常保有功。圣人没有思虑、没有准备，来的不迎接它，去的不恭送它。别人虽分在东西南北，圣人独立在中央。所以，他处在众曲之中，而不会失去他的直。天下都发生变化，他却不会离开他的坛域。所以，他不为善，不避开丑恶，只是遵循天道；他不去开始，不专任自己，只是顺着天理；他不领先计划，不放弃时机，只是顺着天然的机会；他不求得到，不推辞福祉，只是顺从天的法则；他不求所没有的，不失去所得到的，里面没有旁的祸，外面没有旁的福，祸福都不发生，怎么会有人来贼害他呢？做善事就为众人所见，做恶事就为众人所议论，看见就会产生尊贵，议论就会产生祸患。所以，道术是不可以进而求名誉的，却可以用来退而修身的。不可以借道术得利，而可以凭道术避害。所以圣人不用行为求名誉，不用聪慧求赞美，只是效法自然，自己并不参与。因为思虑比不上法术，行为比不上德行，人为的事比不上自然之道。专去作为有不成功的，专去寻求有不能得到的。人有时而穷，但是道没有不通的时候。所以和道相争就会发生凶祸。所以《诗经》上说：没有见解，没有知识，顺着君主的法则去做。有智慧而没有作为，和没有智慧的人是同道，有能力而不从事，和没有能力的人是同德。他的聪明，告诉他的人到了，然后觉得它在动，使用他的人到了，然后才觉得在作为。因此，有智慧的人就像没有智慧，有能力的人就像没有能力，这是因为道理是正确的啊！

【点评】

所谓福在无祸，利在无丧，主要是告诉人们，不要求福，不要招祸。如果祸福都不产生，就不会遭到贼害了。要怎么样才能使祸福不生呢？那就是不要恃聪明，不要用智慧，循天理而顺自然，这样才能够达到无祸无丧的地步。

十一、名与道不可两显

所以功劳盖过天下的，不夸张他的好处；恩泽能够广施后世的，不自称他的名誉。因为道理通达了，人为的造作就会消灭。名和道是不能够两者同时显露的，人领受了名誉，道就会不用；道胜过了人为，那么人的名誉也要消失。道和人为争长，如果人为彰显了，那道也就被熄灭。人为彰显，大道熄灭，那么危险就相离不远了。所以，一个世代有了盛大的名誉，那么衰亡的日子也就会跟着到来。想要立名的人，一定要做善事；要做善事，一定会产生很多事情；事情多了，就会放弃公而去为私，不用道术而用私心。因为想借做善事获取名誉，因此把立名作为根本。这样的话，治国不修故法，理事不等时机。治国不修故法，就会多责；理事不等时机，就会无功。责任多而功劳少，没有办法来应对责任，就会任意做而要求合宜，任意为而要求得中。就是成功了，也不能偿责；事情失败了，又不能够弊身。所以，懂得多做善事和多做不善的事是一样的，那就近于道了。

【点评】

名和道是互相冲突的，因为名是显世的，而道是隐藏的。得名的人，就不能得道；而得道的人，自然无名。所以两者不可同显。

十二、无心无欲胜于有心有欲

天下并不是没有信用的人，但是临货要分财物的时候，一定要拿筹码来定分，因为有心的人对于公平，比不上无心的人。天下并不是没有廉洁的人，但是看守重宝的人，一定要关着门而使封条完整。这是因为有欲望的人对于廉洁，比不上无欲望的人啊！别人指出他的毛病，就会遭到怨恨，可是镜子照出人的丑恶，才是真的好镜子。人能够接物，而不以自己的好坏为准，就可以免于负累了。

【点评】

　　心存公平，就已经有不公平存在了；心存廉洁，就已经有不廉洁存在了。如果根本无公平、廉洁之心，则公平、廉洁自在。别人指出我的毛病，就怨恨他，因为他有心这样做；镜子里现丑形，而不怪镜子，因为镜子无意这么做。因此，凡事都要减去自己的主观，而依顺自然的客观，就可以真公平、真廉洁了。

卷第十五　兵略训

一、用兵平乱除害

古代用兵的人,不是为了贪图土地的广大,也不是为了金玉财宝的获得。用兵的目的,是使国家亡而复存,绝而复继,平定天下的纷乱,消除百姓的祸害。凡是有血气的虫类,口中长着利牙,头上生着硬角,前面生着利爪,后面长着坚蹄。有角的会用角顶触,有牙的会用牙噬咬,有毒的会用毒钩螫,有蹄的会用蹄子踢。欢喜的时候一起互相嬉戏,发怒的时候在一起互相残害,这是虫类自然的天性。人类有穿衣吃饭的欲望,但是衣服和吃的东西常常是不够的,所以大家混杂居住在一起,如果分得不平均,要求得不到满足,就会产生争夺。发生争夺以后,强壮的就会胁迫弱小的,勇健的就侵凌懦怯的。人类因为没有坚强的筋骨和锐利的爪牙,所以就割取皮革来做铠甲,熔铸钢铁来做兵刃。但是有些贪图财利、凶狠残暴的人,残害天下的百姓,使百姓们骚动不安,不能够安居乐业。这时候有圣人勃然兴起,于是就讨除强暴,平定混乱局面,夷平险阻,清除污秽,把混浊变为澄清,把危险变为安宁,所以能够绵延不断,不会从中间断绝。用兵的由来,可以说从远古就有了。

【点评】

用兵的目的,在于解决纷争,维持人类的秩序,而非为了侵凌和抢夺。所以孔子说：以不教民战，是谓弃之。所以自古就有兵，但是用兵是为了胜残去杀，以求和平。

二、自古就有战争

黄帝曾经和炎帝大战，颛顼曾经和共工力争。所以黄帝和蚩尤战于涿鹿之野，唐尧和南蛮战于丹水之滨，虞舜征伐过三苗，夏启攻打过有扈。从五帝开始的圣王，战争都不能够平息，又何况后代的衰世呢？

【点评】

自有人类，就有战争。古代的圣王，为道义而战；衰世的君主，为利欲而战，仅此不同而已。

三、用兵在于禁暴讨乱

用兵的目的，在于禁止暴力，讨伐逆乱。炎帝造成火灾，所以黄帝擒灭了炎帝；共工造成水害，所以颛顼诛伐了共工。用道来教化他，用德来引导他，而不服从教化引导，就应该用威武加在他身上，用威武加在他身上而不顺从，就应该用兵革来征服他。所以圣人用兵,就像栉发和耨苗一样,所除去的很少,使得利的很多。如果杀了没有罪的百姓,来奉养一个无义的暴君,害处没有比这个再大的了。竭尽天下的财富,来满足一个人的欲望,祸患没有比这个再深的了。假如夏桀和殷纣两个君主,发现他们对百姓有害,使他们立刻遭到祸患而灭亡,就不至于产生炮烙酷刑;晋厉公和宋康公,行一件不义的事,就让他们身死国亡,就不至于发生侵夺为暴的事件。这四个君主,都是因为有小的过错,而没有加以讨伐,所以渐渐抢夺天下,残害百姓,任意逞个人的邪欲,而增加海内百姓的祸患。这是社会公论所不许可的。古代之所以为百姓立君主,就是为了禁止暴力,讨伐逆乱。现在用天下百姓的力量,反而来残害天下的百姓,不是等于替老虎添上羽翼吗?为什么不除去这样的祸害呢?所以养鱼在池塘里的人,一定要驱除吃鱼的猵獭(biān tǎ);养禽兽在苑囿里的人,一定要驱逐吃禽兽的豺狼,更何况是治人呢?当然要驱除害民之贼了。

【点评】

禁暴讨乱,就是为民除害。凡是有小过者,必先用兵禁止,不使暴乱扩大,这样百姓受害必轻。所以善于为民除害的君主,就像为鱼驱逐猵獭、为禽兽驱逐豺狼、为民驱逐残贼一样。

四、霸王之兵如旱求雨如渴求饮

所以霸君和王者的用兵,经过详细的讨论和思虑,计划和图谋,用义来用兵。不是以亡为存,而是以存去亡。所以听到敌国的君主,有把暴虐加到百姓身上的,就兴兵来到他的国境边,责备他的不义举动,讥讽他的错误行为。军队到了敌国的郊外,君主就下命令给军队中的军士们说:不可以斫伐敌国的树木,不可以挖敌人的坟墓,不可以烧敌国的五谷,不可以烧敌国的仓库,不可以捕捉敌国的百姓,不可以夺取敌国的六畜。同时发号施令说:敌国的君主,对天骄傲,对鬼侮慢,把无辜的人关入监狱,杀戮没罪的人,这种做法,是上天要责罚的,也是百姓所仇恨的。今天军队开到这里来,是要除去不义的君主,而恢复有德的君主。有违反天道的和率民为害的,使他身死和宗族灭亡。如果是率全家归顺的,就全家给禄;率全里归顺的,就赏他全里;率全乡归顺的,就把全乡封给他;率全县归顺的,就以县侯封给他。攻下了敌国,不怪罪到百姓身上,废掉他的君主,而改变他的政治。尊重敌国优秀的士人,崇显敌国的贤良,赈济他们的孤儿寡妇,抚恤他们贫穷的百姓,释放他们的囚犯,奖赏他们有功的人。这样的话,敌国的百姓开着门等待义军到来,洗好米准备给义军吃,心里面只恐怕义军不来呢。这就是商汤和周武之所以能达到王天下、齐桓公之所以能够霸诸侯的原因了。所以国君暴虐无道,百姓们盼望义兵的迫切,就像旱天盼望下雨，口渴盼望喝水一样。像这样的义兵，谁和他打仗呢？所以义兵的到来，可以不用战争而使敌人心服。

【点评】

古人说：兵以义举。凡是以义起兵的王者和霸者，一定会使敌国的百姓引颈而望，就像渴之望饮，旱之望雨一样。因为王、霸之义兵，在解民之倒悬，所以能够使人心悦而诚服。

五、自为之兵众去之

晚世用兵的人，君主虽然暴虐无道，但没有不挖深渠堑增高城墙而坚守的。攻城的人不是为了禁止暴虐除去祸害，而是为了侵略土地增广疆域。所以伏尸满野流血遍地，横七竖八地倒在前面。像三王五霸那样的功业之所以不能够常见，是自私自利所造成的。所以为了争地而战的人，不能够成为王者；为自私自利而战的人，不能够建立功业。举事是为了他人的人，众人都帮助他；举事是为了自己的人，众人都叛离他。众人帮助的人虽然弱小但一定会变得坚强；众人叛离的人虽然强大但最终一定会灭亡。用兵失道的人会一天一天地弱小，得道的人会一天一天地坚强；将领失道的人用兵笨拙，将领得道的人用兵精巧；治理国家得道的就能够生存，失道的就会灭亡。所说的道，取像于圆，效法于方；背负着阴，怀抱着阳；左边柔软，右边刚强，站在幽暗的地方，顶着明亮的太阳。变化没有一定的常规，掌握了道的根本，就可以响应万方，这就叫作神明。所谓的圆是天，所谓的方是地。天因为是圆的而没有头，所以不能够看见它的形体；地因为是方的而没有边，所以不能够看见它的门。天化育万物而没有形象，地生长万物而无法计量，混混沌沌的什么也不清楚，所以没有人知道它所藏的是什么。凡物都有形象，只有道是无形的。道之所以无形，是因为道没有固定的形势，就像轮子的运转永远没有穷尽，像日月的运行永远不会停止。像春秋时序的变更此去彼来，像日月的日夜循环，日终了月开始，月终了日开始，天亮了又黑，黑了又亮，得不到它的固定法式。治以不治为治，所以大功可以完成；役物而不为物所役，所以能够胜任事务而不为事务所屈服。以有刑为用兵的极致，但是如果到了以无刑为用，可以说是用兵极致的极致了。

【点评】

　　用兵应以为民兴利除害为主，如果为了自利，必致败亡。为了自己而用兵，一定倾动天下，万民被害，最后的结果，必如孟子所说的：多助之至，天下顺之；寡助之至，亲戚叛之。因为寡助的暴君，都是失道的，失道之君，自然就会为民所弃了。

六、用兵以庙战，神化为高

所以最能用大兵的人不见创伤，因为他可以和鬼神相通。对于戈、殳、戟、酋矛、夷矛五兵，不加磨砺，天下的敌人却没有敢抵挡的。召集发令的建鼓不必运出库外，诸侯没有不恐惧惊怕而丧胆不敢动的。所以在庙堂上计划好而作战的，一定能够称帝；通于鬼神变化的，一定能够称王。所说的庙战，是效法天道自然而战；所说的神化，是效法四时变化而战。修明政治在国境之内，远方的人就会仰慕他的德化；掌握胜利在没有作战之前，天下的诸侯就会畏服他的威严。这样，因为内政治理成功，所以庙战神化可以达到。

【点评】

孙子曾经说："未战而庙算胜者，得算多也；未战而庙算不胜者，得算少也。多算胜，少算不胜，而况于无算乎？"这是说明用兵必须先谋，在未战之先，必定要在庙堂（就是朝堂）之上，先计划好，这样和敌人作战，才能有胜算的把握。有了胜算，而要以不战而屈人之兵为高。能够做到不用武力而瓦解敌人，那真是用兵的极致了。

七、得道的人须法天地顺自然

上古得道的人处静的时候效法天地自然,处动的时候顺着日月的循环,喜怒的时候合于春夏秋冬四时的节令,叫呼的时候好比雷霆的震动,出音气的时候不和八风相乖,屈伸的时候不和五行违背。下到介鳞的小动物,上到毛羽的大动物,枝条长树叶长得满,所有的万物和各种族类,由根本到枝末,没有无秩序的。所以处在狭窄的地方不觉得逼仄,处在大的地方不觉得细小,它可以浸滋金石,润泽草木,大到上下四方,小到毫毛尖端,没有不和顺自然的。浸渐周洽黏稠细微的地方,没有地方不存在的。所以得道的人胜利的把握比较大。

【点评】

凡事合自然,就能够应节而不失。用兵之道,亦是如此,如果能把握要道,当然胜利的机会就会增多。

八、善用兵者使民自愿为用

射箭的人得不到规度和方法,就射不准目标;千里马完全不用方法节制，就不能够行至千里。所以战争得不到胜利的原因，并不是陈兵击鼓两军相斗那天的结果，是因为平素没有法度和训练不够的关系。所以得道的军队，兵车可以不用开出来，战马可以不加鞍，战鼓可以不敲响，旗帜可以不解卷束，铠甲可以不遭箭矢，兵刃可以不尝到血，市朝可以不变更位置，商贾可以不离开店铺，农夫可以不离开田野。用大义来责备他们，大的国家一定会来朝拜，小的城市一定会降服。顺着民众的欲望，用民众的力量，来替民众除去残贼。所以有共同的利益就可以一起赴死，有共同的情怀就可以互勉成功，有共同的欲望就可以互相协助。顺着大道去做，天下的人同归；为民众而尽心，天下民众替他战斗。打猎的人追逐禽兽，车很快地赶，人急忙地追，每个人都尽了自己最大的努力，没有刑罚的威迫，都相互去等候、阻挡拦截的原因，是因为大家有相同的利益啊！大家同船来渡江，忽然之间遇到了风浪，不论哪些部族哪种人，都会很快地集中力量来救船，就像自己的左右手那样合作，并不是彼此互相感通，而是因为他们彼此的忧患相同，自然就同心协力了。所以圣明的君王，他的用兵，是为天下清除祸害，和天下的百姓共同享受利益。所以民众替他效命，就像儿子为父亲，弟弟为兄长一样。威武一旦加于敌人，声势的壮大，就像崩塌的山，决堤的塘，敌人哪一个敢抵挡？所以善于用兵的人，要使他们自愿为国家出力，不善于用兵的人，要使他们为自己而出力。要使他们自愿为国家而用，那么天下没有不可用的兵；要使他们为自己而用，得到的实在太少了。

【点评】

为国者不必自利，不自利则天下的人自然乐为他所用。这是因为用兵的人出于公心啊！所以出于公的，没有不可用的兵；出于私的，没有可用的兵。

九、用兵的三要

用兵有三件要事，治理国家，管理境内；施行仁义，颁行德惠；立定正法，阻塞邪隧。众臣全部亲附，百姓彼此和睦。无论在上位或是在下位，大家都是一条心，君主和臣下同心协力，诸侯畏服他的威严，天下四方感念他的道德。修明政治于朝廷之上，御敌制胜于千里之外，拱手作揖之间指示方略调度一切，而使天下全部响应。这是用兵的上等方法。国土广大人民众多，君主贤能将帅忠心，国家富足兵力强大，约束守信号令严明，两军列阵相对，钟鼓可以相互看见，还不到兵器相接锋刃相交，敌人就败北奔逃了。这是用兵的次等方法。了解土地的地形适合于何种用途，熟悉险要地势有什么样的利益，懂得奇正互用的变化，观察行军布阵分合的方法。用索系枹在臂上来击鼓，锋利的兵刃相交合，飞空的流矢相交接，涉血而过，践肠而行，车载着死的，手扶着伤的，流血成河，尸骸满野，就以这样来决定胜败，这是用兵的下等方法。现在天下的人都知道对事情要治理它的微末，而不知道专门去治理它的根本，这不是放弃了树根而立它的枝叶吗？用兵之道，用来促成胜利所需要的多，而一定达到胜利的少。铠甲坚固兵器锋利，战车牢固战马精良，储蓄积聚供给充足，军容盛大战士众多，这对军队而言是最大的军资了。但是，这些并不是胜利所系的要件。懂得星辰日月的运行，以及刑罚道德阴阳奇正的方术，相违相向相左相右的便利，这是战争最大的助力。但是，这些也不是全胜的要件。一位优良的将领之所以必胜，常因为他有不平常的智慧，不为外人所知的方法，很难以众人的智慧方法和他的来比。

【点评】

　　用兵三要，第一为拱揖谈笑之间，使敌人畏服，天下响应。第二为示以强大的军力，使敌未战而屈服。第三为力战而敌服。但是良将决胜，必恃奇智妙方，众人皆不能及，亦为决胜的要件。

十、佐胜之具和必胜之本

　　论贤任吏非常谨慎，当动的时候动，当静的时候静，军中的官吏士卒都认识，兵器铠甲非常整齐，行军行伍非常正确，什伯相连团结牢固，战鼓旗帜排列显明。这是军尉之官所管的事。前前后后危险不危险他都知道，见到敌人就知道对敌的困难和容易，斥候侦察有所发现不会忘掉，这是军候之官所管的事。隧道开得快，辎重道路开得好，赋治军垒尺丈平均，军队住下能够安定和辑,井灶相通,炊食方便,这是司空之官所管的事。专在后面收藏战利品,迁舍以后没有遗失物品,没有浪费的车子,没有遗失的辎重,这是舆官在军队后面所管的事。就整体来说,这五官(前面所举只有四官,脱掉一官,根据王念孙的说法,在兵甲治下,应该有此司马之官也一句,因为从论除谨至兵甲治,都是司马之官所管的事,非尉之事。而且句法亦和下面不同,自正行伍以下,才是尉所管的事)对于将领来说,就像一个人的身体和他的四肢手脚一样不可分开。所以这五种官,一定要选择适当的人,发挥他的长处,使他能够担任胜任的官职,使每一个人都能够尽他的职事,告诉他政治的责任,申明他法令的威严,使他像虎豹有锐利的爪牙,像飞鸟有六支羽柱,没有不为他所用的。然而,这些都是佐胜的工具,得到这些并不能一定就取得胜利。战争的胜败因素,根本系于政治,政治力量强过他的民众,在下的民众一定服从在上的领导,民众的力量强过政治。在下的民众一定背叛在上的领导那样军队就会强大;这样兵力就会减弱了。所以施行德义就能够怀柔天下的民众,办好事业就能够应付天下的急需,选贤举能就能够得到贤士为国效命的心志,运用谋虑就能够知道敌我强弱的形势。这些就是必胜的根本啊!

【点评】

为将的人,必须慎选部下,作为佐胜的工具。但是,军队的后盾,是政治而非武力,行德义,选贤能,用智计,知敌我,才是必胜的根本。

十一、历史的证明

　　土地广阔民众多,不能够称为强盛;坚厚的铠甲、锋利的兵器,不能够得到胜利;高大的城墙、深阔的城河,不能够称为坚固;严密的命令、繁多的刑罚,不能够认为威武。推行的政治是为国家生存的政治,国家虽然小,一定能够生存;推行的政治是使国家灭亡的政治,国家虽然大,一定走向灭亡。从前的时候,楚国人的土地,南方卷有沅湘之地,北方绕着颍、泗二水,西方包括巴、蜀,东方裹有郯、淮,用颍水和汝水做沟洫,用江水和汉水做深池,以邓林为垣,以方城为塞,山的高度可以顶到云,溪的深度深到不见影,地理形势非常便利,战士民众都很勇敢,用蛟龙的革、犀兕的皮做甲胄,长矛和短矛齐排在前行,连发的弩箭陪在后面,很多车子卫护旁边,快得像金镞箭羽一样,合起来势如雷电,散开来好像风雨。可是,军队在垂沙遭遇危险,在柏举被打败。楚国的强盛,量量土地,算算人民,它的力量,能够中分天下。但是楚怀王北边怕孟尝君而受制于齐国,放弃了社稷宗庙不管,而屈身遭囚于强秦。结果,军队遭受挫折,土地遭受割削,死在秦国而无法还楚。秦朝的二世皇帝,就他的势力来说他是天子,就他的富有来说他富有天下,凡是人迹能够到的地方,舟船所通的地方,没有不是秦的郡县的。但是,他放纵声色以满足耳目的欲望,极尽奢华和浪费,不管天下老百姓的受饿受冻和贫乏困穷。起万乘的车驾,造阿房宫的宫殿,调发闾左的百姓戍守边地，征收民财三分之二的赋税，天下的百姓应召而遭极刑或替国家挽车死在路上的，一天不晓得有几千万的人，天下的百姓受的煎熬就像烧焦烤熟了一样，天下百姓的颠沛流离受苦到了极点。上到天子下到庶民都不能相安，官吏和民众也不能相依赖。戍卒陈胜起兵于大泽，举起了袒露的右臂，自己建立国号为大楚，而天下的人都响应他。陈胜在这个时候，并没有坚牢的铠甲、锋利的武器，也没有强劲的弩箭和力大的冲城工具，斫下来棘枣有刺的树木来做矛柄，把木杆子放进锥凿里捻钻成兵刃，把竹片削得尖锐，挺儋镘斫杀，来抵挡长戟硬弩，攻城取地，没有不投降而被攻下的，天下为之大乱，如群蚁乱动，得到的土地，好像风云卷席一样，方几千里。他的地位势力至为微贱，他所用的器械很不锋利。但是一个喊出口号大家起来响应的原因，是因为积怨已存在民心了。武王讨伐殷纣王的时候，东面来迎岁，到了氾（fàn）的地方遇到了大雨，到了共头山就陨落了，彗星出现了，柄在东方可以扫西方。作战的时候，十个日头乱于天上，狂风大雨袭击中间。但是周武王对战士们，在前锋的没有赴难的赏赐，在后面的也没有遁逃败北的刑罚，白色锋利的刀还没有全拔出来而天下已经得到了。

【点评】

天下积愤，人民怀怨，义兵吊民伐罪，一定能够胜利。证诸历史，陈胜的举兵，武王的伐纣，莫不一举而天下响应。而暴虐的政治，没有不随之而亡的。所以义兵靠道德，而不靠威武。

十二、善用兵者弱敌而后战

所以用兵的方法，对于善于防守的敌人，不要进攻他；对于善于战斗的敌人，不要和他争斗。懂得禁舍当开塞的道理，能够乘时势的变化，顺民众的要求来取天下。所以，善于执政的人要积他的德行，善于用兵的人蓄积他的怒气，德积得多了民众就可以为他所用，怒气蓄满了军威就可以建立。所以，文加在百姓身上浅，用势力服人的力量就小；德施在百姓身上广，用威势制人的力量就大。威势制人的力量大，就能使本身强大，使敌人弱小。所以，善于用兵的人，先使敌人势力减弱，然后才和他作战。这样子所费的力量不到一半，但是所得到的功绩却增加一倍。汤的地方仅七十里而能王天下，是因为汤善于修他的德行；智伯的地方千里之广而灭亡，是因为智伯穷兵黩武所造成的。所以，千乘兵车的国家行文德的一定王天下，万乘兵车的国家好用兵的一定灭亡。所以，凡是称为全兵的，一定先以德胜而后再和敌人作战，败兵一定先和敌人作战而后再求胜利。如果彼此积德相等，那么人民多的胜人民少的；力量相等，那么有智慧的胜过没有智慧的；势力相等，那么有方术的可以擒服没有方术的。

【点评】

以弱胜强，那是不容易的。相反地，以强胜弱，那是很容易的。所以对敌人，必须先使对方由强变弱，然后乘其弱而攻之，一定能够一举而克之。所以，善于用兵的人，一定要先使敌弱，然后再战。

十三、善用兵的人必先庙算

凡是善于用兵的人，一定要先从庙战开始，庙算就在朝堂战，要先在朝堂上计算，敌我的君王谁最贤德，敌我的将领谁最能干，敌我的民众谁最亲附，敌我的国家谁治得好，蓄积财富谁比较多，士卒训练谁较精良，甲器兵仗谁最锋利，器械装备谁最轻便。所以，运筹计划于庙堂的上面，就可以决定胜负于千里的外面。凡是有形象的，天下的人都能看得见，有书文篇籍的世人一定传授学习。这些都是以有形相胜的。但是，最好的形象就是没有形象，所以不以它为法，而贵道的原因，就是它没有形状。没有形状就不能够限制逼迫，不能够度量长短，不能够使巧智诈谋，不能够计划谋虑。所以可见的智是人为的智谋，可见的形是人为的功劳，众人都能够看到的是人为的伏藏，器械方法能够看到的是人为的准备、动作周旋、高低屈伸，可以设智巧施诈伪的，都不是善于用兵的。善于用兵的，他的行动，像神出的无声，鬼行的无迹，像星的闪耀，天的运转，前进后退，屈伏伸展，看不见征兆，看不见边际。像鸢鸟举翼高飞，像麒麟振趾远跑，像凤凰飞翔，像龙马腾跃。发动时像秋风起，快疾时像惊龙飞。善用兵的，应该像以生攻击死，以盛陵踏衰，以快掩取慢，以饱控制饥。像用水灭火，用沸水浇雪。像这样，往什么地方会不顺遂，往什么地方会不通达呢？

【点评】

先于庙算者，必能较敌我之强弱优劣，知彼知己，然后才能百战百胜。同时运用无形的战争，使敌人受制于我，比有形的战争来得更有效。能够这样，取敌之易，就像用水灭火，用沸水泼雪。

十四、兵贵神速

用兵的方法，在心中要清虚自己的精神，在外面要静漠自己的意志。这样才能够运用于无形不见的境界，才能够设计出使人料想不到的奇谋。去的时候，和飘飘不知往什么地方去的同去；来的时候，和忽忽不知从什么地方来的同来。往来飘忽，不能够知道他要到什么地方。分枝而出，乘间而入，不能够知道所集的多少。突然而来像雷霆，疾速而起像风雨。又好像忽然从地下出来，又好像忽然从天上下降。出的时候单独出，入的时候单独入，没有能够捍御的。快得像箭镞一样，怎么能够胜过？一暗一明，谁能够知道他的头绪？还没有见到他出发，他却早已经到了。所以善于用兵的人，见到敌人的空虚，就乘虚而攻，绝对不要放过他。敌人有空虚，追赶他不可以放过他，逼迫他不可以放松。攻击敌人要在他疑而不定的时候，凌踏敌人要在他进退不决的时候。同时袭击敌人要快，快到像听到打雷的声音而不及掩耳那么快，快到像闪电的电光来到而不及闭目那么快。善于用兵的人，就好像声和响能够时时响应，就好像钟和鼓的声音能够时时相连。迅速得像眯了眼来不及揉，像呼出了气来不及吸。在这个时候，仰头向上看不见天，低头向下看不见地，手里不挥动戈，武器没有全部拔出来，攻击敌人像迅雷，逼迫敌人像疾风。使敌烦躁像火烤的一般，使敌人不安像水淹的一般。敌人静下来不知道如何去坚守，敌人行动起来不知道应该做什么。所以善于作战的人，击动了鼓，挥起了旗，敌人没有不失败崩溃的。天下的人，谁敢在他面前违抗他的威严，反对他的命令呢？所以，使敌人畏惧的用兵者，一定胜利；等待敌人来攻的用兵者，一定失败；为敌人所攻击而没有抵抗力的用兵者，一定灭亡。

【点评】

兵贵神速，就是要快。因为兵家用兵，能够攻其不备，出其不意，都要靠一个快字。我快敌慢，自然我为主动，敌为被动。凡是能够主动的，就能够制敌机先，这样就可以战无不胜，攻无不克了。

十五、用兵的方法

善于用兵的人，守静就会坚强，专一就有威严，果决就会勇敢，心中疑惑不定就会失败，力量分散就会变弱。所以能够分散敌人的兵力，迷惑敌人的军心，就是以小的兵力也足以制胜。如果不能够分散敌人的兵力，迷惑敌人的军心，就是以几倍的军力也不足以制胜。所以殷纣王的军队有百万人，却有百万条心；周武王的军队仅仅三千人，但大家都是一条心。所以千人同一心，就能够得千人的力量；万人都不一心，就没有一个人可以用。所有的将领士兵官吏民众，如果能够动静像一个人的身体一样，要动就动，要静就静，这样就可以对付敌人和敌人作战了。所以计划好了发兵，谋略定了行动，将领没有疑惑不决的计划，士兵没有分离背叛的二心。行动没有懒惰之色，口中没有虚妄的话，事情没有不知而行的事。应付敌人一定要敏捷，发动攻势一定要快速。所以将领要以民众做身体四肢，民众要以将领做中心灵魂，心诚，身体四肢就亲密而指挥自如；心疑，身体四肢就相挠背而不听指挥。心不能专一，身体就不能够应节而动，将不能诚心，士卒就不能够勇敢赴敌。所以良将的士卒，像虎的牙，像兕的角，像鸟的羽，像马陆的腿。因为马陆的腿可以行，鸟的羽可以飞，兕的角可以抵，虎的牙可以咬。他的战士虽然很强，但是不互相败坏；他的战士虽然很多，但是不互相残害。他之所以能够这样，完全是大家一条心使然。所以，民众真的能够服从他的命令,虽然人少也不必怕;民众不能服从他的命令,就是人多也等于少。所以,部下不亲近他的长官,是他的心不愿服从;战士不怕将领,是他不愿以身力战。如果所率的军队,坚守一定牢固,进攻一定胜利,不需要武器相交、兵刃相接而生存灭亡的机运就已经出现了。

【点评】

用兵在于能得众心,古人对于汤、武的革命成功,都归功于汤、武能得众心;而桀、纣的失败,归咎于失去了民心。所以用兵的最好方法,就是能够得人心。

十六、三势二权

兵有三种势,有两种权。三种势,第一种是气势,第二种是地势,第三种是因势。将领勇气充足而轻视敌人,士卒果决勇敢而喜欢作战,三军众多,将士勇敢,百万的雄壮大军,激励的士气高入青云,三军的气势好像飘风,三军的声音好像雷霆。诚心积得多而威武加于敌人。这叫作气势。狭窄的道路、津梁、渡口和关隘,高大险峻的山有名的要塞,龙蛇的蟠曲像偃覆的雨笠,羊肠小道曲曲折折像开了笱(gǒu)门有进无出。一个人守住要隘,就是一千人也不敢通过。这叫作地势。趁着敌人劳苦、疲倦、怠慢、混乱、肚饿、口渴、受寒、中暑的时候,要睡就提醒他,不让他睡卧；要开拔就排挤他，不让他开拔。这就叫作因势。善于利用军中的间谍获取情报，详细地审查布置和计划，在草木旺盛的地方设埋伏，隐藏起自己的形体，出于敌人意想之外，使敌人的军队无法做适当防备。这叫作知权。阵卒排列方正，前行排列整齐，前进后退行动一致，什伍部曲彼此相连，前后秩序井然，彼此前后不相踩蹈，左右不相干扰。这样的行阵之下，受到刃伤的人很少，杀伤敌人的人很多。这就叫作事权。三势二权一定要表现出来，官吏士卒专一精粹，选择贤能任用干才，官职任用适宜的人选，计划好了谋略定了再去做。了解什么是死什么是生，举动措置能够恰得其时，这样敌人没有不震惊的。所以攻城的时候，不需要冲隆、云梯，而城就拔取下来了。作战的时候，不至于武器相交、刀兵相接，而敌人就被击溃了。这是因为他懂得必胜的方法啊！所以，用兵没有必胜的把握，不随便和敌人交兵，攻城没有必取的把握，不随便发动攻击。必须胜算已定而后决战，铃挂起来然后发动，这样可以使兵众聚集而不分散，军队出征而不空回，不动则已，如果一动，就可以凌天振地，可以抗泰山的重大，可以使四海震荡，使鬼神搬家，使鸟兽惊怕。这样的话，野外没有敌兵，敌国也没有城可以防守了。

【点评】

善用兵的人，要用气势威敌，要用地势胜敌，要用因势扰敌。这是所谓的三势。善于谋略，出敌人的意外，叫作知权；严阵待敌，行伍有序，克敌制胜，叫作事权。善于运用三势二权，则兵出必胜，敌人也就无城可守了。

十七、无形可制有形

　　静可以应躁,治可以御乱。无形可以制有形,无为可以应变。如果能够静而无形,虽然不能够战胜敌人,但是敌人也不能够战胜于我。敌人先我而动,就等于他现了他的形迹;敌人浮躁我能镇静,就等于使敌人的力量疲乏。敌人的形迹败露,胜利的契机就可以把握了。敌人的力量疲乏,威武的形象就可以建立了。观察敌人的作为,就顺着他的作为而变化;察看敌人的邪正,就根据他的邪正来控制他的行动。用诱饵牵引他的欲望,使他疲于奔命,敌人如果有空隙,就赶快把空隙填上,用尽变化的方法来束缚敌人,用尽节制来颠仆敌人。敌人如果恢复静态,我就用出奇的方法使他不能静;如果敌人没有反应,我当全部调征来等待敌人。如果行动有反应,能够看见敌人所为,应该使敌人在后先己而动,来和敌人周旋让他转为易攻。敌人有所积,一定有所亏,明明转左攻他的东方,实际向右攻陷他的西方。敌人溃败逃走,后面一定可以移动,敌人逼迫而不动,就叫作奋迟。攻击敌人像雷霆一般迅速,斩杀敌人像砍斫草木一般容易,照耀像电光石火,以迅疾的速度来打击敌人,让敌人来不及逃,车来不及转。兵就像植木,弩就像羊角,人虽然很多,但在形势上没有敢抵挡的。凡是有象的没有不可胜的,凡是有形的没有不可应的。所以圣人把有形藏于无形,而游心在清虚之境,风雨可以障蔽,可是寒暑不可以关闭,这是因为它没有形啊!

能够和平宽大，精微必到，贯穿金石，达到极远，可以寄托在九天之上，下伏于黄泉之下，之所以能够如此，是因为它无形。善于用兵的人，应该在敌人内部纷乱的时候攻打，而不在他内部平治的时候攻打。所以用兵的时候，不袭击阵势严整的敌人，不袭击旗帜严整的敌人。军容不能够看得见，用术相持，敌人有死形，因他的死形而制敌。敌人所采的方法，动而就于阴位，用虚来应实，一定被他所擒。因为虎豹不动的话，就不会进入陷阱；麋鹿不动的话，就不会遇到捕兽的网；飞鸟不动的话，就不会絓（guà）在网笭里；鱼鳖不动的话，就不会投到大蛤的嘴里。凡物没有不是因为动而被制的。所以圣人特别贵重静，因为能够静就能够应躁，能够后就能够应先，能够细密就能够胜疏略，能够广博就能够胜缺失。

【点评】

无形者精，有形者粗；无形者大，有形者细；无形者静，有形者动；无形者密，有形者疏。所以无形可以制有形。

十八、同心一志的力量

所以良将对于用兵，使士卒们心志相同，力量统一。勇敢的人不可单独前进，懦怯的人不可单独后退，停止下来要像丘山一样稳固，发动起来要像风雨一样快捷。加以凌蹈攻击的一定攻破，没有不被摧毁沮落的。行动起来上下一体，没有人能够抵挡防御的。在这样的情势下，伤的敌人多，而出手作战的少了。所以用五根指头轮流着弹，比不上握拳用力一捣的力量大；万人轮番前进，比不上一百人一齐到的力量大。就以虎豹熊罴来说，虎豹行动便捷，熊罴的力量大，但是人吃虎豹熊罴的肉，以它的皮革为席，就是因为虎豹熊罴不能沟通彼此的智慧，整合各自的力量，所以有这样的遭遇。水本来可以灭火，现在章华台燃烧了，用升勺那么少的水来灌救它，就是把井水用干了，池水用完了，也救不了火。如果全部用壶榼（kē）盆盎大的器皿盛水去灌救，火就可以立刻被扑灭。现在人和人之间，并没有像水和火相胜的情形，而想要用少胜多，不能够取得成功也就很明显了。兵家偶尔会有"以少耦众"的话，这是说他所率领的军队，而不是说他所作战的军队。或有率领指挥的军队多而用少的，这是因为战士不能同心协力。如果率领指挥的军队少而用多的，这是因为配合能够得当。至于人能够充分发挥他的才干，把他的力量全部用出来，以少数胜多数的，从古到现在都没有听说过。

【点评】

力量要靠集中才能发挥，如果力量分散了，人再多也不可战胜。《周易》上说：二人同心，其利断金。二人同心，尚有这样的效果，更何况众志可以成城呢？所以，用兵的人，能够使他的部属同心一志，必然能够发挥出最大的力量。

十九、用兵与天地时人

论神没有贵于天的,论势没有便于地的,论动没有急于时的,论用没有利于人的。总计以上四项,是用兵的主体。然而必须靠着道而后去做,才可以发挥它全部的用途。因为地利胜过天时,巧举胜过地利,势可以胜过人。所以信任天时的人,可以迷惑他;信任地利的人,可以约束他;信任时间的人,可以逼迫他;信任人的人,可以诱惑他。仁、勇、信、廉是人的美才,然而,勇敢的人,可以诱惑他;爱人的人,可以夺他的仁;有信用的人,容易被欺骗;廉洁的人,容易被计算。统率大众的人,四者里面有一项出现,就会被敌人所擒获。由这些地方看来,用兵是以道理为制胜的要件,而不是以人才的贤能为要件,也就自然很明白了。

【点评】

天、地、时、人有不可靠的时候,所以用兵要把握住道,才能得到制胜的要件,并不是以人才的贤能为要件。

二十、用兵以无原无形为高

所以敌人的军队如果像麋鹿,不能战斗,没有方法,那么设置捕兽的网就可以了;敌人的军队如果像鱼鳖,分散不能集中,那么就可以用网罟去捉他了;敌人的军队如果像鸿鹄,高而没有甲胄,就可以用射鸟的工具去射取他了;只有没有形迹,对他是无可奈何的。所以圣人把自己藏在没有本原的地方,他的情实就没有办法可以看得到;运用到没有形象痕迹的地步,他的阵势就没有办法可以经历;没有法则,没有仪度,来而为之都能适宜;没有名称,没有形状,变化而为有形象。深啊!瞯(zhǒu)瞯深得不见底;远啊!悠悠远得无尽头,是冬又是夏,是春又是秋,上达到最高的极点,下测到最深的渊底,变化循环,永远没有止息。立心在深远难见的旷野,藏志在九回最深的渊底,这样的话,虽有明目的人,谁又能够察到他的情实呢?

【点评】

所谓无原无形,就是神秘不可测的意思。在军事上,以保密为最重要。保密则敌人不能知我,敌不知我,是我无原无形的最高境界。能做到这个地步,那就是高妙的技巧了。

二十一、三种将领用兵不同

兵所隐议的是天道，所图画的是地形，所明言的是人事，所能决胜的是钤势。所以上等的将领，他用兵的方法是，上得天道，下得地利，中得人心。采取机动，掌握时势，所以没有被攻破的军队，没有被打败的士兵。中等的将领，他用兵的方法是，上不知天道，下不知地利，专门能用人和掌握时势，虽然不能够一定万全，但胜利的把握也很大。下等的将领，他用兵虽博闻而常自己相乱，多知而常自己生疑，停下来就会紧张恐惧，出发以后又会犹豫不决。所以有所举动，就会遭敌擒捉。现在就以两个人短兵相接互相决斗来说，两个人的巧拙程度，没有不同，但是勇敢的战士一定会胜利，这是什么原因呢？因为勇敢的战士表现得专诚一意，所以一定会胜。就像用大斧劈桐木柴火一样，不需要等待好的时间、好的日子然后再来劈它，随时都可以劈开的。但是如果把大斧放在桐木柴火的上面，没有一点人力供给，就是等待斗柄转了，夹藏着刑德的威力，而桐木柴火仍然不能劈开，这是因为无势的关系。所以把水遏住，它流的力量就会猛悍，箭激力强，它射的距离就会更远。将淇卫的箭栝上，饰以银锡，即使用薄薄的白绢制成车帷，而用腐荷的茎做箭杆，还是不能够独射穿。如果能够用筋角的力量、弓弩的劲道，就可以贯穿兕甲而通过革盾了。以风来说，风的疾劲，能够把屋顶吹飞，把树木吹断。可是空的车子，不能够自下大路而上高丘，必须要用人力推才可以。

所以善于用兵的人，他的兵势，就像把千仞高的堤中的积水决开一样，无人可以阻挡；就像滚圆石在万丈的深溪里一样，不能够停留。天下的人，看到我们的兵一定会胜利，谁还敢和我们作战呢？所以，如果一百人存着必死的决心去作战，一定胜过一万人存着必败的心理去作战。何况以三军的众多，赴水火而不旋踵死呢？虽然猝然之间诱合众力来争天下，哪一个人敢在他上面啊！

【点评】

将领不同，胜败的结果也就不一样了。但是作战和勇怯之气、专散之情，有密切的关系。同等之人，勇者胜怯者，专心同力者胜分心散漫者。这是很自然的道理。

二十二、天数地利人事

所说的天数，角亢在左为青龙，参井在右为白虎，星张在前为朱雀，斗牛在后为玄武。所说的地利，后生为高，前死为低，左丘陵为牡，右溪谷为牝。所说的人事，有功一定赏，有罪一定罚，动静合时，举措迅速。这些都是世代相传所作的固定标准，然而并不是随时产生变化的标准。所以察堂上之阴，就知道日月的次序；看瓶中的冰，就知道天下的寒暑。就物来说，它们相似的很少，只有圣人能够达到它的精微和极点。所以鼓不在五音之内，而是五音的领导者；水不在五味之内，而五味必须借水调和；将军不参与五官的事，可是他可以作为五官的督导者。所以能够调五音的，是不在五音以内的，能够调五味的，是不在五味以内的，能够治理五官的事情的，是不可度量的。所以将军的心，广大得像春天，明亮得像夏天，清静得像秋天，坚凝得像冬天。顺着形势相应变化，随着时代相应推移。曲物的影子不会变直，清音的声响不会变浊。看他所来的是什么，然后各用他所长的来应付。所以扶着义而动，推着理而行，申明节制加以决断，凭借各种条件取得成功。使敌人知道我所出，而不知道我所入；知道我所举，而不知道我所集。开始像狐狸那么胆怯，敌人因此轻率地来了，碰到以后像虎兕那么凶猛，敌人因此惊怕得逃走了。飞鸟要捕食的时候，把它的头低下；猛兽要攫取的时候，把它的爪藏起来。虎豹这样的猛兽，不把它的爪露在外面，噬食的时候也看不到牙齿。所以用兵的方法，也是如此，对敌表示柔和，迎敌的时候要刚强；对敌人表示纤弱，攻敌的时候要坚强；对敌人表示合，应敌的时候使用张，将要向西而故意表示向东，先表示相违反而后相结合；前面昏暗而后面明朗。像鬼一般的没有痕迹，像水一般的没有创伤。所以，他所向的地方不是他所去的地方，他所表现出的并不是他所计划的。他的一切举动措施和动静，没有办法认得出来。动作快得像电击一样，没有办法防备。所用的方法不重复，所以胜利可以百全，和玄妙明通，而不知道他的门户，这就叫作至神。

【点评】

这是示弱存强的表现，使敌人误以为我弱而来攻，结果以强应之而挫敌。此乃至神之法也。

二十三、兵强在民

　　国家的兵强在于民，人民能够为国家效死是守义的行为，义能够实行的原因，是由于威严的建立。所以用文集合众人，用武来整齐众人，这就叫作一定取胜；威严仪节并行，这就叫作至强。人所喜欢的是生存，所憎恶的是死亡。但是高的城墙，深的城河，箭和雷石下击像雨，在平原上和广泽中，白刃互相交接，而士卒争先和敌人相遭遇的原因，并不是他们轻视死而喜欢受伤，而是因为奖赏很有信用，而处罚也很严明。所以在上位的人看在下位的人像儿子一样亲爱，那么在下位的人看在上位的人就像父亲一样可敬；在上位的人看在下位的人像弟弟，那么在下位的人看在上位的人像哥哥。在上位的人把在下位的人看成儿子，就一定能够称王于四海；在下位的人把在上位的人看成父亲，就一定能够正天下；在上位的人亲爱在下位的人像弟弟，在下位的人就容易替他效死；在下位的人把在上位的人当作兄长，就容易替他而亡。所以，上下关系像父子兄弟的敌人，不可以和他相斗，是因为他先施恩于众。因此四匹马不能够协调一致，就像造父那样善于驾驶的人也不能够到达远方；弓和箭配得不合适，就是像后羿那样善射的射手也不一定能够射中目标；君和臣彼此的意见不一致，就是像孙子那样善于用兵的名将也不能够和敌人打仗。所以对内要修明政治以积恩德，对外要阻塞丑恶以服威严，观察他的勤劳逸乐以知他的饱饥,所以在这种情形之下,战士们盼望着作战的日子到来,同时在作战时一定能够视死如归。所以率兵的将领,一定要和士卒同甘共苦,同劳逸饥寒,这样士卒才能够尽为他而死。所以古代善于带兵的好将领,一定要身先士卒,炎夏盛暑的时候不张伞盖,严寒隆冬的时候不穿皮袭,这是表示同过寒暑的生活。险要狭隘的地方不乘马坐车,上登高陵一定下马,这是表示担任相同的劳逸。军中的饭食熟了,然后才敢吃;军中打的井有水了,然后才敢喝,这是表示共同忍受饥渴的意思。两军交战的时候,一定要立在箭射得到的地方,这是表示安就同安、危就同危的意思。

【点评】

要想军队的战力强,就必须使将士用命。要使将士用命,就必须要上下一心,亲如父兄,爱如子弟。更要同安危,共甘苦。上下无殊,全体一致。这样的军队,一定会强盛无敌于天下的。

二十四、民有二积三望

一位良将,他的用兵方法是,常常用自己积德深厚的军队,来攻击积怨太多的敌人;用自己积爱广大的军队,来攻击积憎过多的敌人。这样的情势下,怎么会不胜利呢?君主求于民众的有两点:第一点是要求民众为他劳苦,第二点是要求民众为他牺牲。而民众希望君主做的有三点：第一，饥饿的人能够让他吃饱；第二，劳苦的人能够让他休息；第三，有功的人能够让他得到奖赏。百姓如果能够达到君主的两项要求，但是君主对于民众的三望却不能做到，这样的话，国家虽然大，人民虽然多，而军队还是会很弱的。假如说辛苦的人一定能够得到快乐，勤劳的人一定能够得到利益，斩获敌人首级的功劳一定能够全部得到，为国家牺牲以后子孙一定能够得到封赏。以上四项措施，取得民众信任的话，那么君主就是去射云中飞的鸟，去钓深渊里游的鱼，去弹琴鼓瑟，敲钟吹竽，掷六博，投高壶，任意地快乐游戏，他的军队还是会强的，他的号令还是会行的。所以在上的君主值得敬仰，在下的民众就可以为用了；在上的君主的德行值得仰慕，那么对下的威严就可以树立了。

【点评】

以积德对积怨，以积爱对积憎，称为二积。饥而得食，劳而得息，功而有赏，这是所谓的三望。如果使民众受积德积爱，而又能达到三望的目的，那么，君主就可以处在游乐嬉戏的生活中，而兵强令行，同时也可以用民而建威了。

二十五、将有三隧四义五行十守

为将的人一定要有三隧、四义、五行、十守。所说的三隧是：

上明了天道，下熟悉地形，中详察人情。所说的四义是：利国不擅用兵权，为了君主不顾自身的安危，见到危难勇敢赴难而不怕死，剖判疑惑不会逃避罪责。所说的五行是：柔和而不可以卷曲，刚硬而不可以断折，仁爱而不可以侵犯，守信而不可以欺骗，勇敢而不可以凌暴。所说的十守是：神明清澈而不可以混浊，谋虑深远而不易仿效，操守坚固而不可以变迁，知事明白而不可以蒙蔽，不贪图货财，不过求于物，不滥于辩论，不推于名实，不可以随意而喜，不可以任意而怒。这可以说是达到极点了。既深远又隐秘，谁能够知道他的实情呢？

【点评】

三隧、四义、五行、十守，是说明做将领必须具备的条件。能够具备这些条件，就可以用兵如神了。

二十六、善用兵者举措合宜

对于善用兵的人来说，行事一定符合要求，说话一定合度，行动一定顺时，判事一定中理。他通达于动静的时机，了解于开塞的节度，详知举措的利害，就像符节能够契合一般。快的时候像满弓射的箭，劲力猛得像射出去的矢，又像龙蛇一般，行动没一定的常体，看不见他所中的，不知道他的尽处。他要攻的时候就不能够守，他要守的时候就不能够攻。曾经听说善于用兵的人，

淮南子：自然之道与和谐之治

一定要先从本身做起，然后再要求别人，先要从不可胜算起，然后再设法求胜。修己要学于人，求胜要克于敌。自己不能够修治，然而要攻敌人的乱，这就像以火救火，以水来应水了，怎么能够控制火与水呢？现在使陶人变成陶土，那么陶土就不会变成盆盎；使工女将帛变成丝，那么丝就不能够织成文锦。因为相同的东西，是不能够相治的，所以以不同为奇妙。譬如两只麻雀互相争斗，不到死的时候不止，像鹯鹰那样的猛禽来了，就马上为它们分解开了，这是因为异类的关系。静是躁的异类，所以静可以治躁；治为乱的异类，所以治可以止乱，饱是饥的异类，所以饱可以疗饥；逸为劳的异类，所以逸可以待劳。奇和正彼此能够相应，就像水、火、木、金彼此轮代为雌雄是一样的。善用兵的人，用五行的奇正来应敌，所以能够完成他的胜利。不会用兵的人，居于五死以贪的地位，所以一动就会被敌人所擒。用兵所贵的是谋略使敌人不能够猜测，形体隐蔽使敌人不能够发现，行动出于敌人的意料使敌人来不及设防。反过来说：如果谋略被敌人发现，就会走上穷途末路，如果形体被敌人发现，就会受制于敌人。所以，善于用兵的人，上隐最好的方法是隐于自然，下隐最好的方法是利用地形，中隐最好的方法是隐于人间。隐于天的就可以无不制，什么叫隐于天呢？过分寒冷，特别炎热，劲疾的风，倾盆的雨，弥漫的雾，昏暗的天，顺着这些自然的现象而运用变化。什么叫隐于地呢？高山冈陵，低丘土阜，林木丛杂，险阻难行，可以埋伏隐藏，使敌人不能够见到我们的形体。什么叫隐于人呢？遮蔽在前面，看起来在后面，在行阵之间，突出奇兵，一旦发动，就像雷霆万钧的重力，快得像风雨的劲疾。卷起大旗，停止鼓声，出入没有痕迹，更没有办法了解他的头绪。

【点评】

善于用兵的人，举措一定合宜。而最重要的就是隐藏自己，使敌人无法测知我的动向。然后必能以正合，以奇胜。胜敌而无迹，方称良将。

二十七、用兵八善

阵势前前后后非常整齐，四四方方如绳墨规矩，出入直通，都按秩序，用轻骑张两翼来护军边而利，或在前面，或在后面，离散分开，集聚相合，都不会乱了队形。这是善于布置行阵的方法。明于奇秘玄妙、阴阳变化、刑德张弛、五行循环、望气观兆、占候星象、龟策卜筮、禨祥吉凶，这是善于观察天道的方法。设规虑使敌起疑，设蔚施伏使敌不知，利用水火，出现珍奇怪物，使军队鼓噪骚动，主要是惑乱敌人的耳朵；拖着树梢，陈设短柴，使地上扬起尘埃，主要是迷惑敌人的眼睛。这是善于诡诈装假的方法。长矛大斧厚重坚固，但难以使人恐惧，威势重利不能诱惑他，死亡的威胁不能击垮他。这是善于教导人使之具有坚强意志的方法。轻疾强悍，勇敢而轻视敌人，快得像流星般消失沉没。这是善于使用轻骑出奇制胜的方法。察看地形，安下营寨，修治军营堡垒，注意烟讯和斥候，居住在高陵上和有出路的地方。这是善于利用地形的方法。因敌人的饥渴寒热，疲劳倦怠，混乱恐惧，步行艰难，用精选的士卒追击他，在夜晚去攻打他。这是善于因应时变的方法。平地用车战,险地用骑兵,涉水过河多用弓,狭隘的地方就用弩,白天多设旌旗,夜晚多用火把,昏暗的时候多用鼓。这是善于利用设施的方法。凡是属于这八种里面的,一种都不可以没有。不过这并不是用兵所贵的条件。

【点评】

所谓用兵八善,是指善治行阵、善观天道、善谋作为、善用坚强、善用地形、善于迅奇、善应时变、善用设施。这八种方法,虽然是用兵所不可缺少的,但是并不是用兵所贵的。用兵所贵的在于得道。

二十八、将必有独见独知和善用虚实

做一名将领,一定要有独知独见。所说的独见,是见敌人所见不到的;所说的独知,是知敌人所不知道的。能见敌人所见不到的,就叫作明;能知敌人所不知道的,就叫作神。"神明",是先胜的主要条件。因为先胜的人,他守,敌人不可以攻;他战,敌人不可以胜。攻敌而敌人不可守,是善用虚实的关系。上级和下级有衅隙,将吏彼此不能相合,所持的理由不够正直,士卒心有积怨而不信服,这就是所谓的虚。君主英明,将领优秀,上级和下级同心协力,声气心意都很相投,这就是所谓的实。就像用水去泼火,所碰到的一定攻陷,所迫近的一定迁移。坚硬和柔软本来是不相通的,战争的胜败也即将表现出来,这就是所说的虚实了。

【点评】

《孙子兵法》上说:见善不过众人所知,非善之善者也。由此可知,独见独知,确为做将领的人赖以决胜的要件。再加上虚实的运用,用我之实,攻敌之虚,克敌制胜,必能易如反掌。

二十九、兵所贵为虚实之气

所以善于作战的人,不在于兵少;善于守御的人,不在于城小。制胜的原因,在于能得威势;失败的原因,在于失去气势。作战的时候,实就要战斗,虚就要逃走,盛就会强,衰就会败。从前吴王夫差,地广方两千里,带甲的军队七十万。南面和越战争,使越王勾践仅能存身在会稽;北面和齐国战争,在艾陵把齐国的军队打败;西面和晋定公相会,在黄池擒服晋定公。吴王夫差之所以如此强盛,就是因为他善用民气之实。后来吴王夫差骄傲自满,放纵欲望,拒纳善言,欢喜阿谀,勇急强悍,不肯改过,不听劝谏,大臣们都生怨恨,百姓们全都叛离。越王勾践精选甲卒三千人,在干隧擒吴王。这是因为越王勾践能够制虚才成功的。所以气有虚实,就像明必有暗一样。所以战胜的军队,并不是常常都是实的;战败的军队,并不是常常都是虚的。善于用兵的人,能够充实自己的民气,来等待敌人的空虚;不善于用兵的人,空虚自己的民气,来等待敌人的充实。所以虚实的气,是兵家所贵的。

【点评】

以自己盈满之气,与敌人战,无有不胜。以自己充实之兵,攻敌人已虚之阵,无有不克。所以良将贵知虚实。

三十、将军受命与战胜归来

当国家有危难的时候,国君从宫中下命令召将军进宫,诏告将军说:社稷国家的命运放在将军的身上,现在国家有了危难,请你为将去应敌。将军受命以后,就使祝史、太卜斋戒净宿三天,住在太庙里,钻灼灵龟,卜定吉日,就在这一天接受鼓旗。君主进入太庙之门西面站着,将军进入庙门,走到堂下,北面站着。君主亲自拿斧,抓着斧头,授给将军斧的把柄,说:"从此开始,上可以至天,都由将军节制。"又拿斧抓着斧头,授给将军斧的把柄,说:"从此开始,下可以至渊,都由将军节制。"将军接受了斧钺以后,回答说:"国家不可以从外面治理,军队不可以从中央统御。将有二心不可以侍奉君主,有疑心不可以应对敌人。臣已经受命于君主之前了,鼓旗斧钺的威严,臣受命而不还请命,希望君主也不要再说一句话来命令于臣。君主如果不答应,臣就不敢受命为将。君主如果答应,臣就马上辞君而赴命。"于是使用送终的礼节把手足的爪甲剪去,陈设送终的丧服,同时开北门依丧礼而出,乘坐将军车,载着旌旗斧钺,神情凝重。他遇敌决战的时候,绝不回顾,而且有必死的决心。因为将军没有二心,所以统军而出以后,好像没有天在他上面,没有地在他下面,没有敌人在他前面,没有君主在他后面。前进不是为了求名,后退不是为了避罪。唯一的目的就是保护民众,利益合于君主,这可以说是国家的宝贝,也是做一位上将应该做的事情。能够做到这样,有智谋的人都愿意替他策划,勇敢的人都愿意替他战斗,豪气激励得像青云一样高,行动快得像奔马一样疾。所以兵还没有交接,敌人就产生了恐慌畏惧心理。如果大获全胜,敌人逃跑了,全部都会立功受赏。吏升他的官,增加他的爵位和俸禄。分割土地,替将吏调决在封欲之外,有罪的士卒在军中就加以论罪。还返于国的时候,放下旌旗,送回斧钺。将完成任务向君主报告说:"军队没有在战后再处治的。"于是就穿着白色的丧服避开正寝,向国君请罪。君主说:"赦免他。"退而斋戒,大胜敌人的三年以后返回故舍,中胜的二年以后返回故舍,下胜的一年以后返回故舍。加兵于敌人的国家,一定要对方是残暴无道的国家,战胜敌国也不会遭报复,取到的土地不再还给他。百姓没有疾病瘟疫,将领不会夭折而死,五谷丰登,风雨按时有节。对外能够战胜,福泽就会产生于内,所以名一定成,而后世也可以没有余害了。

【点评】

　　将军受命，可以专制一切，不受君主的干扰，这样才能制胜。所谓将在外君命有所不受，意即在此。安国之君，成名之将，都能体会此言之意。

卷第十七　说林训

一、以一世为法者如刻舟求剑

用一个时代的法度做标准,来制定治理天下的方法,就像客人坐在船上,行到水的中流丢了宝剑,于是在船的舷板上刻下记号,到了黄昏的时候,船靠岸停下,再到所刻的记号下面的水里去找宝剑。这样的人,可以说太不懂得事理了。所以,仅知道遵循着一个角落的遗迹,而不知道顺着天地自然而行,没有比这个迷惑再大的了。用一隅的方法,虽然有时候能够与时相合,但是,这并不是很可贵的。就像天旱的时候用土龙来求雨,有疾疫的时候用刍狗来求福一样,土龙和刍狗仅能做祭祀天地一时之用。这和曹布一样,因为曹布可以治疗蚑(qiú)螋疮,所以仅为蚑者所贵。当然和夏后氏的半璧之璜是不可相比的。没有古没有今,没有始没有终,没有天地,而能够生出天地,大道可以说深微到了极点,广大到了极点,这才是真的值得效法的呢。

【点评】

这段说明,凡事不可泥于一道。因为法有一时之用者,有永远可行者。一时为用的,过后则成糟粕。永远可行者,是道法,道法不分古今,大而无限,深而无极,它可以应用无穷,所以值得效法。

二、得偏者败得全者行

凡是用脚走路的人,所走的路不会远;不用脚走路的人,所走的路反而更远。凡是用智慧的人,所知道的事情一定少;不用智慧的人,所知道的事情反而多。就像会游泳的人,用脚踢蹬水面,用手拍打水面,就可以浮在水面;不懂得游泳方法的人,愈是用脚踢蹬,用手拍打,愈容易沉到水底。而真正善于游泳的人,不用手脚,也能够游泳,自然浮于水面上。

【点评】

古人有善假于物的说法,其实就是善用方法,但是方法有偏有全。所谓行曲道者不至,那就是得偏者败的证明。假车马就可行远,假舟楫就可渡河,这就是得全者行的证明。

三、爱者自趋不用者必弃

飞鸟倦了一定投林回巢,兔子累了一定入窟回窝,狐狸死了一定把头对着山丘,寒蝉飞翔一定时时掠过水面。这都是因为它们对自己所居住的地方特别喜爱。不把镜子送给眼睛看不到的人,不把鞋子送给不能走路的人，不把礼帽当礼物送给越国的人，因为瞎子不照镜子，跛脚不穿鞋子，越人断发文身不用礼帽。物非其用，自然就没有价值了。

【点评】

凡是所爱的，自然趋之；凡是不用的，自然弃之。此理之常见，也是世之常态。由此就可以明白取舍的道理了。

四、能有长短

椎虽然有把柄，但是只能敲击他物，而不能够自击；眼睛虽然可以看百步以外的远处，但是不能看到自己的眼眶。狗猪吃东西不知道选择食器，只知道有东西便吃，因为取食容易，而使肢体肥壮，这样反而容易被宰杀而加快死亡；凤凰高飞在千仞以上，不随便吃东西，没有圣德的君主，是不能够得到它的。月亮的光可以照满天下，但是却被月中的蛤蟆所蚀而失去它的光辉；螣蛇可以飞游于云雾之中，但是却为大腹的蟋蟀所制而不能行动；三足乌的力量可以胜过太阳，但是却惧怕雏（zhuī）礼鸟。这些都是因为能力各有长短啊！

【点评】

各物有各物的用途,不能无所分别,但是各有所偏,长短不同。

五、凡得道者德随之

"莫寿乎殇子,而彭祖为夭"参照物不同,得到的结果自然不同。短绳不可以汲取深水,器小不可以装盛大物,这是因为它不能够负荷这种责任和工作。以不怒为怒,以不为为为。看物于无形之中,就能够得到所见了,听声于无声之中,就能够得到所闻了。凡是至味不以为满意,至言不加以文饰,至乐不会大笑,至音不会大叫,大匠不必用斫,大的笾豆之器不必自具,有大勇的人不必和人争斗。凡是能够得其道的人,德自然也就跟着来了。就像黄钟接近宫,大簇接近商,是不能够更改声调的。

【点评】

得道的人,德也随之而来,因为他能无为而为。

六、重外则内拙

　　凡是用瓦投作赌注的，因物贱而心无矜惜，所以能全发取胜；用黄金投作赌注的，因稍贵而心生紧张，反而中者少；用玉投作赌注的因最贵而不知所措，心里最怕。因为过分重视外在的金玉，而使自己气度不能安详，反而使技巧显得拙劣。就像追逐野兽的猎人，因为他全神贯注在猎物上，像泰山那么高大的山他都看不见。凡是嗜好欲望太多的人，只看到利欲，而看不到害处，所以清明就被遮蔽了。凡是听有声音的音乐，就会耳聋；听没有声音的音乐，就能耳聪。唯有不聋不聪的人，才可以和神明相通。就像卜卦的人拿着龟甲，筮卦的人端着蓍草，用龟甲和蓍草问于命运，怎么能够问到呢？跳舞的人依着节奏而举步，坐着的人很自然地跟着拍手，而节奏能够一致，这是因为标准一样啊！太阳从旸谷上升，落进了虞渊，感觉不出来太阳在动，但是在短短的时间里，就要人低头去看它下落了。人没有愿意去学驾龙的，但是都希望去学习驾马；没有人愿意去学治鬼，但是都愿意去学治人，因为学驾龙和治鬼并不是当务之急，而学驾马和治人却为必需的急务。人在不得已的时候，有把门拆解当柴烧的，有把井填起来当臼用的，人在办急事的时候这样做，就是为了急其所用。

【点评】

凡事不可为外物所牵拘引诱,因为受了外物轻重的牵拘引诱,会失去其本身的能力。换句话说,一个人对外物的轻重过分重视,就会失去本身的定力。一个人失去了自己的定力,就不能应事自如了。

七、相憎非不善,相爱非必善

水与火本是不能兼容的,但是有一只小鼎放在水火的中间,鼎中盛水,鼎下烧火,五味就可以调和。父子骨肉之间是非常亲密的,但是谗言贼害的人处在中间,而两边挑拨离间,使父子之间相互残杀。父子是骨肉之亲,而谗贼的人离间使他们相残,这不就像一个人把自己的脚削小而穿鞋子,把自己的头削小而戴帽子一样吗?菖蒲可以除去跳蚤和虱子,但是却能招来蚰蜒,除去了蚤虱的小害,可是招来了蚰蜒入耳的大患,这不是为追求小小的快意,而损害了大的利益吗?一道坏的墙,不如不做的好,但是墙坏了仍然变成土,反而胜过房子坏了变成一座坏屋。璧和瑗能够成为器物,这是治玉之石的功劳。莫邪宝剑利于断割,这是砥砺磨石的功劳。狡猾的兔子被抓到以后,抓兔子的猎狗就该被宰烹了;高飞的禽鸟被射杀光了,强有力的劲弓也该被收藏不用了。虮附在千里马的身上可以至千里之外而不用飞,没有干粮也不会饥饿。失火的时候,遇到天下雨,失火是不幸的事,失火遇到下雨却是幸运的事。所以灾祸之中也可以遇到福。卖棺材的人希望人多生疾病，囤积粟米的人希望年岁有饥荒。水静止了就会平，平了就会清，清了就可以照见物的形状，而且一览无遗，不能躲藏。所以水可以作为正物的标准。川流干涸了山谷就会没有水，山丘平了深渊就会被填满，嘴唇没有了牙齿就会寒冷，河水的加深，是由高山天天冲蚀而成的。同样的一匹白色生绢，一头用来做冠，一头用来做袜子，冠就戴在头上，袜就穿在脚上，所处的地位正好相反。有自知之明的人，不可以用物来引诱；明死生的人，不可以用胁迫的手段劫持他；善于游泳的人，不可以用涉水来恐吓他。亲密没有比骨肉更亲密的了，骨肉是关节筋络相连的，如果心失去了控制，反而自害其身，何况是他人呢？

【点评】

人都喜欢良弓、猎狗，但是，一旦飞鸟射完了，狡兔捉光了，就该狗烹弓藏了。所以说，爱未必善。反过来说，也是同样的道理。

八、圣人于道如葵向日

圣人对于道，就像葵和日的关系一样，虽然不能够相终始，但向日立心是很真诚的。宫里的池塘多雨就会漫出来，天旱就会干涸。江水的源头，深泉流个不停。御盖不用橑（liáo）就不能遮盖太阳，车轮不用辐就跑不快，可是橑和辐是不可靠的。金可以胜木,并不是用一把刀就可以把森林斫光;土可以胜水,并不是用一块土就可以把大江阻塞。瘸腿的人,看见猛虎不逃走,并不是他勇敢,而是情况不许可。倾斜容易倒,相倚容易挤,相近便于协助,潮湿容易下雨。捕捉老鼠的人,见机发而得鼠;钓鱼的人,见浮动而得鱼;辇动的时候,车声就会出现。刍狗能够站立,而不能够行走;蛇床像蘼芜,而没有蘼芜的芳香。如果说许由没有道德,乌获没有力气,没有人不怒形于色的。人没有对他所不能做的事加以奋厉的。以兔子逃走的快速,使狗追兔快得和马一样,可以追上太阳和风,但是使狗追马,它就跑不快了。冬天有雷声和闪电,夏天有霜和雪,但是冬天的寒冷和夏天的暑热不会改变。这是因为小的变化,不能够妨碍大的节令。

【点评】

道不可离,可离非道,向道之心,必如葵之向日,始可须臾不离。不离道,就不必怕以小变大,以轻易重了。

九、形虽同而爱恶有别

古代的天神黄帝,开始化生阴阳,上骈之神生了耳目,桑林之神生了臂和手。到了女娲氏王天下的时候,已经过七十次变更造化了。整天说话,一定能说出通达圣明的话;射一百支的箭,一定偶有像后羿和逢蒙那样的技巧。但是这些都不为世人所取法,因为偶然的巧合，并不是真技巧。牛的蹄子和猪的头颅，同样都是骨头，但是世人从不用它们来烧灼卜卦，而一定要问吉凶于龟甲，是因为龟所经历的年岁多。居处接近敖仓的人，不会因此而多吃饭；住在江河旁边的人，不会因此而多喝水。他们只不过希望吃饱喝足而已。兰芝因为芳香，所以长不到下霜的时候；枭鸟可以避兵，所以枭鸟的寿命活不过五月十五日。舌头和牙齿，谁先磨尽？矛锌和锋刃，哪一个先坏？绳子和箭，哪一个先折？鳝鱼和蛇的形状相像，蚕和蠋（zhú）的形状相像，但是人们喜欢和不喜欢的态度完全不同。晋国用垂棘之璧得到了虞和虢，骊戎用美女骊姬乱了晋国。耳聋的人不唱歌，因为他听不到，不能自娱；眼盲的人不看东西，因为他的眼睛看不见。看射箭的人常丢下自己的工作，看书的人常忘记自己所喜欢的事。因为心意有所专注，就会忘掉他本身的工作。如果古代所做的一切不可更改的话，那么只有古代的椎车，而没有其他的车类了。使不会吹竽的人来吹竽，氐人来按竽孔，虽然可以中节奏而不可以听，因为失去了主宰啊！和死人同病难做良医，和亡国的人同道难做计划，替客人备饭而自吃藜藿菜食，因为名比实尊贵。喂乳的母狗敢咬猛虎，孵小鸡的母鸡敢和狐狸相斗，因为恩义加身，所以就不估计自己的力量。使影子曲的原因，是因为形曲，使响浊的原因，是因为声浊。情欲显于外的人，他的内心容易测知。花不按时而发的，果不可以吃。去越的人，有的乘船，有的乘车，虽然不同路，到的地方是一样的。漂亮的女子身材不同，美丽的女子面貌不同，但是大家都喜欢看。梨、橘、枣、栗等各种果子的味道不一样，但都适合食用。

【点评】

物各有用，事各有宜，不可替代。恩义加身，则弱者可强，柔者可刚。处事之宜，适物之用，虽然所采方法各不相同，但是殊途同归，最后目的终是一致的。所以美虽不同，大家同爱；味虽不一，众人同尝，就是这个道理。

十、不去颣（lèi）瑕可全珠玉

人有因为做盗贼而致富的，但是富有的人不一定是盗贼；人有因为廉洁而贫穷的，但是贫穷的人不一定都廉洁。荻花很像棉絮，但是不能够当作棉絮来用。生长森林的地方，得不到直路。通过险阻的地方，走不到直路。羿射箭之所以能够射得远又能够射中小目标，并不是弓矢好的关系；造父驾驭之所以能够很快到达远方，并不是辔头衔口好的关系。海因为能够收回它所散发出来的水分，所以能够保持它的广大；车轮因为能够反复地辗转不停，所以能够到达远方。羊肉不喜欢蚂蚁，但蚂蚁喜欢羊肉，因为羊肉有膻味的关系。醯（xī）酸不喜欢蚊子的幼虫，蚊子的幼虫喜欢醯酸。品尝一块肉，就可以知道一锅子肉的味道。挂起羽毛和木炭，就可以测出来干燥和潮湿的气候。用小来看大，用近来比远，十顷大的水塘，可以灌溉四十顷的田地；但是一顷大的水塘，不能够灌溉四顷的田地。这是因为大小的差别而使它如此的。皎洁的月光下，可以看远的地方，但是不可以在下面写小字；

浓雾的早晨，可以在雾中写小字，但是不能够看见几米以外的地方。画像的人对毫微的小地方特别谨慎，反而失去大貌；射箭的人对小处的目标特别注意，反而不注意大的地方。为了治理老鼠洞，而把里间的墙坏掉；为了挤破脸上的小疱，而把身上的痈毒引发出来，这都是因小而失大。就像珠上有颣，玉中有瑕，任颣瑕在珠玉上，反而可以保全珠玉；如果去掉颣瑕，反而会使珠玉坏掉。

【点评】

　　凡物全美者少，如果因为去掉一点瑕疵而伤及物的本身，那是得不偿失的。所以，凡事不可因小失大，就像有颣瑕在珠玉上，反而可以保全珠玉一样。

卷第十九　修务训

一、古之圣人有为而不懈

有人这样说:"无为就是寂然没有声音,漠然没有动静,招引它不会来,推走它不会去。像这样才是得道的方法。"我以为不是这样。曾经问于圣人道:"像神农、唐尧、虞舜、夏禹、商汤,可以称得上圣人吗?"提出这种论点的人必定不会放弃他们的观点。以这五位圣人来看,他们不能够无为而治是很明显的。因为古代的人民吃草喝水,采摘树木的果实,吃螺类和蚌类的肉。所以那个时候,有很多的疾病和毒伤祸患。于是神农氏就开始教民种植五谷,察看土地,根据土地干湿肥瘠高低的状态,因地制宜,用口尝试百草的滋味、水泉的甜苦,使人民知道有所躲避和取用。在这个时候,神农氏一天里面,遇到七十次毒。唐尧建立孝顺慈爱、爱人爱物的道德规范使用人民,就像自己的子弟那样爱护。西方他教沃民之国,东方教黑齿之国,北方安抚幽都,南方教导交趾。放逐驩兜在崇山的地方,流逐三苗在三危的地方,流放共工在幽州,诛鲧在羽山。虞舜做宫室筑高墙,以茅苇盖屋,开土地,种五谷,使人民都知道离开洞穴,各自有家室居处。往南方征伐三苗,死在去苍梧的途中。夏禹每天在外奔走,以淫雨沐浴身体,以疾风梳头发。决开巫山使江水东流,疏导黄河使东注于海,开通龙门和伊阙,修治彭蠡大泽的堤防,用四种交通工具,山行用蔂(léi),水行用舟,陆行用车,泽行用䡴(jué)。顺着山势砍削树木为标志,平治天下的水土,定国共一千八百个。商汤早起晚睡,以思虑万事，能得精义，以达到聪明的境地。减轻赋税，减少聚敛，来富百姓。布道德，广施恩惠，以救济穷困的百姓，吊祭死者，慰问病人，赡养孤儿和寡妇。因此百姓都亲附他，政令通行。于是就整兵于鸣条，困夏桀于南巢，数责他的罪过，把他放逐到历山。这五位圣王，是天下的强盛之君，劳累身体，竭尽思虑，来替百姓兴利除害而一点不懈怠。捧起一爵酒，脸上不见难色；提起重一石的酒樽，就非得出汗不可了。又何况担负起天下人的忧虑，胜任海内外的大事呢？它比一樽的重量已超出太多了。所谓圣人，不以身贱为耻，而以其道不行为愧；不忧愁生命的短促，而忧愁百姓的困穷。所以夏禹为了治水，自己以身为质解祷于阳盱之河；商汤苦于旱灾，自己以身为质祷雨于桑山之林。圣人忧虑百姓，这样的明切，而说圣人无为，那岂不是荒谬吗？

【点评】

无为的意义，不是寂然无声，漠然不动。古代的圣君，为民忧劳、牺牲，不顾身体，如果说他们无为，那是荒谬的。那么，要如何才可以称为无为呢？是不是听其自然呢？答案：不是的。我们看了下一段话就可以明白。

二、所谓自然一定要顺势而为

古代拥立帝王，并不是为了奉养帝王使他满足欲望；有德的圣人践于帝位，并不是为了使他自己身体逸乐。因为天下有以强大掩取弱小，以众多凌暴寡小，以智慧欺侮愚昧，以勇敢侵害怯懦，有知识的人不肯教没有知识的人，积财多而富有的人不肯分给贫穷的人，所以拥立天子来使大家能够齐等相同。又因为天子一个人的聪明有限，不能够把海内的事全看清楚和全听清楚。所以又立了三公、九卿，来辅佐他，但是远方的国家和异俗的国家，以及偏远政令不达的地方，不能够受到恩泽，所以又设立诸侯来教诲他们。因此，土地没有不生财的，节令没有不应时的，官员没有失职的，国家对民众有利的事没有遗忘的。所以，寒冷的人给他衣服穿，饥饿的人给他饭吃，奉养年老体弱的人，而使疲劳困倦的人能够休息。再就布衣平民来看，伊尹背负鼎俎调和五味，干求于商汤，以求进身行道。吕望原屠于朝歌，鼓刀入周见文王以求为用。百里奚转卖于秦而相秦穆公，管仲桎梏送归齐国而相齐桓公，孔子奔走列国不暇于食，墨翟历行诸侯席不暇暖。由此可以看出来，圣人不怕山高，不怕河广，蒙受羞耻和侮辱，以才干来求当世的君主。他们并不是贪求俸禄，羡慕爵位，而是希望天下得治，兴起天下的利益而除去万民的害处。曾经听书传上说："神农氏为民憔悴，唐尧为民而清瘦，虞舜为民而黧黑，夏禹为民而手脚起茧。"从以上的事情看来，圣人对百姓们的忧虑勤劳可以说很重了。所以从天子以下到众百姓，四肢不动的，思虑不用的，而政事得到治理，需求得到满足的，从来没有听说过。就地势而论，水是向东流的，但是人一定要加以治水，然后才能使水潦循着河谷流通。禾稼在春天生长，但是人一定要加以耘耔，然后才能使五谷成长。如果任水随便地流，让禾稼随便地长，那么鲧和夏禹的功绩就不能建立，后稷的智慧就不能发挥。至于我所说的无为，是指私心不能够害公道，嗜好和欲望不可以枉曲正法。要循着理去办事，因用去立权。这是自然情形，不是巧诈能够做到的。因此必须要事成而不自夸功劳，功业建立了而不自有其名。这并不是说他有感而没有响应，逼迫他而没有行动。至于用火来干燥井，用淮水来灌溉山，这都是不可以的，也就是所说的用人为而违反自然，所以说是有为。至于说水行用船，沙行用鸠，泥行用辅（chūn），山行用蔂；夏天修渎，冬天筑陂，因高而做山，因低而做池，这些都是自然的事。圣人做事情，不同的方法而能够合于道，他所走的路子不同，但是所归的目的却相同。他们使面临危险的能够保全，倾覆的能够安定，不同的事可以得到同样的结果。因为他们心里念念不忘希望能够有利于人。

【点评】

凡事非一法，凡路非一途，无论用哪种方法，无论走哪条途径，只要能够达到利民的目的，不都是一样的吗？所谓"天下百虑而一致，殊途而同归"，正是这个道理啊！这样不拘于一法，不限于一途，不就是自然吗？

三、行止不同，安国则一

从前，楚国准备攻打宋国，墨子听到以后，非常伤心，从鲁国出发疾走赶路，整整走了十天十夜，脚上被磨得生了重重的厚茧,也不肯休息,把衣服撕开,包裹着脚走,到楚国的郢都去见楚王说:"臣听说大王起兵将要攻宋国。您是要盘算一定能得到宋国然后才攻宋国呢,还是要使民众劳苦,兵疲锐折,背负不义的名分,又得不到一点土地,仍然一定要攻宋国呢?"楚王说:"一定得不到宋国,又背负了不义的名分,为什么要攻宋呢?"墨子说:"我眼看着大王一定既伤害大义又得不到宋国。"楚王说:"公输般是天下的巧士,造云梯做攻城的器具,用这样的设施来攻宋国,怎么会攻不下呢?"墨子说:"你派公输般施攻,我来防守。"于是公输般造攻宋的器械,墨子为宋造防御的器械。九次攻宋,而墨子九次把他们打退,结果始终攻下下宋城。因此楚就休兵不再攻宋。段干木辞谢了禄位而闲居在家,魏文侯经过他的里门伏轼行礼,表示对他的尊敬。魏文侯的御者问:"君主为什么要伏轼行礼?"魏文侯回答说:"因为段干木住在这里,所以要伏轼行礼。"他的御者说:"段干木不过是一介布衣,君侯对他的里门伏轼行礼,不是太过分了吗?"魏文侯说:"段干木不汲汲于势位名利,怀抱君子的大道,隐居在穷巷里,但是他的名誉,远播于千里之外,寡人怎敢不敬重他呢?段干木的道德高,寡人的势力大;段干木的义多,寡人的财厚。但是势大比不上德高,财多比不上义贵。使段干木用他的贤德,来换寡人的尊贵,他不肯做。我每天忧虑忧思对着我的形貌惭愧,你为什么敢轻视他啊!"后来秦将要起兵攻伐魏国,司马庚谏秦王道:"段干木是位贤者,他的君主魏文侯礼敬他,天下没有人不知道的,诸侯没有不听说的,现在起兵去攻伐魏国,岂不是妨于大义吗?"因此,秦国就休兵,不攻伐魏国。墨子疾行而走千里的远路,使楚、宋存而不亡;段干木闭门不出,使秦、魏安定不争。所以行和止,情势是相反的,但是都可以使国家存而不亡。这就是所说的道路不同,而归于存国则是相同的。

【点评】

墨子的奔走救宋,段干木的阖门安魏,行止方法,虽各相异,但是使宋、魏存而不亡者,实殊途同归之妙用也。

四、同事异方,终归一致

现在救火的人,都汲取水来救火,或用瓮瓶,或用盆盂,这些器具,方圆尖扁都不一样,盛水的多少也各不相同,但是这些器具和水,扑灭火灾的结果则完全是相同的。所以,秦、楚、燕、魏的歌,声调虽然不同,但是都使人快乐;至于九夷八狄之人的哭喊,声音虽然不同,但是都表达悲哀之情。因此我们可以知道,歌唱是快乐的表现,哭泣是悲哀的反映。发于内心,就会应于外表。所以是歌唱还是哭泣在于如何能够感发。

【点评】

事情相同方法有异的,最后的结果却是相同的。就像盛水之器虽各不相同,而所盛之水则完全相同。用不同的器具盛水,水虽不同,然救火的目的则是相同的。

五、不可因饱绝食因跌废走

圣人用心，日夜都不忘记加利于人，他的恩泽所能达到的地方，功效可算是大了。因为世俗的衰败，所以不善学的人多。而人的个性，各有所长短。就像鱼的跳跃，像鹊的羽毛驳杂，这都是天生自然的，不可以减少和增多。我认为不是如此。鱼善跳跃，鹊毛驳杂，就像人自为人，马自为马，人马的筋骨和形体，都是天生的，不可以变更。根据这个来讨论，那就不相类了。马为草驹的时候，跳跃举蹄，翘着尾巴跑，人制不住它，张口乱咬，能够穿肌碎骨，用蹄乱踢能够破头陷胸。等到管马的人驯服它，好的御者教导它，用衡轭套在它身上，用辔头衔口相连起来。这样子即使让它历尽险阻，越过深壕，它也不敢不做的。所以它的形体是马，马不可以变化。但是马可以驾车骑乘，都是经过人的教导驯服所致。马是无知的动物，它能够通达人的心意，还需要教导以后才能成功，更何况人呢？人的身体正直，心性善良，努力发愤而成仁，充满心思要行义，有善性使人欢悦，不需要等待学习而合于道的，就是唐尧、虞舜和文王。沉溺于酒，贪乐废事，不可以用道去教导他，不可以用德去晓谕他，严厉的父亲不能够纠正他，贤能的老师不能够变化他。这样的人，就是丹朱和商均也不能改变他。脸细牙白，形弱骨好，不需要施脂粉加香泽而美丽可爱的人，就是西施和阳文。急言口吃，张口不正，背下胸上，虽然用粉傅面，用黛画眉，也不能更加美丽的人，就是嫫（mó）

母和仳傀（pí suī）。因此，上不及尧、舜的圣明，下不像商均的不肖，美比不上西施，丑不如嫫母，这些中人的资质，就教育来说，他们是可以教导的；就面容来说，他们是可以打扮的。进一步来说：儿子有弑父亲的，但是天下的人没有疏远自己的儿子的。这是什么原因呢？因为儿子爱父亲的占多数啊！儒者里面有邪僻的人，但是先生之道并没废除。这是什么原因呢？因为儒者里行正道的人多啊！现在因为学者们有过错，就对他们诽毁扬弃，那不就像因为一次吃得过饱，就断绝五谷不再吃饭；不就像因为一次跌倒而受痛苦，就停止脚步不再走路一样吗？那真是令人困惑不解。

【点评】

孔子说：唯上知与下愚不移。也就是说特殊的人物是不容易改变的。但是，中知和中人是可以改变的。中知可以用教育使他们至于善境，中人可以通过装扮使他们更加美丽。所以，我们对一件事的看法，不能够因为一点的不好，就认定全部不好；不能够认为一人的不正，就认定全部人都不正。这样的话，不是因噎废食，因跌忌走吗？

六、凡走极端者失公论

现在有善走的好马，不需要鞭打它，就能走得很好。如果是不善走的驽马，就是用两根带刺的马鞭打它，也不能够前进。假如因为这个原因,就不用鞭策来驾驭马,那真是太愚笨了。就像一个怯弱的懦夫,手里拿着锋利的宝剑,斩击不能断臂,刺杀不能入肤。而勇敢的武士,攘臂握拳一击,就会使筋骨折断,身体受伤。假如因为这个原因,就抛弃了干将、莫邪那样好的兵器,而徒手来作战,那就是大谬了。所说的言,是众人一样,天下同俗。但是现在,不是说九天的极高顶,就是说黄泉的最低底。极高和极低的两个末端,就议论来说,各走极端,怎么能称得上公平呢?

【点评】

凡事都有一隅之失和一隅之得,凡理有偏理和通理。不可以因一时的得失,而据以为得失的标准,亦不可以偏理代替通理为规范。所以凡事不可走极端,因为走极端的人,不能够持公平之论。

七、名随众生

橘子和柚子是冬天生长,但是一般人都说是冬天死,那是认为冬天死的人比较多;荠菜和麦子是夏天死亡,但是一般人都说是夏天生长,那是认为夏天生长的人比较多。长江和黄河转折弯曲的地方,有时候向南流,有时候向北流,但是一般人都说长江、黄河是向东流的。岁星、镇星和日、月,都是向东行,但是一般人都说星辰日月是向西转移,而以大概情况作为依据。北方的少数民族有反应很迅速的，但是一般人说他们是忿戾恶理不通达的人。南方的越人有个性宽缓的，但是一般人说他们是轻利急疾的人。因为大家都这么说，所以就产生了鸷（zhì）、訬（chāo）之名。

【点评】

凡是命名，不一定就实，因大家都如是说，即如是名之。这就是所说的"以多者名之"之义了。

八、无圣贤之异者不可不学

尧的眉毛有八彩之色，九窍畅通，洞达圣道、公平无私，一句仁义之言使万民肃整；舜的眼睛里有两个瞳子，所以叫作重明，做事为后世所效仿，说出的话便成文章；夏禹的耳朵有三个孔，所以叫大通，兴利除患，疏导黄河，开通长江；文王有四乳，所以叫作大仁，天下的人民都归服他，天下的百姓都亲近他。皋陶的嘴巴像马嘴，出言不虚，所以称为至信，判理讼狱非常清楚，通晓人的实情；夏禹是他母亲感石而生的，契是他母亲吞食燕卵以后怀孕而生的，史皇（仓颉）生下来就能够见鸟迹而著书，羿左边的臂长而很会射箭。像这九位贤人，千年之久才能够有一位出现，但仍然能够持续不断地接连产生。现在没有五圣的天赋，没有四俊那样难得的才能，就想要放弃学习而循着天性去做，这就好像抛掉船只而想要用自己的脚踏水而行。

【点评】

圣人贤者,多出于天纵,所以可以不习而能、不学而知。他们天生异貌殊形,一定有他们特别的地方,所以可以不学。但是一般人,既无天生之异禀,更无过人之天赋。因此,必假之于学,始能有所成就。若任性自然,就像释船而踏水,岂可行乎?

九、人须就学然后能成

像纯钩和鱼肠那样好的宝剑,当它刚刚被制造出来的时候,斩击的时候不能够割断,刺人的时候不能够进入皮肤。但是,等到加以磨砺以后,它的锋刃锐利,在水里可以斩断大船,在陆上可以刺透犀皮做的坚甲。像明亮的镜子,当它刚刚开始出模的时候,昏昏暗暗的好像被蒙着一样,一点儿都照不出来形体和容貌,但是等到用玄锡加以擦拭,用白毡加以磨光以后,就是鬓发眉毛微细的毫发,都能照得清清楚楚。至于学习,就像宝剑有砥石、明镜有玄锡一样。而说学习没有益处的人,那是所用理论的错误。

【点评】

最锋利的宝剑和最明亮的镜子,都需要磨砺和抛光,不然的话,就不能发挥它的作用。人也是一样,一定需要学习,才能够应世致用。所以不学而成的观点是错误的。

十、贤智之不足不如愚凡之有余

　　一个有智慧的人有短处，不如一个愚拙的人有长处。一个贤能的人有所不足的地方，不如一个凡人有所超过的地方。怎么知道事情是这样的呢？譬如宋国人的绘画，吴国人的冶铸，他们刻镂的形态方法，有条理的纹路，巧妙的修饰，都能出乎人的意表，即使像尧、舜那样的圣人，也比不上他们。蔡国的年轻少女，卫国的美丽姑娘，她们所织的红色绶带，上面有奇彩丽色，能使黑质隐没，红文显著，织工的巧妙，即使像禹、汤那样的圣人，也比不上她们。

【点评】

　　凡人，不分贤智和愚拙，各有所长，亦各有所短。但是，不分贤愚，当各用所长，自可人尽其力，事得其宜。

十一、智谋可以制强力

　　天所覆盖的，地所运载的，包含在上下四方六合里面，托形在空间时间之中，阴阳合气所生之物，为血气之精。它们有的口里含着牙齿，头上长着角，有的前面生着爪，后面有尖距，有的奋翅力搏，有脚的用脚行，无脚的蠕动前进。它们喜欢就聚在一块，发怒就彼此相斗。遇到利益马上赶去相就，遇到灾害马上躲避而去，它们的性情都是一样的。虽然它们各有所好恶，但是它们和人没有什么不同。它们的爪牙虽然锐利，筋骨虽然强壮，仍然不免受制于人，那是因为它们的知识不能够相贯通，才力不能够相一致。虽然它们都有各自的自然力量，但没有接受外界的知识和智慧，所以常把力量用完，无功而失败。

【点评】

用力不如用智，因为力是有限的，智是无穷的。鸟兽大者，其爪牙之利、筋骨之强、力量之大，皆过于人。但是常见鸟兽受制于人，而不见人受制于鸟兽，就是因为鸟兽之智不如人高。所以处事之道，不可单恃力，必须多用智。

十二、不学者智必寡

鸿雁顺着风飞，来节省它的气力；衔着芦苇翱翔，来防备短箭射伤。蚂蚁知道做蚁冢。貛貉（huān hé）知道做曲折隐秘的洞穴。虎豹知道在茂草的地方躲避。野猪知道在兽蓐上卧，在枝杈相连的树下做窟穴，阴天的时候以防备雨水，晴天的时候以防备日晒。这些也是鸟兽所知道的事，所以它们做各种设施，以求合乎它们自己的利益。现在使人生在僻远落后的小国，生活在穷巷漏雨的房屋之下，长大的时候没有兄弟手足之亲，年少的时候没有父母亲情之爱，眼睛从来没有看到过礼节，耳朵从来没有听到过先圣先贤的大道。一个人独守在没有别人的房子里，而且从来没有出过家门。这样的人，即使他的性情不会愚拙，他所知道的也一定会很少。

【点评】

荀子说：独学而无友，则孤陋而寡闻。更何况于不学呢？所以，学必须有适当的环境、适当的条件。单靠自身的聪明，而不多学博闻，那是不够的。必须假于物，求于外，才可以免于孤陋寡闻之讥。

十三、事有所传学不可以已

从前仓颉创造了文字，容成发明了历法，胡曹创制了衣服，后稷教授了耕种稼穑，仪狄酿造了酒，奚仲制造了车。这六位贤能的人，都有神明的大道，圣智的事迹。所以每个人做一件事而遗留给后世，不能一个人独自兼有六人的能力。因此，各尽他们的智慧，重视他们的发明，这样合起来就足备天下之用。现在使六位发明家，改变他们的专长，眼看着行不通，这是什么原因呢？因为天下万物太多了，而一人的智慧无法全部加以覆盖。周朝以后，没有像六贤那样有才干的人，但是都能够继承六贤的事业，当世的人，没有一个人具有六贤这样的才智，但能了解六贤的技艺，这是什么原因呢？教化顺利设施传续得法，而使知识技能能够流通。由以上的证明来看，学习不可以停止，那是很明显的事啊！

【点评】

古人苦心孤诣，创造发明，传留后世，以备人用，那些智慧，都是由累积而成的。如果人不为学，则前人的功绩就不能传于后世，那么人类将永远不会进步。所以每个人立身于世，都有受知传知和承先启后的责任，而承先启后，受知传知，必靠学习。所以学习是不可以停止的。

十四、盲者熟习可以致巧

现就盲人来说，他的眼睛不能够分辨白天和晚上，也不能够分辨白色和黑色。但是他们弹琴弄弦，并弦上手下手，抹拂挥拨，手法疾速，不会弹错一根弦。如果使一个从来没有弹过琴的人来弹琴，就是有像离朱那样好眼力的人，像攫掇那样动作敏捷的人，也不能够在琴上伸手熟练地弹奏。这是什么原因呢？这是因为每个人对于他所做的事，熟习久了之后就能自然贯通了啊。

【点评】

凡事可以致巧，盲者弹琴弄弦，缓急有度，弹琴止弦，手法快慢不失。常人虽目可视，而拙于弹奏者，不学之故也。所谓熟能生巧，每天服用，每天学习，自可积久贯通，而可以达到信手拈来、一无所失的境界。

十五、弓可正，玉可镂，心意可改

所以弓一定要有辅正弓弩的器具，然后才能够调整；剑一定要经过磨砺，然后才能够锋利。玉石的坚硬没有别的东西可以比得上，雕刻成为禽兽，头尾形状非常清楚，这是治玉之石（今名宝砂）的功劳。直的木料合乎绳墨，把它揉屈成为圆的轮子，它的弯度与圆相合，这是矫治曲木器具的力量。像唐碧那样似玉的坚石，还可以锲刻雕镂，使它变为有用的器物，更何况是可以改变的心意呢？

【点评】

弓弩可以借器具加以辅正，宝剑可以借磨砺使它锋利，坚硬的玉石可以使它变为物形，笔直的木头可以使它变为圆形的轮子。这些都是可以改变的。那么，人的心意又何尝不可以改变呢？但是改变人的心意要用什么方法呢？那就是教导和学习啊！

十六、学当勉力而求

　　至于精神清和宽舒，精细微妙，随时都会发生变化，而因应事物的转换变更，就像云的上升，风的吹动，在于施展运用而已。君子有能力，精进而不见，磨砺他的才干，使他自试而神智清明，多看事物而达到见识广博，通达事物不致壅塞，看始终的端倪，见远大的境界，以优游自适，徜徉在窈冥以外，很独特地自处，很超拔地离俗，这就是圣人游牧其心的方法。如果达不到这种境界，那么可以闲居静静地思虑，弹琴读书，追观古代先王之道，以贤士大夫为友，学习研究，辩论是非，天天以此自娱；探索分析世事的白黑和利害，计算得失，以观察祸福；设仪表立法度，可以作为标准，尽它的本末，以究极事情的实际；建立是而废去非，明白善恶，来告诉我们的后世子孙；死了以后有遗留的功业存在，活着的时候有光荣的名誉。像这样，是人力所能达到的。但是仍然有人不能够达到，那是因为苟且、随便、懈怠、懒惰，又常说自己没有空闲的时间学习，以此作为借口。所以贫瘠的土地上的百姓，大都有心向义，是因为他们每天劳苦的关系。肥沃的土地上的百姓，大多数都没有才干，是因为他们每天太安逸的关系。从以上的事实来看，聪明的人没有事情做，反而比不上愚拙的人好学来得好。从人君、公卿至于一般的百姓，不自发自强而能够成功的，那是天下从来没有的事。《诗经》上说：为善的人，日有所成就，月有所奉行，日积月累地学习，从而到达光明之境。说的就是这样的事啊！

【点评】

人的才干是磨砺出来的，人的能力是学习得来的。成名誉、立功业，这是人力可以达到的，而仍然认为不可能的人，那是因为他们不能勉力。所以《诗经》上勉人向学说："日就月将，学有缉熙于光明。"就是告诉我们不懈地去求学啊！

十七、功名可以勉而成

名可以借事而立，功可以勉力而成。所以君子积志任正，来求教于明师，砥砺节操高行，以不同于世俗。怎么说明这个问题呢？从前有一个人叫南荣畴，他认为圣道在他身上独亡是耻辱。所以他自己浴于霜露之中，着履疾走，跋山涉水，触犯荆棘，每走百里，始住旅社休息，脚上长满脚胼，仍然不敢停止，到南方去见老聃，向老聃求道。受到了一句话的教诲，精神豁然开朗，茅塞顿开，高兴得七天没有吃东西，就像飨食了三牲一般。所以，他的聪明广照天下，他的名誉延于后世，通数于天地，明分于秋毫。他的名誉为世人所传诵，一直到现在还不停止。这就是所说的，名誉是可以勉力去求得的。

【点评】

　　建功立业,以求名誉,这是可以勉力达到的。只要立志坚强,求教于贤师,自然能够术通天地、明辨秋毫了。

十八、申包胥勉力建功

　　从前吴王阖闾和楚昭王战于柏举,楚卿大心按着他的驾驶的手说:"今天来抵抗强敌,冲犯敌人锋利的武器,冒犯敌人的矢弩,与敌人作战而牺牲,但求能够保全民众,我们的国家庶几可以得安。"于是进入吴国,力战不回,开腹断头,不旋踵回视而牺牲了。申包胥认为:就是竭尽自己的筋力,勇敢地对强敌作战,身死沙场,血溅于地,也不过是一个小步兵的才干,反不如爱惜身体,用谦逊的话,向诸侯去求救。于是他就裹粮赤脚急忙奔走,赴深谷,过峭壁,跋山涉水,偷渡津梁和关卡,走过密林茂草,践踏在沙石之上,膝盖脚掌上长了一层层的老茧,七天七夜,赶到了秦国的宫廷。他站在秦廷上不动不吃,白天长叫,晚上痛哭,脸色如死灰,颜色霉黑,涕泪交流,去见秦王说:吴国就像贪婪的大猪、长蛇,将要蚕食天下,渐渐就会轮到贵国,现在只不过先从楚国肆虐而已。敝国的君主失去了社稷,在野外避祸。楚国的百姓流离分散,男女老少没有时间坐卧安居。所以使小臣向贵国告急,希望贵国出兵相救!秦王听了申包胥的话以后,非常感动,于是派兵车一千辆,步兵七万人,由秦国大将子虎来指挥,越过武关向东进发，在浊水之上痛击吴军，结果大破吴军，因此保存了楚国。申包胥的功烈藏于朝堂之上，记载于国法里面。这是功业可以勉力而成的例子。

【点评】

楚卿大心为楚战死而无补于国破，但是楚国的另一位臣子申包胥，在吴国将要灭楚的当口，强行力走，赴秦求救。结果秦派兵援楚，大败吴国，保存了楚国的社稷。这说明，功业是努力可以成就的。

十九、知事可为，自强而成

一个七尺高的人，他的心里知道什么是忧愁和劳苦，他的皮肤知道疾病痛苦和冷热，这是每个人都一样的。圣人知道时机不容易得到，而事务是可以促成的，所以使身体受苦，使形躯疲劳，使心神焦虑，使肝胆受怕，不躲避麻烦困难，不逃避危难艰险。曾经听说，楚威王的大将子发作战时，前进的速度就像用力射出的箭，集合起来就像雷电那样快，解散开来就像风雨那样急骤，排圆阵合乎圆规，排方阵合乎方矩，打败敌人攻陷敌阵，没有人能够阻挡抵抗，战于沼泽一定胜利，攻打城池一定拿下。他并不是轻视自己的身体而喜欢赴死。因为任务在前面，遗利给后人，所以名立而不会废去。这就是自强而成功的例子啊！

【点评】

如果知道一件事可以办的，而又必须办的，那就应该不怕痛苦、不避危险地去完成它。这样不但名誉可立，而且可以遗利于后人。

二十、人各有任务，不力不成

所以，耕田的人不努力工作，仓库就不会盈满；君主驾驭臣下不严厉，臣下心意就不会专一；国家的将相没有能力，功业就不能建立；诸侯王公存心懈怠懒惰，身后就不会留名。《诗经》上说："我的马青黑色，装上调匀柔软的六辔，向前驰驱奔跑着，到处咨访民情。"这就说明人是有他应该做的事的。

【点评】

每一种人，都有他自己的专职。如果不在自己的专职上努力，那就无事可成了。所以，每种人都该在他的职业上努力。

二十一、唯不达者贵古而贱今

通达物情的人,不可以用怪物惊吓他;明于道理的人,不可以用奇巧诱惑他;察于言辞的人,不可以用名实向他炫耀;详悉形状的人,不可以用状貌欺骗他。世俗的人,大多尊崇古代而轻视现在。所以为道的人,一心要托名于上古的神农和黄帝,然后才能建立自己的学说。乱世的昏君,把自己的世系来源说得崇高遥远,以此来提高自己。为学的人不明古人所论,因而尊崇他们所听闻的事,彼此互相正襟高坐来称道古说,正首来朗诵古说。由这些地方可以看出,是非是不够分明的。假如没有规矩,即使是奚仲,也没有办法定出方圆来。假如没有标准和绳墨,即使是鲁班,也没有办法定出曲直来。所以,钟子期死了,俞伯牙就断弦碎琴不再弹了,因为他知道世上没有人能赏识他的琴音了;惠施死了,庄周就停止他的言说谈辩,因为他看出世上没有可以再和他谈话的人了。项橐以七岁的年纪,成为孔子的老师,孔子认为他的话有值得听的地方。以项橐的小小年纪,让他去说服乡里老者,躲避老年人的敲打都来不及,还有什么道理能够说明呢?

【点评】

古未必是,今未必非,所以知者唯论是非,而不论古今。然而世人能够了解此理的人不多,所以钟子期死了,伯牙不再弹琴;惠施死了,庄子不再辩谈。因为他们知道失去知音以后,没有人能够了解他们了。孔子以七岁的项橐为师,是因为他的话有听的价值。但是乡里老人就不然了,以为他是一个小孩子,不能懂得什么。其实这就是批评贵古贱今的一个好例子。

二十二、凡事先识者为真识

从前谢子去见秦惠王,秦惠王很喜欢他,并就这件事询问唐姑梁的意见。唐姑梁说:"谢子是山东的辩士,常常用巧说以取悦年少无知的幼主。"秦惠王因此心中暗怒等谢子再来。过了几天谢子又来见秦惠王,惠王虽然接待他,但却不以他的说法为是了。这并不是因为谢子的话和以前有什么不同,而是因为听的人改变了主意。所以把徵音当作羽声,并不是弦索的罪过,而是听声音者的罪过;把甘味当成苦味的,并不是味道的过错,而是品味者的过错。楚国有个人烹煮猴子请他的邻居来吃,他的邻居以为是狗羹,觉得味道甘美好吃。后来听说是猴子肉做的,就伏地呕吐起来了,结果把所吃猴羹全吐光了。这就是根本不知味啊!邯郸的乐师制作了新的曲子,而托名为当时的名曲家李奇所作,众人都争先恐后地来学这个新曲,后来知道不是李奇的,大家都不再唱这个新曲了。这就是根本不知音的人啊!有一个乡野的普通人得到了一个玉璞,喜欢玉璞的形状,以为是一件宝贝而把它收藏起来。然后又拿给人看,看的人认为是

淮南子：自然之道与和谐之治

一块石头，他就把这块玉璞丢掉了。这就是根本不懂得玉的人啊！所以心中有是非标准的人，就该尊重实情，而且不分今古。从来没有听人说过是或不是的人，就会认为所说的是远古的事，便加以珍贵。这就是和氏抱着玉璞泣血在荆山之下的原因了。如果现在有一把宝剑，没有侧锋、剑文，钝卷无刃，但说它是楚顷襄王所佩过的宝剑，那么，贵人们就会争着佩带它。现在有一张琴，弯曲不正，琴音走调，但说它是楚庄王弹过的琴，那么，侧室的宠人就会争着去弹它。苗山所造的小矛和白羊子刀，虽然能够在水里斩断龙船，陆上刺穿兕甲，但是没有人佩带它。砍伐山桐做琴，用涧溪之梓做腹，虽然声音清和纯正，但是师堂和伯牙也不来弹它。通达的人就不是这样了，用剑希望它锋利，不希望它一定是墨阳、莫邪那样的名剑；乘马希望它能行千里，不希望一定是骅骝、绿耳那样的名马；弹琴希望它声音清正纯和，不希望一定用滥胁、号钟那样的古琴；诵读诗书希望能够通达大道，知晓事物，不希望一定要读《洪范》和《商颂》。因为圣人明鉴是非，就像用眼睛分别白黑那么容易，就像清商之声和浊宫之音用耳朵分辨那么清楚。一般人就不是这样了，心里没有主见而盲目接受，就像遗腹子上坟，用礼节来哭泣，但因为不识父面，所以心里并不悲哀。所以孪生子（双胞胎）生得很相似，只有他们的母亲能够分别；玉石彼此相像的，只有良工能够辨识；书传的精微奥妙处，只有圣人能够叙述出来。现在用新圣人的书，假托是孔、墨的著作，那些学子们恭敬受教的一定很多。所以，美人不一定和西施一样，通士也不一定是孔、墨之类。如果明白意是为了通达事物，所以才作书来明意，这是为了知者而这样做的。真的能够得到清明之士，拿水和镜子当作虚明的心,将事物照得清清楚楚,这样就不会因为古今的不同而改其志。表达书义来明告他们,虽然身死盖棺,也无所遗恨。

【点评】

凡事应该辨之于始,而不可更之于后;凡物应该贵其实,而不可以取其虚;凡事应该求于验,而不可以陷于名。不实用的器物,不必要的虚名,以及贵古贱今的思想,都足以妨事害意。我们要做一个通达的人,可以只因为古今的不同,就立意不定吗?所以我们必须有先识,自然就不会走错方向了。

二十三、美人不洁人厌之,而况下者乎

从前,晋平公命令乐官铸造一口钟,钟铸成以后,把它给师旷看。师旷说:"钟的声音不调和。"晋平公说:"寡人给乐师看,乐师们都说调和,你却以为不调和,这是什么原因呢?"师旷说:"假如后世的人不懂音律也就罢了,如果懂音律,一定知道钟的不调和。所以师旷希望调钟,以为后世一定有知乐理的人。夏、商、周三代和我的德行一样,齐桓、晋文、宋襄、楚庄、秦穆五霸和我的智慧相等。他们都有圣人、智者的实质,我竟然没有乡里的名誉,不被穷巷之人所了解,这是什么原因呢?三王五霸并身同行来立节,我则倨傲悠忽游荡以轻物。现在就算是毛嫱、西施,天下的美人,假如她们口里衔着死老鼠,头上蒙着刺猬皮,穿着豹皮衣,带着死蛇身,就是一般的百姓经过她们身边,没有不左右斜视掩住鼻子的。若使她们身上施芳香,画好蛾眉,戴上笄瑱(tiàn),穿上细的绸布,系上执素的长裙,白白的脸,黑黑的眉,身上佩着玉佩,转移细步,带着芝若香草,斜目以视,嫣然巧笑,美目流盼,嘴巴微动,面露微笑,露出了满口的美齿,脸上出现媚态。这时候就是王公大人,有严正的心,有高尚的节操,也没有不贪欲心痒而喜欢她们的美色的。现在以普通人的才干,智慧被愚惑所蒙蔽,行为被耻辱所污染,没有固定所修的职业,没有一技之长,怎么会不遇到别人斜视掩鼻的脸色呢?

【点评】

人的志节和行为,古今大抵相类。但是,有名无名,有誉无誉,都在个人的修为。美人不饰,人见而掩鼻。何况中人之子,智慧既不过人,行为也不逾众,没有专修之职,没有一技之长,自然要被人看轻了。反之,如果善学力行,多加修饰,有如美人之加芳泽,自然人见人爱了。

卷第二十　泰族训

一、天不言应物，圣人法天化人

　　天上张设太阳、月亮，罗列星辰，调和阴阳，开放四时，太阳可以暴晒，夜里可以静息，风吹可以干燥，雨露可以润湿。天生物的时候，没有看到它怎么养的，而物就长大了；天杀物的时候，没有看到它怎么丧的，而物就死亡了。这个就叫作神明。圣人效法天，所以，他替大家创造福祉，看不到他是怎么创造的，而福祉已经来到了；他替大家除祸害，还没有看到他是怎么除去的，而祸害已经没有了。远的可以近，亲的可以疏，稽考它得不到，详察它又不假。日计少得无法算，岁计多得有余。当湿来的时候，见不到它的形状，而炭已经加重了；当风来的时候，见不到它的形象，而树已经在动了；太阳的运行，见不到它移动，骐骥的千里马加倍疾奔，草木为之披靡，烽火转受虽快，但是太阳永远在它们前面。所以，天将要起风的时候，草木都还没动，飞鸟已经翔集归巢了；天将要下雨的时候，阴沉的云还没有集中，但是鱼已经潜居到水底去了。这些，都是因为阴阳之气相感的原因啊！所以，冷热干湿，都以同类的在一起。声响的快慢，源于五音相应的不同。因此《易经》上说："鹤的鸣叫声音，虽然在隐而不显的地方，但是幼鹤自然会循声和应它。"高宗居丧在凶庐之中，三年默然不说话。而天下之内，静悄悄的没有声音；一句话发布，就能使天下大动。这是以天心作为嘴巴开闭的标准啊！就像树木一样，一动它的根本，所有的枝叶都会动摇。就像春雨灌洒于万物，浑然流动,沛然淋洒,没有地方不被雨水所灌注,没有物不生长的。所以称得上圣人的人,怀抱天下,以天心为是,所以能感动和化育天下啊!

【点评】

天地自然,成物不见长,杀物不见丧。虽然不见其形,不闻其声,但是阴阳二气相感相应。君主和他的臣民,彼此相感应,也是如此。所以高宗三年不言,而四海之内,寂然无声。反之则一动其本,而百枝皆应了。所以圣人必须怀抱天心,声然动天下,那么天下的人,自然就会动感而应化了。

二、大巧非善作能致

所以精诚动于内心,形气就会感于天上。如此,景星就会出现,黄龙就会降临,祥瑞凤凰就会到来,醴泉就会涌出,嘉谷美禾就会生出,河水不会满而外溢,海水不会产生大波。所以《诗经》上说:"告祭诸多神灵,及黄河高山的灵。"违迕天意,暴弃天物,日月就会减蚀,五星就会失去秩序,四时就会互相干扰,白天昏暗,夜晚光明,高山崩倒,河川干涸,冬天打雷,夏天降霜。《诗经》上说:"正月多霜,使我心里忧伤。"这说明了天和人互相感应啊!所以,国家到了危亡的时候,天文就会发生变故,人世间就会发生惑乱,不祥的虹霓就会出现,万物也和这个相关联,精气的侵入也和这个相激荡。所以，神明的事不可以用智谋巧虑作为，也不可以用筋力达到。天地所包容，阴阳所蒸生，雨露所濡染，化生了万物。像美玉、美石、玉珠、翡翠、玑珇，文彩明显清楚，润泽得像濡湿过的一般。研究而不耽玩，保久而不变易。奚仲不能够行，鲁班不能够造。这就叫作大巧。

【点评】

精诚能感天，天可降祥于下民。但是神明不是智巧能做到，不是筋力可达到。非人为，非力致，才可以称为大巧。

三、合天德者如神化

宋国人有用象牙替他的君主做楮叶的，三年做成了，茎枝上所长的豪芒，叶的肥瘦和色泽，把它杂放在真的楮叶里面，简直就不可以分辨。因此列子说："假如使天地三年生一片叶子，那么万物有叶的就很少了。"天地施化于万物，吐气使它生长，吹气使它凋落，难道会这样勤苦吗？所以，凡是可以度量的东西，都是小的；凡是可以数得出来的，都是少数。因为至大的东西，并不是能度量的；至多的数目，并不是用数可以数清的。所以九州的面积，不可以用顷亩来计算，八极的广远，不可以用道里来计算；泰山的高大，不可以用丈尺来计算；江海的水量，不可以用斗斛来量。所以大人能够和天地合德，能够和日月同明，能够和鬼神同灵，能够和四时不失顺序一样合信。所以圣人上怀天心，下抱地气，执守中道，内蕴和气，不离开朝堂而可以令行四方，改革习惯，变化风俗。所有的百姓，都能够被教化而改过向善，就像出自他们的本性，这就是精神感化。

【点评】

这是说明天德的伟大，不可以人拟，不可以小测，而可以化育万物。

四、自然非为物生而物各得以宁

天能够高远，地能够深厚，月亮照耀夜晚，日光照耀白日，阴阳化合，列星明朗。遵循规律，使物合乎自然。所以阴阳四时，并不是专为了生育万物的；雨露按时而降落，并不是专为了养育草木的。神明能够相接，阴阳能够和合，万物就产生了。所以，高大的山岳，深密的树林，并不是为了虎豹；大的树木，茂密的枝叶，并不是为了飞鸟；皋流千里，渊深百仞，并不是为了蛟龙。自然使它高崇，成就它的广大。而所有的鸟兽龙鱼，或居住深山，或栖于高木，或巢于枝头，或住在穴中，有的潜在水底，有的行走在陆上，都能够得到它们的安宁。

【点评】

　　天生万物是自然的，不是为了人，不是为了物。如果说万物为人而生，那么人又是为谁而生呢？为了蚊虫吗？为了土壤吗？其实万物并生，才能创造和谐的世界。《中庸》上所说的"万物并育而不相害，道并行而不相悖"，就是说明万物并生之乐，而无相害之苦。

五、至诚能化

　　大的生小的，多的生少的，这是自然的规律。所以低的山丘土阜，不能够产生云雨，小水坑不能够生出鱼鳖，是因为山和水都太小了。牛马的热气上升，而生虮虱；虮虱的气，不能够生牛马。所以化生在外的，就不会在内。蛟龙潜伏居住在深渊，而所产的卵却分藏于陆上。螣蛇雄的在上风鸣叫，雌的在下风鸣叫，声音相应，就会变而成形，这是因为精诚相感到了极点。所以圣人养心，没有比诚更好的了。到了至诚的阶段，就能够感化了。

【点评】

　　为什么至诚能够感化呢？《中庸》上有这样的一段话：至诚是不停息的，不停息，就能够永远保存诚心；能永远保存诚心，表现在外的就是有明白的征验；有明白的征验，就能够悠远而无穷；能悠远而无穷，就能够博大深厚；能博大深厚，就能够伟大光明。广大深厚，可以载万物；伟大光明，可以覆盖万物；悠远无穷，可以成就万物。广大深厚，是地的功能；伟大光明，是天的作用；悠远无穷，是不受时空的限制。这样，不必表现就会彰明，不必推动就会变化，无须作为自然就会成功。因为至诚可以与天地同德，所以能够感化万物。

六、推诚心则内顺而外宁

圣明的君主在上位，空廓得不见形体，寂静得没有声音。官府里面好像没有事情一样，朝廷之上好像没有人一样。这时候，没有隐居的人，没有散逸的人，没有劳民的苦役，没有冤屈的刑罚。四海之中所有的百姓，没有不敬仰君主的德行的，没有不趋向君主旨意的。夷狄等少数民族，带着翻译到来，这并不是一户一户去辩解，一家一家去游说而使他们这样做的，只不过推展他的诚心，而把诚心施于天下罢了。所以《诗经》上说："先施惠于中国，然后来安绥四方。"这是因为内部和顺，所以四方也就安宁了。

【点评】

前面说过，至诚不息。至诚不但不息，而且可以动神。因为至诚是合乎天道的，天道无为，无为就是顺自然而化，如此则君主推其至诚,自然可以达到内顺外宁的境界了。

七、唯诚可以动天下

　　从前太王古公亶父居住在邠,北方的狄人来攻伐他。太王就扶着杖离开邠地,而邠地的百姓们拉着年幼的小孩,扶着年长的老人,背负着锅子瓦盆,越过了梁山,而立国在岐周。当时的民众,这样拥护太王,并不是命令所能办得到的。秦穆公丢失的骏马,被乡下的野人杀掉吃了,官吏把这三百个吃骏马肉的人捉到,要法办他们,秦穆公说不要因为牲畜被吃就去杀人,于是把他们都赦免了。因为吃骏马的肉不喝酒会伤人,秦穆公还赐美酒给吃马肉的野人喝。后来韩原之战的时候,秦穆公被晋国军队包围了,这三百个吃骏马肉的人,出死力来报答秦穆公,不但使穆公脱了围,还把晋君捉到了。这种事情,并不像凭借契约索还债务那样简单。宓子做单父宰治理单父,巫马期到单父来看他治理的政绩和风化。看到夜里抓鱼的人,抓到小的鱼就马上放掉,这种做法,并不是用刑罚所能禁止的。孔子做鲁国的司寇,路上没有人拾取别人遗失的东西,市场上不会任意变更物价,打猎捕鱼长者分得多,头上生白发的人,不背负重的东西,这种好的风气,并不是法令所能做得到的。箭矢之所以能够射得远又能够贯穿硬物,是因为弩的力量强大啊!箭矢之所以能射中目标,是因为射箭的人正心一意啊!奖赏善良,处罚强恶,这是政令,但是政令能够实行,就要靠精诚了。所以弩弓虽然强劲有力,没有正心的人用它也不能单独射中目标。政令虽然严明,没有精诚一意的人也不能够单独去推行。必须从精气推及于道,使道施于大众。所以散布大道来加到百姓身上,如果天下的百姓不能够顺从,这是因为诚心没有广施给大众啊!

【点评】

古人说:不诚无物。要人民的拥护,不靠政令,而靠诚心;要战士的死力,不靠契券,而靠诚心;要百姓的感化,不靠刑罚,而靠诚心;要人民有良好的风气,不靠法令,而靠诚心。所谓精诚所至,金石为开。唯有诚才能够使天下人顺从啊!

八、顺势举措可以无敌于天下

天地四时,并不是专生万物的,神明相接,阴阳和顺,万物自然就产生了。圣人治理天下,并不是要改易百姓们的性情,而是要训练他们原有的性情,洗荡其中不好的部分。所以能够因循顺行,一定能够愈来愈大;变化而生欲,一定会愈来愈小。从前夏禹凿开龙门,开通伊阙,决通江水,疏浚黄河,使江河向东流注到海里去。这是顺着水势而让它流泻的啊!后稷开辟草地,垦殖荒田,施肥种谷,使五谷都能够生长适宜,这是顺着土地的性质而使五谷生长的啊!商汤王、周武王用兵车三百辆,带甲的士卒三千人,讨伐暴乱,商汤制夏,周武王制商,这是顺着百姓们的希望和要求啊!所以能够顺情势而举措,就可以无敌于天下了。

【点评】

这段话主在阐明"能因"的作用。所谓能因,就是顺势而行的意思,并不是全部改易,而是因势利导。这样不但凡事易行,而且事事顺理成章。就像夏禹治水,他是顺水之性而建立了大功。像后稷植五谷,他是顺地之性而生长了五谷。像汤、武的革命,他们是顺天应人而灭亡了桀、纣。所以能够因势而行的人,一定成功。

九、顺人之性以教化

凡物都有它的自然之性,人了解它的自然之性以后,才能够有治理它的方法。所以,无论多么好的木匠,他也不能够斫金。无论多么巧的冶师,他也不能够熔木。因为金的质地不可以斫,而木的质地不可以熔。用模型和黏土做器具,穿木而做船,熔铁而做刃,铸金来做钟。这些都是顺着它们的可能性而做的。用马牛驾车,使鸡司夜报晓,使狗看守门户,都是顺着它们的自然习性去做的。人都有好色的本性,所以就有大婚的礼节,让他们结婚。人都喜欢饮食,所以有祭祀宗庙的大飨之礼,让他们吃饱喝足。人都有喜欢音乐的爱好,所以有钟鼓管弦各种音乐,使他们耳朵满足。人都有悲哀的性情,所以有丧服和哭踊的礼节，让他们发泄。所以先王制定法令，是顺着人民的喜好而制定规律的。因为人都好色，所以制定了婚姻的礼节，而分别了男女。因为人都喜欢音乐，所以制定了《雅》《颂》的正音，使风俗不会流荡。因为人都喜欢安定家室，爱护妻子，所以教导他们知道顺从，父子互相亲爱。因为人都喜欢朋友，所以教导他们悌敬，长幼就有了次序，然后再修明朝聘的礼节，以分别贵贱。举行乡饮酒礼和乡射礼，以分别长幼。按时检阅车马、整顿军队，来学习作战。进到学校，去学习人伦礼节。这都是人本身所存在的本性，而由圣人所教化而成的。

【点评】

凡物都有它自然的本性，人也不例外。人的自然本性是什么呢？那就是好色、好吃、好乐、悲哀。但是这些自然之性，只要加以节制，顺性而行，就一定能够达到教化的目的。

十、顺性而行，民皆听令

人如果没有食色哀乐的性情，就不可以教训他；有食色哀乐之性，而不加培养，就不能够遵循大道。茧的本性为丝，但是非经缫丝的工女用热汤来煮茧，抽出来丝的头绪，就不能缫成丝。蛋孵化了以后，可以变成雏，但是没有母鸟（或鸡）用身体俯伏加暖，就不能够变成雏。人的本性，含有仁义的禀赋，但是没有圣王制定的法度来教导他们，就不可以使他们走向正道。所以先王教化百姓的方法，是顺着百姓们所喜欢的来勉励他们向善，顺着百姓们所不喜欢的来禁止奸邪。顺势而行，所以刑罚不须施措，而威命的推行就像流水一样那么容易，政令清减省约，而教化的明显就像神灵一般那么简单。所以顺着民性去做，天下的人都会听从；违背民性去做，就是把法令挂在面前也没有用。

【点评】

所谓顺民之性，并不是听其自然，而是要因势利导。民之所利者，与之；民之所恶者，去之。这样才能够达到顺化而治的目的。

十一、五帝三王治天下用三五之法

从前五帝三王行政施行教化的时候，一定都用三五的办法来推行。什么叫作三五呢？上取法天象，效法天的自然法则来办事；下取法地理，效法地的自然法则来办事；中取法人事，依顺人情来办事。立明堂布令朝见的地方，各依时令推行十二月的政令，来调和阴阳之气，使四时的节候和顺，来避免疾病的灾害。这就是取象于天了。下察地理，来制定度量，观察山陵陆地河川薮泽，以及肥沃、贫瘠、高低相宜的情况，因地形势而从事田渔耕作和生产，借此而免除饥寒的忧虑。中考核人的德行，来制定礼乐，行仁义的治术，来治理人伦，借此除去暴乱的灾祸。于是阐明金木水火土五行之性,所以建立父子间的亲情而完成家道。分别五音、六律相生的关系,来建立君臣间合宜的关系以建立国家。观察一年四季季孟的顺序,按着这样的顺序,来建立长幼的礼节而设立官制。上取象于天,下取度于地,中取法于人,就叫作"三"。规定君臣上下的合理规矩,父子亲爱的关系,夫妇男女的分别,兄弟长幼的顺序,朋友彼此之间的关系,这种君臣、父子、夫妇、兄弟、朋友的伦常,就叫作"五"。分地立州,分职治理,建筑城市让百姓居住,划定住宅使各家分开,散给财物使百姓能够有衣穿有饭吃,成立大学来教诲他们,早起晚睡来为他们勤劳,这可以说是治天下很好的要领了。但是,一定要有很适合的人,才能够治理得好,如果失去了适合的人,就会使治道废弛。

【点评】

这说明要用三五之法来治国。三就是天、地、人,五就是君臣、父子、夫妇、兄弟、朋友五伦。天时、地利、人和得到了,五伦亲睦了,天下自然可以平治了。